播音与主持艺术专业
"十四五"规划教材·实训系列

播音创作基础实训教程

李克萌 编著

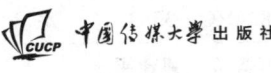

中国传媒大学出版社
·北京·

图书在版编目(CIP)数据

播音创作基础实训教程／李克萌编著. -- 北京：中国传媒大学出版社，2024.9
ISBN 978-7-5657-3582-0

Ⅰ.①播… Ⅱ.①李… Ⅲ.①播音—语言艺术—教材 Ⅳ.①G222.2

中国国家版本馆 CIP 数据核字(2024)第 020028 号

播音创作基础实训教程

BOYIN CHUANGZUO JICHU SHIXUN JIAOCHENG

编　　著	李克萌
策划编辑	李水仙
责任编辑	李水仙
特约编辑	李明远
封面设计	风得信设计·阿东
责任印制	李志鹏

出版发行	中国传媒大学出版社		
社　　址	北京市朝阳区定福庄东街1号	邮　　编	100024
电　　话	86-10-65450528　65450532	传　　真	65779405
网　　址	http://cucp.cuc.edu.cn		
经　　销	全国新华书店		
印　　刷	三河市东方印刷有限公司		
开　　本	787mm×1092mm　1/16		
印　　张	18.25		
字　　数	388千字		
版　　次	2024年9月第1版		
印　　次	2024年9月第1次印刷		
书　　号	ISBN 978-7-5657-3582-0/G·3582	定　　价	69.00元

本社法律顾问：北京嘉润律师事务所　郭建平

目 录

上编　理论基础

第一章　播音创作的意义　/ 3
　　第一节　播音创作是一种符号转化活动　/ 3
　　第二节　播音创作是一种创造性活动　/ 9
　　第三节　播音创作是一种审美活动　/ 11

第二章　稿件分析　/ 17
　　第一节　认识稿件　理解原文　/ 17
　　第二节　划分层次　规划结构　/ 24
　　第三节　分清主次　捕捉细节　/ 30

第三章　播音创作中的感受　/ 34
　　第一节　形象感受　/ 34
　　第二节　情感感受　/ 37
　　第三节　逻辑感受　/ 45
　　第四节　修辞感受　/ 54
　　第五节　自我感受　/ 76

第四章　播音创作的语境　/ 82
　　第一节　内部语境　/ 82
　　第二节　外部语境　/ 85

第五章　播音创作的技巧与方法　/ 89
　　第一节　技巧　/ 89
　　第二节　方法　/ 99

下编　实践训练

第六章　备稿训练　/ 113
　　第一节　基调的确立　/ 113
　　第二节　结构的布局　/ 117
　　第三节　细节的把握　/ 121
　　第四节　实训稿件　/ 126

第七章　形象感受表达训练　/ 138
　　第一节　形象感受的获得——想象　/ 138
　　第二节　形象感受的表达　/ 140
　　第三节　实训稿件　/ 142

第八章　情感感受表达训练　/ 157
　　第一节　情感感受的获得——体验　/ 157
　　第二节　情感感受的表达　/ 160
　　第三节　实训稿件　/ 166

第九章　逻辑感受表达训练　/ 178
　　第一节　逻辑感受的获得——分析　/ 178
　　第二节　逻辑感受的表达　/ 179
　　第三节　实训稿件　/ 182

第十章　修辞感受表达训练　/ 194
　　第一节　修辞感受的获得——揣摩　/ 194
　　第二节　修辞感受的表达　/ 205
　　第三节　实训稿件　/ 224

第十一章　自我感受表达训练　/ 241
　　第一节　自我身份的确立　/ 241
　　第二节　表述方式的确立　/ 246
　　第三节　情感体系的确立　/ 248
　　第四节　实训稿件　/ 251

第十二章　播音创作状态调整　/ 264
　　第一节　空间环境的调整适应　/ 264
　　第二节　时间环境的调整适应　/ 267
　　第三节　受众环境的调整适应　/ 268
　　第四节　与合作者的配合　/ 268
　　第五节　不正确播音创作状态的调整　/ 269
　　第六节　实训稿件　/ 271

参考文献　/ 282

PART 01

上 编　理论基础

第一章 播音创作的意义

张颂在《播音创作基础》开篇告诉我们:"播音,是广播电视传播中话筒前、镜头前进行的有声语言(包括副语言)的创作。"[①]在这个定义中,我们了解到播音是建立在广播电视传播基础上的、利用语言符号进行的创作活动。其中,重要的两个关键点是"有声语言"和"创作"。这就向我们提示了两个关键问题:第一,播音表达的核心是有声语言这一信息符号;第二,播音具有创作性,这就对播音主体的主观能动性提出了要求。

因此,既定文字内容的有声语言化,如果失去了"创作性",就不能称之为"播音",更不能称之为"播音艺术"。在人工智能技术飞速发展的今天,如果仅仅立足于"文字有声化"这一浅层需求,那么播音员的工作会大量地被人工智能语音技术取代。播音工作者只有积极发挥创造力,立足于表达出属于"我"的播音作品,才能让播音艺术长盛不衰。

我们在立足于行业特性的基础上进行学习、研究的同时,要时刻把握其"传播性"这一根本属性,否则就容易陷入"找样子""学皮毛"的误区,导致在表面下功夫,难以深入。我们对播音创作的学习,也要树立正确的思想意识,建立起文字、语言、播读者三位一体的关系:从文学的角度充分认识稿件;从语言学的角度发掘人的思想感情在有声语言体系中的表达特征;从心理学、社会学等方面体察人作为表达主体的作用和需求。只有建立起三位一体的关系,我们才能培养出有声语言表达能力。

第一节 播音创作是一种符号转化活动

在播音过程中,语言内容往往不是由播音员临场表达的,稿件是采编思想与最终呈现之间的桥梁。可以这样说,播音创作处理的最基本关系就是稿件(播音创作素材)、播音员(播音创作主体)、受众(播音创作对象)三者之间的关系。因此,对稿件的掌握能力对于播音员来说十分重要,而稿件就是由文字写成的一套符号系统。

利用各种"符号"进行表达、交流,并不是人类的专利,利用可视、可听的符号进行基本沟通是动物的基本能力。在漫长的进化过程中,人类逐渐构建了语言这一极其复杂的

[①] 张颂.播音创作基础[M].4 版.北京:中国传媒大学出版社,2022:3.

符号系统,并学会了用文字这种更为抽象的符号系统来记录语言,从而使得沟通、传播的行为突破了面对面的距离限制。

可以说,在广播电视技术诞生之前,文字突破了沟通、传播的空间限制;在广播电视技术诞生之后,人类的沟通、传播突破了时间的限制。

符号是概括性的,简单来说,文字概括了语言,语言概括了思想。也就是说,播音员从事的是这样一种工作——从文字中理解作者的思想感情,再用语言的方式把这种思想感情传递给受众。我们应该这样去理解播音员的工作——我们以语言符号为工具,传达的并不是语言本身,而是我们从文字符号中所获得的思想感情。

为什么受众作为读者可以感受到文字作品中的思想感情,而当受众的身份转变为听众的时候,就需要播读者的帮助呢?这是因为,在阅读的过程中,读者可以主动控制速度,并可以反复品味文字,从而展开联想和想象,获得充分的信息和体验。然而,当一段文字需要受众以听觉为接收方式的时候,既不可以主动控制速度,又往往不可以进行反复,在这种相对于阅读有缺陷的接收方式下,就需要播读者帮助听众完成相当一部分信息的传输与整合。

播音创作要解决的最基本问题,也就是文字符号向语言符号转化的问题。

一、文字与语言的矛盾关系

我们知道,文字对于语言的概括、标识能力是极其有限的,再强大的文字系统也无法完全表达语言本身的全部意义。比如,我们看见"好"这个字,在没有上下文的情况下,其本身仅仅剩下了符号价值,但在语言体系中,一个"好"字,既可以表达肯定的态度、喜悦的心情,又能表达愤怒的状态、冷漠的态度。因此,无论文本如何准确、文笔如何纯熟,也没有语言这一工具表达信息更为直接、具体、生动。

当然,文字较之语言,内容更为规整、严谨、深刻,这是因为写作者有更多的时间去完善文字作品。这也是大量播音作品往往选择在稿件基础上创作的原因。因为受众对通过广播电视获得的信息比在日常生活中,尤其是人际传播中获得的信息有更高的要求与期待。

直接把文字符号转化为语言符号,即只把文字对应的读音、语句对应的结构等简单地表达出来,是不能满足受众需求的。必须承认,现在的人工智能语音技术非常发达,许多软件可以把文字直接转化成人声,并且听起来也算是清楚明白。这是因为语言是人们日常最为熟悉的社会现象,人们积累了大量听说经验,经过软件的符号提示,人们凭借经验组织了大量信息,可以说是在软件提供的"原材料"的基础上自行"加工",最终变成了"成品"。对于比较简单的文本,人工智能技术尚能应付,但如果是内容比较复杂的文字作品,人工智能技术的力量是有限的。计算机不能呈现人的情感,这使受众无法更好地获取信息,更难以满足受众对有声语言作品的审美需求。

受众阅读文字信息的能力千差万别,这就使得在广播电视技术保障下,经过规整、润色的文字信息通过播音员的符号转化变成语言信息这一过程,具备了重要的意义。

二、汉字与汉语的转化特点

中国播音学建立在汉语播音基础上,汉语播音解决的自然是汉字向汉语转化的问题。很多人质疑"照稿念"为什么能称之为"学",这是因为质疑者没有理解汉字、汉语独特的个性和强大的文化承载力。可以说,在当今世界语言体系中,也只有建立在汉字、汉语基础上,播音才能够形成一个完整的学科体系。

(一)播音创作的基础:汉字读音

中华文化强大的生命力使得汉字这一音、形、义相结合的古老文字至今仍然得到普遍应用,并且在世界语言大家庭中占据重要的地位。汉字和汉语是世界文化的瑰宝,是人类文明的活化石。汉字具有强烈独特性——由笔画成形,在视觉上表意;由感觉成音,在听觉上传情。这是当今世界上绝大多数文字所不具备的特点,也是中国的播音能够成"学"的重要原因。

汉字符号向汉语符号转化的过程具有强大的可变性、可塑性,不仅可以产生信息价值,也可以产生审美价值。中国的唐诗、宋词等古代文学作品,不仅具有可读性,也具有可听性。甚至可以这样说,中国人用汉字进行文学创作的过程从来就没有离开过汉语表达的因素。那些传诵千古的经典文学作品往往也是朗朗上口的诵读佳品。

1. 汉字读音的形象性

"大"这个字,现代汉语的常见读音为"dà",可以看到它的韵母是汉语普通话韵母中最为宽展的"a",它的声母是汉语普通话声母中着力感较强的声母"d",二者合一,"dà"这个读音自然有了"大"的感觉;而"小"这个字的现代汉语读音为"xiǎo",虽然也有一个韵母"a",但在"a"之前有一个韵母中纵向唇形较窄的"i",在"a"之后有一个横向唇形较窄的"o",使得"a"失去了许多宽展感,并且其声母同样为读起来较窄的舌面清擦音"x",这样就让"xiǎo"有了"小"的感觉。这些汉语读音的形成,是在汉民族对事物状态的认知基础上建立、发展形成的。"高山大海"的四个字中,都有韵母"a","林间小溪"四个字中,都有韵母"i",这不是偶然。

2. 汉字声调的音乐性

汉字是声调语言,声调对语义表达本就起着非常重要的作用。现代普通话四个声调形成的平仄(阴平、阳平为平声;上声、去声为仄声),又让汉语在表达中具备了天然的音乐感。

例文:

这个厂生产的孔雀开屏、红霞万朵、草木争荣、繁花似锦等花色的花布,富有民族特色,很受欢迎。

上句"孔雀开屏、红霞万朵、草木争荣、繁花似锦"一组词语,字数相同、格式相近,形成了排比句式。另外,从声调上构成的平仄看:

孔雀开屏、红霞万朵、草木争荣、繁花似锦
仄仄平平　平平仄仄　仄仄平平　平平仄仄

这样的平仄布局,使得这句话读起来具有一种波澜起伏的音乐感,这种效果是汉语所独具的,也为播音创作提供了天然的依据。

当然,播音创作是一个极其复杂的体系,汉字、汉语发展至今也有大量"舶来品",它们稀释了汉语的特性(咖啡、沙发、逻辑、浪漫等词语为英语音译的词语;社会、手续、学位、体育等词语为从日语吸收的词语)。同时,随着新事物的产生,尤其是随着网络时代的到来,大量新词语进入汉语体系(投资、鼠标、版主、微博等词语是随着社会的发展、网络的发展逐步开始在我国频繁使用的),因此汉字读音的音韵美特性渐渐为人们所忽视,但在整个汉语体系中,这种特性仍然具有十分重要的意义。

(二)汉字符号向汉语符号转化后所蕴含的信息量大幅增加

汉字的符号体系是非常复杂的,甚至汉字书写本身能成为艺术。但无论是哪种字体,书法家都难以通过书写汉字本身(视觉符号传达方式)来表达其代表的所有信息。

高　高　高　高　高　高　高

以上各种字体的"高"各具特点、风格不尽相同,但人们并不能依靠书写的区别来表达文字稿件的全部思想感情,这是由文字符号的高度概括性决定的。"高"字在"德高望重"和"高血压"两个词语中的性质不同,虽读音一致,但感觉完全不一样;而"高山""高楼"中,"高"字虽性质相同,却又因程度不同,同样存在读音感觉上的细微差异。

在日常的语言交流中,即便是完全没有受过语言训练的普通人,凭借交流中的真情实感,也可以具备语言表情达意的丰富性。但播音工作往往不是"此时此地、此情此景"的即时表达,而是以大量文字符号组成的"稿件"为创作来源。在这种情况下,播音员就需要主动地从文字符号去还原事物本来的面貌。

三、符号转化的原则

(一)准确性原则

中国的汉字体系非常庞杂,但在书写上已经形成了高度的统一性,相比较来说,汉语体系的庞杂程度远在汉字体系之上,我国地域广大、人口众多、民族多元、语言多样,我国将推广普通话写入宪法就是为在社会生活中加强沟通的方便性,避免产生因语音差异造成的误解。更何况,汉字中存在大量一字多音、一字多义的现象,更容易产生歧义。广播电视作为公众服务行业,传达信息需要十分精准,责任重大。因此,在汉字符号向汉语符号转化时,准确性是极为重要的。

比如,"转"这个字有三个读音:zhuǎi、zhuǎn、zhuàn。不同读音的"转"表达不同的含义。同一个字,根据上下文读者不纠结字音也可以准确理解其内容,但在有声语言表达的情况下,往往会出现歧义。

例文:
你这件裙子真好看,转一下我看看。

这句话中的"转"字,如果读"zhuǎn",说话人的意思是希望看看裙子后面的样子,是要请穿裙子的人"转身";如果读"zhuàn",说话人的意思是希望看看这个人穿上裙子后的整体效果是否合身、是否符合自身气质等,是要请穿裙子的人"转圈"。

例文:
你刚才是不是转向了?

在这句话中,"转"如果读"zhuǎn",说话人可能是在询问一位驾驶员是不是刚才改变了方向;如果读"zhuàn","转向"则有迷失方向的意思,说话人可能是在调侃听话方找不到路了。

如此看来,播音员作为以汉字、汉语为工具的劳动者,在符号转化的过程中,保证其准确性是非常必要的。

(二)丰富性原则

文字符号向语言符号转化的过程,就是把概括的、简化的信息丰富为更为直观的可知、可感的信息。需要说明的一点是,语言无法取代文字,一部文字作品能够给予读者无限的想象空间,并能使不同的读者根据自身情况产生不同的感受。播音创作也并不能取代原稿件的价值,而是因传播需要、以稿件为素材进行的新形式表达。因此,所谓丰富性,是指基于视听需求必须进行的创作。在可视播音创作中,播读者更需要用副语言去辅助这种创作。

文字作品的感受,完全依赖于读者自身,这是由阅读的这种传播方式决定的,读者可以通过"反复""停滞"的方式丰富其感受;而收听、收看等传播方式不具备"反复""停滞"的特点,而具备"转瞬即逝"的线性特质,这就需要播音员在播音创作中,尽可能地帮助受众完成丰富过程,从而让受众对信息的感知更直观、具体。正如张颂在《播音创作基础》中说道:"对播音员来说,感受就是感之于外、受之于心的意思。感之于外,不是只感受到文字或语言的存在,而是透过语言的符号感觉到这个符号所代表的那具体的客观事物的存在。"[①]

---

① 张颂.播音创作基础[M].4版.北京:中国传媒大学出版社,2022:65.

比如,朱自清在《春》中写"一切都像刚睡醒的样子",短短的几个字,既能让我们感受到春景中充满生机的美感,又能让我们感觉到生机盎然的春天带给人心理上的愉悦,还给人以充满希望的精神力量,远远不是其本身"苏醒"的简单含义。读者读到此处,可能会停下来想象春意带给自己的美好感觉。但在播音作品中,如果播音员未能丰富创作,只是一带而过的话,听众就可能不会获得丰富的想象。

四、符号转化过程中常见的问题

(一) 忽视符号转化的意义

初学者被播音艺术所吸引,往往是因为关注了播音员动听的声音、精妙的技巧,从而想让自己成为"那个样子",却忽略了"那个样子"并不来自播音员的随心所欲,而是播音员在将文字转化为语言的过程中进行创作的结果,这个结果是在符号转化过程中获得的。如果不去探索创作过程中的元素而直接照着自己和大众普遍认可的结果去模仿,即便播读者模仿能力再强、技巧再成熟,作品也是入得了耳、入不得心。

很多播音员的播音作品让人觉得有一定的"调子",播"油"了,无外乎两种情况:一种是播读者刚刚接触播音员岗位,想让自己播得"像模像样"而忽视了对稿件内容的理解;另一种是播读者从事了相当长时间的播音工作,甚至在行业内得到了一定的认可,技巧的纯熟掌握使其放松了对稿件内容的把握,并习惯了用一定的套路轻松地完成工作。这两种情况,播音员都忽视了播音创作的根本是内容的传达,而不是形式的传达。

(二) 忽略符号转化的整体性

"话是一句一句说的,要把许多不同的语言符号组合起来,传达一个完整的信息。句子的意义不是单个符号意义的简单相加,要表达或理解一个句子的信息,不仅要掌握单个符号的意义,还要知道句子中符号之间的结构关系通过什么样的形式体现,从而把握住整个句子的表达或理解。"[1]

由此可见,文字符号是在进入语句之后才具备了功能、意义,从而最终完成向语言符号的转化的。因此,文字进入语句后,根据传播需要,其作用有不同、地位有轻重。我们拿到的稿件在大多数情况下,字号的大小、字体的类型、段落的布局都是固定的、规整的,这就容易使我们忽略了这些文字转化为语言后的区别是很大的。完全一样的一个字,在稿件中多次出现时,基本也不会有完全相同的声音状态。

例文:

我昨晚和小张吃的饭。

在这句话中,如果需要强调和小张吃饭的人,则"我"字在这句话中读音最重;如果需

---

[1] 叶蜚声,徐通锵. 语言学纲要(修订版)[M]. 北京:北京大学出版社,2013:81.

要强调我和小张吃饭的时间,则"昨晚"一词在这句话中读音最重;如果强调我昨晚和谁吃饭,则"小张"读音最重。

文字符号本身不会通过下面的方式来提示:

我昨晚和小张吃的饭。
我昨晚和小张吃的饭。
我昨晚和小张吃的饭。

这就需要播音员在理解语句内容的基础上,从整体出发,区分不同的文字符号应转化成何种形态的语言符号。

第二节 播音创作是一种创造性活动

播音员必须以创作的心态进行播音。正如戏剧影视是基于剧本的二度创作,播音也是基于稿件的二度创作,而不是文字作品的简单语言化。可以说,在播读一部文字作品的时候,每个人由于其自身特点,或多或少地都会具备一定的主观性,播音员是职业的语言工作者,必须把自然的、模糊的主观意识转换成主动的、有意识的、有规律的创作行为,从而赋予播音作品鲜活的生命。

一、播音创作以播音员为核心

稿件本身是一部文字作品,其存在的目的是阅读,只有经过播音员的播音创作,才能最终成为播音作品。听众和观众如果直接去阅读稿件,则身份就成了读者,只有经过接收播音员的播音才能听和看,才能成为听众和观众。由此可见,如果播音员不存在,那么播音本身也就不存在了,因此播音员是播音创作的核心部分。

可以说,当我们谈论一部播音作品的时候,播音员是这部作品实际上的起点。认识了这一点,有利于提高播音员自身的主观能动性。一部播音作品的呈现效果,最终取决于播音员的创作态度和创作能力。一部优秀的文字作品,当受众选择了用视听方式接收它以后,呈现效果在很大程度上取决于播音员能否体现出它的优秀之处。如果播音员自身的创作愿望不强烈、创作能力不成熟,就很有可能抹杀了文字作品自身的魅力,严重影响传播效果;同样,如果播音员自身的创作愿望强烈、创作能力高超,就往往会在播音作品中呈现出受众在阅读文字作品的情况下不易感觉到的魅力。很多人有这样的体验,喜欢一首诗歌、一篇散文、一部小说,往往起点是因为听到一个播读者声情并茂的播读,让自己很直观地感受到作品的魅力,再去阅读时,往往有了更深的体会。

有人说,播音员是"传声筒""肉喇叭",这自然是对这个行业的误解,但不得不承认,这也是因为许多播音员没有认识到播音创作过程中自身的核心位置,缺少创造力,不去思考稿件如何"因我"而变成"我的播音作品"。优秀的播音作品应该呈现出文字风格和播音员创作风格的和谐统一,二者缺一不可。

二、播音创作以稿件为主要依据

画家需要了解自己的画纸和笔墨、雕塑家需要了解自己的泥胎和石料、烹饪大师也需要了解自己所用的食材……任何创造性活动,都需要创作者对创作所用的材料有准确、全面、深入的认识,才能很好地进行下去。稿件,就是播音创作的材料。

对于一篇反映百姓日常生活的民生新闻稿件,播音员偏偏采用庄严、肃穆的方式进行播送;行文波澜壮阔、气势磅礴的一篇专题片解说词,却被播音员播得四平八稳;诙谐幽默、讽刺辛辣的评论,却被播音员播得怒气冲冲、义愤填膺……这些情况都是没有依据稿件的特征进行播音创作的结果,必然不能很好地表达作品内容,甚至会让受众产生反感。

可以说,解读稿件、感知稿件,准确地判断出什么样的表达形式能适应一篇稿件,是播音员的重要基本功。很多初学者往往非常努力地练习"嘴上的功夫"而忽略了解读稿件的能力,这就使得有的人不管练习多长时间,也难得要领,水平提高缓慢。失去了内容的形式,本身就是没有价值的,因此,播音员如果不掌握稿件解读能力,技巧再好也无法完成一部优秀播音作品。

解读稿件,不能仅仅停留在"读懂了"的层面,甚至"感悟至深"也未必能帮我们进行播音创作,否则播音也不会成为一个学科。稿件是依据、是素材,播音创作的过程不是在展现素材,而是在素材的基础上进行创造,是把"读懂了""感悟至深"的东西用语言的形式传递给受众。

概括起来说,解读稿件是播音员进行播音创作前的准备工作,播音员结合自身的创作思想,把解读到的东西提炼为播音创作的依据,为播音活动的开展奠定基础。

三、播音创作以语言体系为基础

播音是以语言(尤其是有声语言)为载体的,因此,语言体系是进行播音创作活动的基础。当播音员阅读稿件的时候,是以读者的身份进行的,是接收者。当播音员确定了这篇文字作品要成为播音创作的稿件时,就必须换一种眼光重新审视这些文字。

稿件中,一句话里的主、谓、宾、定、状、补等成分要转化成语言中可对比的声音状态;一段文字里的逻辑层次关系要转化成一段话里的主次、轻重、顺转、承接的语言进程;一篇稿件中的布局、结构的起承转合要转化为一部完整播音作品的节奏变化体系。

文字作品与有声语言同样使用了"词""句""段"等概念,"一句话"可能是写在信里的,也可能是托人捎来的,"一段话"可能是见诸书刊的,也可能是听到某人现场说的。文字系统就是在语言系统基础上形成的,因此在表述上几乎完全相同。这种情况在日常生活中并不会对交流活动形成障碍,但对于以"两种符号转化"为日常工作的播音员来说,搞清楚二者的区别和掌握二者转化的规律、方法,是必备的素养。

在稿件里、在文字符号体系里、在可视条件下,简简单单的一句话很容易看明白,但在节目中、在语言符号体系里、在以听觉为主的条件下,就需要播音员从语言体系的规律、特点出发,重新组织各要素之间的关系,让人听得明白。

播音员一定要考虑受众能否听明白自己看懂了的内容。因为播音最终以视听形式传达给受众,所以播音员必须在语言体系(包括副语言)的基础上来进行创作。

第三节 播音创作是一种审美活动

"广播电视传播,要发挥教化功能,也要发挥娱乐功能及其他必要功能。当我们说信息共享的时候,不应忘记认知共识,而当注意认知共识的时候,更不能忽略愉悦共鸣的审美特质。"[1]

人们大都喜欢在愉悦的状态下接收信息,一个中学生可能很难背下一道题,却很容易记住一段歌词,这是因为记忆一段歌词的愉悦程度要远远高于记下一道题。因此,播音创作也要尽量让受众通过能感觉到愉悦的形式来接收信息。

在当今时代,播音作品能否具有更高的审美价值被摆上了更高的位置,既然受众在同样的效率下能从多个渠道获取同一信息,自然在愉悦程度上有了更高的心理期待。受众对一部播音作品的审美,往往是从以下几个层面进行的。

一、音声审美

声音能够直接、快速地传递给我们感官刺激,我们感知一个播音员带给我们的审美价值往往是从他的语音面貌和声音特质开始的。

(一) 良好的语音面貌是播音员的行业标识

语言本身是丰富多彩的,不同的语言都有着其独特的魅力。戏剧演员经常用各种方言来帮助其塑造人物形象、体现人物性格,从而获得良好的效果;《百家讲坛》上不少学者,在让观众折服于其渊博的学识的同时,也让观众对其独特的口音津津乐道,无形之中强化了其所传递的知识的意义;生活中,多民族、多地域的语言构成了文化的重要分支。

推广普通话的意义在于,让全国各民族、各地域人民尽量掌握一种沟通无障碍的语言工具。随着广播电视事业的发展,我国推广普通话的进程是非常快速的。改革开放初期,到外地出差、旅游,"听不懂""说不清"的现象已经比较少见了。但由于方言所承载的不同文化特质和语言气质,人们现在仍然存在着对方言的"情感误解",这是由于不同

---

[1] 张颂.播音主持艺术论[M].2版.北京:中国传媒大学出版社,2022:23.

地域间的文化差异呈现在方言上的样态不同。

很多行业都以语言为工具,播音员的任务特别重要、承担的使命特别重大,这是因为:

第一,播音员的受众数量较多。广播、电视、网络节目播出后,其传播能力是一般的人际传播工作无法比拟的,即便是火车站、飞机场、大型商场的广播也是区域性的定向广播,无法和理论上不受空间限制的广播、电视、网络传播相比。因此,播音员的影响力非常大。

第二,播音员大多受过系统的训练。在诸多语言工作者当中,播音员这个职业对于普通话等级要求最高,播音员所受的训练也是最系统、最完善、最严格的。

第三,受众对播音员的普通话期待已经形成了思维惯性。受众可以接受一个演员普通话不标准,却对播音员的普通话水平要求严格。这是因为,长久以来,播音员所从事的工作大多是以传达信息为核心,对准确度的要求非常高,从而提升了受众对其使用语言精准度的要求。

可以说,播音员因在传播活动中的信息传达者身份,必须使用相当标准的普通话,从而使受众在长时间的审美培养中,形成了一种共识——播音员的普通话水平是极其标准的,这使得语音是否标准成为受众对播音员评价的一个基础指标。

(二)良好的声音状态有助于提升受众对播音的审美体验

首先,我们必须认识到一个问题,播音艺术不是声音艺术,而是语言艺术。声音仅仅是语言形式的载体,发声技巧也仅仅是语言技巧的一个部分。受众在对以声音为载体的艺术进行审美的时候,最直接的感受就是声音本身,这就使得播音及朗诵、歌唱等艺术容易被人误解为"好嗓子"们从事的工作。必须承认,好的嗓音条件的确能够提升受众欣赏播音艺术的愉悦程度,但如果播音员脱离语言的表达功能而仅仅做声音的展现,无疑是本末倒置。

其次,对于声音的审美,是没有统一标准的。受众的审美心理本身就具有可变性,何况受众群体本身就是由区别巨大的大量个体组成的。有人喜欢浑厚的声音,也有人喜欢清朗的声音;有的作品适合清脆悦耳的女声,有的作品则适合坚实刚劲的男声。当今时代,传播形式的丰富、节目样式的丰富势必造成受众审美需求的丰富。播音员首先要保证自身的发声科学、自然,让人听起来舒服而不造作。

最后,播音员对自己的声音应该是有控制力的。这种控制力不同于戏剧表演或影视配音中的声音化妆,声音化妆是通过改变整个发声系统的状态,从而塑造出完全不同于发声者本人、具有一定特质的声音样态。播音员在条件允许的状态下可以练习声音化妆,但播音员本身所从事的播音工作,基本是不需要声音化妆的。因此,我们所说的播音员对声音的控制,指的是在真实、自然的状态下,播音员能够适应稿件当中的情感变化而进行的声音起伏变化。

二、表达审美

正如前文所述,声音只是语言的载体,而语言的信息传递功能要通过表达来体现出来,因此,我们一般感知一个人的语言美感,是从表达过程中获得的。通常我们会说一个人的语言表现力怎样,就是说用语言表达思想感情的能力。语言表现力指的是利用有声语言呈现形式的变化展现思想感情的能力。语言中所蕴藏的思想感情由两部分组成:一是事物及对事物的态度;二是表述事物及对事物态度的逻辑。

如何让自己的语言听起来有愉悦感、令人感到舒服?一是语言形式丰富,二是语言目的清楚,也就是形象丰富、逻辑准确。

(一)语言表达的形象感

如果说文字是记录语言的符号,那么语言(包括副语言)就是表达人思想感情的符号。只要是符号,就具有概括、抽象、简化等特征。人与人之间无法获取对方的思想感情信息,但可以利用复杂的语言符号系统来尽量表达自己的思想感情。

人类的语言符号一般会传递给他人三个层面的信息:事物、事物的样态、对事物的态度。比如,说到"苹果",我们首先会凭借经验认知这是什么物体;其次,有可能通过说话者的语气判断出苹果的大小;最后,我们甚至可以从说话人的语气中听出说话人是否喜欢苹果。我们说一个人语言表达得是否生动、形象,一般指的就是后面两个层面的体现程度。体现的特征越鲜明、体现的分寸越恰切、体现的手段越丰富,这个人的语言就具备越强的表现力。

从受众方面说,其感官上受到的"合理刺激"越多,其审美心理就会获得越多的满足。这种"合理刺激"主要来自两个方面:一是心理期待得到实现;二是超越心理期待的意外之喜,类似于人们常说的"情理之中、意料之外"。举例来说,当表达雪景的时候,首先语言能表现出受众一般认知的雪景的样态(如单一的白色及模糊的视觉效果造成的纯洁、静谧、神秘等感觉),使受众产生心理认同;其次,在语言表达中因个体差异而表现出来的对雪景的独到情感态度,使受众产生心理意外。"认同"与"意外"交替出现,使得受众不断产生心理期待,又不断得到满足,从而获得愉悦感。

概括来说,在语言表达过程中,播读者表现事物的能力越强、表达个体对事物的态度的能力越强,表现力就越强。由此可见,让人在语言表达的形象感受上听得舒服,就要做到:形象生动、分寸恰切、态度鲜明。

(二)语言表达的逻辑感

在口语表达中,一句话的核心信息可能就是一两个词、一段话的核心信息可能就在于一两句话,其他成分大多是为了铺垫、辅助这些主要成分的"配角",甚至是调节语气的"龙套"。功能有不同、作用有大小、地位有主次,使得语言当中的每一个成分呈现出的样态都不同。所谓清楚的表达,在大的语言范畴内当然首先指的是内容本身是否逻辑清晰,从形式上来说,我们也要看清语言内容中的各个部分是不是被准确地分配应有的形式,以及是否准确地建立了各个部分之间的关系。

例文:
我的很重的心忽而轻松了,身体也似乎舒展到说不出的大。[1]

这句话出自鲁迅的《社戏》,表达了"我"在获得母亲和外祖母允许后,出发和小朋友去看社戏时畅快、喜悦的心情。由语句目的可以确定,这句话要强调的是此时此刻"我"感觉到的"轻松"和"舒展"。那么,这句话的其他部分就不能在表现程度上超过"轻松"和"舒展"。如果有人认为,后半句的最主要成分应该是形容"舒展"的"大",那也未尝不可,只要将"舒展"的表现程度略降,形成听觉层次,同样能让人听出作者所要表达的状态;但前半句中出现的另一个形容词"很重"相对"轻松"来讲更为远离了语句的核心目的,因此不应该去代替"轻松"的位置了。而两个小句的关系呈现为递进,则后句就应该在前句的基础上逐步上扬,从而表达出两句话的准确关系。

由此可见,让人在语言表达的逻辑感上听得舒服,就要做到:核心突出,主次鲜明,轻重得当,结构准确。

个人语言表现力的水平受先天能力、后天培养的影响,人与人在个体差异方面可能有很大不同,因此,我们在日常生活中就会遇到语言表现力差别很大的人。可以这样说,一个受过专业训练的播音员未必比一个能说会道的普通人具备更强的语言表现力。然而,播音员比普通人多了一重符号转化,播音员要在文字稿件中去还原作者语言的信息,再发挥自身语言的表现力。

三、情感审美

人对待事物的认识,一般来讲,开始都是以情感来感知,然后才运用理性分析能力去认知,再就是感知和认知的交替往复,一步步加深对事物的认识程度。因此,对于事物的情感态度,是最直观的感受。

不管是在节目中还是在生活中,真情实感总是最容易打动人的。符号系统(包括有声语言、副语言、文字等)抽象和概括了人的思想感情,对于人全部的情感世界来说,只是冰山一角。再善于利用符号系统的人,也无法用符号系统表达其完全真实的情感状态。而当一个人"真情流露"的时候,大大降低了"有意识、有控制"地运用符号的刻意性,可以让受众以更为直接的方式感同身受。这样,播读者取得的传播效果往往会超出人们的预期。

---

[1] 鲁迅.鲁迅全集 第一卷[M].广州:花城出版社,2021:249.

> 2008年汶川地震期间，一些主播在镜头前流下了眼泪，他们声音哽咽，语流凝滞，手势凌乱，但这种"失控"却在那一刻打动了电视机前的观众，可见其中传递的情感是非常强烈的。

汶川地震期间的一则新闻播报

真情实感可能是震撼的、波澜壮阔的，也可能是平静的、水波不兴的，播音员应该从稿件和节目进程中不断地去认识和体验，而少一些"一厢情愿"的预想和假设。预想和假设仅仅可以应用到创作准备和创作设计中，在播音过程中播音员要全身心地投入作品中。

真情实感的关键就在于真实，真情实感应该是不假思索的情感流露，而不应该是有意识、有目的地去表现出来。可以说，能够让受众产生审美心理的情感状态，在播音员的体会中，往往是无意的、自然的。

需要注意的是，真情实感的效果不一定是"潸然泪下"，因此，播音主体在表达过程中必须摒弃预设受众反应的煽情伎俩，要依据节目内容和具体情境真实自然地表达。

四、思想审美

思想与感情是不分家的，人类进化出来的高级思维模式决定了人在有所"感"的情况下，必然也会有所"思"。思想因感情确定了方向，感情因思想得到了升华。

一部好的播音作品不仅是可感的，也应该在思想性上让受众有所收获，成为可以让受众反复体会的作品。一部播音作品，哪怕在形式上精心雕琢、在播音过程中声情并茂，如果本身不具备思想性，或者因播音员本身的主观意愿和能力水平没有彰显其思想性，就会让人感到空洞，很难被受众记住。

> 我国著名播音员方明曾经朗诵过诗歌《对衰老的回答》。因作品风格特征和传播环境的需要，方明的这次朗诵更像是平平淡淡地"讲述""交心"，而没有呈现他以往在舞台上的挥洒自如、大气磅礴的朗诵风格。但正是这种风格，让大家产生了更多对作品本身思想内容的思考，使听者感怀人生、充满希望。

《对衰老的回答》（方明朗诵）

人们在感性上获得的直观审美体验往往是短暂的、易逝的，而在思想上获得的精神世界的审美体验则是持久的、根深蒂固的。因此，播音员要善于在稿件中挖掘其思想价值，从而能完整地体现一部播音作品的社会功能。

一部播音作品只有满足音声审美、表达审美、情感审美、思想审美，才能入耳、入心、入情、入理,从而发挥作用,达成表达目的。

▶▶▶ 本章小结

  播音创作从传播本质上讲是一种符号转化活动,具备独特的规律和特征。它不是简单的两种符号的信息翻译,更体现了播音员在符号转化过程中的创造性劳动。播音员是播音创作的核心,是开展播音创作的主要环节,而文字稿件则是播音员创作的最主要创作依据。最终,播音员要在语言体系的基础上,把稿件素材转化为全新的播音作品,并能够使受众在审美状态下更好地接收信息。

思考题

1. 汉字符号向汉语符号转化的关键环节是什么?
2. 你是否遇到过这样的情况,一段文字阅读起来觉得很好,朗读出来却效果一般?这是为什么?有没有解决的方法?
3. 如何看待播音创作过程中播音员和稿件的关系?
4. 音声审美、表达审美、情感审美和思想审美,哪个对你来说效果最强烈?为什么?

第二章 稿件分析

播音创作是以稿件为依据的,稿件是进行播音创作的原材料,播音员对稿件的把握水平决定了播音创作水平的高低,脱离对稿件的理解而进行播音创作是行不通的。此外,对稿件的分析也不能仅仅从文学的角度进行,要结合播音的艺术特征和传播要求,从语言表达的角度来进行。

第一节 认识稿件 理解原文

任何一篇稿件都必然是一段有意义的文字,文字的意义有的通过文字直接表述,有的则隐藏在稿件创作的诸多背景元素中。准确地认识稿件的内容、充分地理解原文的含义,是把握稿件的基础。

一、主题思想

主题思想是一篇稿件中处于核心地位的、作者主要表达的思想感情。主题思想贯穿于稿件始终,或明或暗、或显或隐、或聚或散,不管作者如何行文,主题思想的主线地位始终存在,有时清楚地在文章中表达,有时则需要播音员抽丝剥茧去分析。

对主题思想的掌握,是我们对稿件把握的开始,我们必须清晰地认识到稿件的主题思想,在播音创作过程中坚持这条主线,从而使播音作品的价值得以彰显。

例文:

这座桥的特点是:①全桥只有一个大拱,长达37.02米,在当时可算是世界上最长的石拱。桥洞不是普通半圆形,而是像一张弓,因而大拱上面的道路没有陡坡,便于车马上下。②大拱的两肩上各有两个小拱。这个创造性的设计,不但节约了石料,减轻了桥身的重量,而且在河水暴涨的时候,还可以增加桥洞的过水量,减少洪水对桥身的冲击。同时,拱上加拱,桥身也更美观。③大拱由28道拱圈拼成,就像这么多同样形状的弓合拢在一起,做成一个弧形的桥洞。每道拱圈都能独立支撑上面的重量,一道坏了,其他各道不致受到影响。④全桥结构匀称,和四周景色配合得十分和谐;就连桥上的石栏石板也雕刻得古朴美观。

(茅以升《中国石拱桥》①)

我们通过阅读上文可以认识到,这是一篇科普类文章,而不是学术论文,其主题思想是通过介绍中国石拱桥的特点和辉煌成就,歌颂我国古代劳动人民的智慧和勤劳,歌颂我国建筑文化的伟大与辉煌。

如果按照一般说明的状态去播送上述文字,就降低了稿件本身的价值,没有实现播出目的。

例文:

秋高稻熟时节,吴越间所多的是螃蟹,煮到通红之后,无论取那一只,揭开背壳来,里面就有黄,有膏;倘是雌的,就有石榴子一般鲜红的子。先将这些吃完,即一定露出一个圆锥形的薄膜,再用小刀小心地沿着锥底切下,取出,翻转,使里面向外,只要不破,便变成一个罗汉模样的东西,有头脸,身子,是坐着的,我们那里的小孩子都称他"蟹和尚",就是躲在里面避难的法海。

(鲁迅《论雷峰塔的倒掉》②)

鲁迅的《论雷峰塔的倒掉》对腐朽旧思想进行抨击,雷峰塔和法海都是封建传统礼教的象征与代表。这一段"吃螃蟹"的描写,其实是在对封建礼教思想进行无情的鞭挞。如果不掌握这一点,播读者就很容易在播音的时候带过,甚至错误地去表现"吃螃蟹的快乐",那就使得这一段精彩的描写在有声语言表达中失去了光彩。

二、创作背景

在初次阅读稿件后,我们会获得对其总体的认知和感受,并认为这就是主题。但在表面内容背后,有时潜藏着更深的内涵,这就是稿件的创作背景。

(一)写作背景

写作背景主要包含作者创作所处的时代背景和创作目的。

作者写作时所处的社会状态会对作者的创作产生深刻的影响,不管作者所创作的文字作品是当今正在发生的事件(如新闻稿件)还是过去曾经发生的事件(如小说、纪实文学等),一定会在作品中投射出作者对所处时代的态度,这就是时代背景;同时,在一般情况下,作者所创作的作品的传播对象是其所处时代的受众,作者在创作过程中一定会不同程度地预想受众的接收效果,并产生一定的期待,这就是创作目的。

---

① 茅以升.桥梁史话[M].北京:北京出版社,2011:87-88.
② 鲁迅.孔乙己[M].北京:北京联合出版公司,2021:113.

在作者有意识或无意识的情况下,时代背景和创作目的影响着创作活动,从而形成了文字作品的写作背景。

对于播音创作来说,搞清楚写作背景是一个必要条件,因为脱离了写作背景不仅不利于我们理解主题思想,也容易让我们的播音作品呈现得表面化,缺乏深度。

挖掘写作背景,在不同作品中的难易程度是不同的。比如新闻稿件的写作背景与播出背景一致,写作目的与播出目的非常明确,在这种情况下,播音员对写作背景的掌握就比较简单、迅捷。但有的新闻评论类稿件,虽然其创作的时代背景和写作目的都针对当前发生的新闻事件,但相对来讲,它的时代背景可能具有多层次性、写作目的也往往比较多元化,这就需要播音员进一步挖掘。

例文:

传统媒体人,只要不是坐井观天,不能不感到互联网新媒体的强大压力。

然而,在互联网海量信息、庞大流量的冲击下,我们没有必要怀疑自己,失去尊严和自信。有人说,今天是精准分发新闻的时代,一切用"算法"解决问题。没错,"算法"的确是人类一项了不起的发明。2016年谷歌阿尔法机器人战胜围棋高手李世石,这是人工智能引人入胜的华彩瞬间。但我依然相信,人类作为万物的灵长、世界的主宰,李白的豪迈、苏轼的狂放、李清照的婉约、辛弃疾的爱国情怀、杜甫的家国忧思,绝不是人工智能所能尽知的。上海学者、散文家赵鑫珊说过:科技的进步一年一个样,但人性的进化很慢,千年难变。更何况我们所从事的新闻报道和评论,涉及最复杂的社会认知和人生感悟。

"算法"流行的时代,还是离不开总编辑的角色;对信息的筛选和评价,离不开新闻的"把关人"。2016年3月,在传统媒体面临的艰难和困境中,我为人民日报评论部策划了一组副题为《坚守融合时代的媒体信仰》的本报评论部文章,当时我写的几句话,被用作编者的话:

融合发展是大势所趋,传统的平台、介质或许会式微,但新闻没有消亡,媒体还有责任,理想还有价值,职业还有担当。我们相信,不管媒体形态怎么变、舆论格局怎样变,原创仍是社会最宝贵的资源,思想仍是媒体最重要的品质,理性仍是时代最需要的力量。

只有我们认可了媒体作为优质内容提供者、作为思想生产者的不可或缺,才能进一步讨论媒体所应承担的社会角色和历史使命,才能在新的历史条件下继续探讨"政治家办报"的命题。我想这也是中央提出媒体融合的初衷,即鼓励党报、国家通讯社、国家电视台借助互联网新媒体,在全媒体舆论场,做大做强主流舆论,做大做强主流价值。

网上的信息常常真伪莫辨,人们的情绪也不时会剑走偏锋,需要职业媒体去还原真相、疏导情绪,提供科学理性的分析解读,从而更好地回应网民关切、凝聚社会共识,这正是传统媒体特别是党报的优势。①

上文所评述的问题正是当下探讨的热门话题,但如果作为播出稿件,播音员则至少从两个层次理解稿件所处的时代背景:一是新媒体在大数据的协助下发展迅猛;二是在传统媒体衰落的同时,也连带着传统文化的缺失。缺少任何一点认识,播音员就无法诠释出这篇稿件的思辨性。同时,其写作目的也具有二元性:一是必须认可新媒体时代到来的历史必然性;二是探讨如何应对新媒体时代环境下所出现的浮躁之气对传统文化及人文精神的冲击。同样,在播音创作中,播读者必须把这两点转化为自己的创作目的。

另外,文学类稿件的播音对于播读者对写作背景的挖掘提出了更高的要求。因为文学类稿件创作的自由度更大,很多作品不体现明确的时代性,有的作品的写作目的具有极强的隐匿性,这就要求播音员有一定的文学素养和钻研精神,去深入挖掘这类稿件的写作背景。

例文:

我爱这土地②

艾 青

假如我是一只鸟,
我也应该用嘶哑的喉咙歌唱:
这被暴风雨所打击着的土地,
这永远汹涌着我们的悲愤的河流,
这无止息地吹刮着的激怒的风,
和那来自林间的无比温柔的黎明……
——然后我死了,
连羽毛也腐烂在土地里面。

为什么我的眼里常含泪水?
因为我对这土地爱得深沉……

这篇诗作是诗人艾青在1938年创作的,其时正值日军对我国疯狂进攻,大面积国土沦陷,整个民族陷于悲怆情绪之中。了解了这方面的背景,我们在朗诵这篇作品的时候,要找到一种历史"沉重感",在诗句中获得更深的体会,不然则容易只从"悲愤""激怒"等词语中获得浅显的感觉。同时,在悲怆的气氛中,作者的目的是要激起大家对祖国最质朴的爱,从而让大家在与日寇决一死战的决心之下,对胜利充满希望。搞清楚了这个目的,播读者对"那来自林间的无比温柔的黎明"等表述便获得了心理依据,不然则容易在

---

① 卢新宁.人民日报社副总编辑:今天的媒体,谁占有大数据谁就拥有未来[EB/OL].(2017-02-03)[2023-03-25]. https://www.thepaper.cn/newsDetail_forward_1611192.
② 艾青.艾青诗集[M].北京:北京联合出版公司,2012:49

朗诵中显得突兀。

需要说明的一点是，写作背景中，无论是时代背景还是写作目的，都是帮助播音员开展播音创作的依据，是创作材料的一部分，并不是要教条地遵守的准绳。因为我们最终是要进行播音创作，呈现出来的是播音作品，由我们自身的创作目的进行统领。我们的播音创作不会和文字作品的创作"南辕北辙"，也不能把自己捆绑在作者的笔尖上亦步亦趋。好的文学作品往往具有强大的生命力，因为它往往并不是在简单地记录一个时代的风貌，而是在作品中展现了人性、体现了人文情怀，这样的作品放在任何时代都会让人得以启迪。比如朱自清的散文《春》，我们便大可不必去过多探讨其时代背景对表达的影响，不管在什么时代背景下，人们总是会因对春天美好事物的感动而充满希望，大家都是在"希望"的主题思想感染下朗诵《春》。又如，契诃夫的《变色龙》写作于 1884 年，虽然小说中体现的是沙皇时代的故事，蕴含着作者对那个时代官僚风气的辛辣讽刺，但这部小说在当代仍然非常具有现实意义和警世作用，播音员在演播这部小说的时候，也许脑海中出现的不仅是穿着新军大衣的警官奥楚蔑洛夫，还有现实生活中曾经遇到的趋炎附势、溜须拍马的人。

(二) 作者背景

要想把握一部播音作品的总体特征，首先要认识文字作品的风格，从其文风中寻找依据。认识一部文字作品的风格，最重要的切入点就是作者本人的特点。

"文字作品的蕴藉，隐约存在于文字作品的字里行间。其中，包容着文字作品的作者的世界观、人生观、价值观、审美观。作者创作这一文字作品，必然表现出他的性格情趣、人生况味，并形成作品的艺术个性，排除与其他作品的同一性，保留其独特性，便是这一作品的风格。"①

朱自清的朴实细腻、鲁迅的辛辣诙谐、老舍的生动鲜活、冰心的自然纯洁……这些作家的作品风格都是和其本人的生活经历和性格特征分不开的。

例文：

学徒的意思是一半学手艺，一半学规矩。在初到铺子去的时候，不论是谁也得害怕，铺中的规矩就是委屈。当徒弟的得晚睡早起，得听一切的指挥与使遣，得低三下四地伺候人，饥寒劳苦都得高高兴兴地受着，有眼泪往肚子里咽。像我学艺的所在，铺子也就是掌柜的家；受了师傅的，还得受师母的，夹板儿气！能挺过这么三年，顶倔强的人也得软了，顶软和的人也得硬了；我简直地可以这么说，一个学徒的脾性不是天生带来的，而是被板子打出来的；像打铁一样，要打什么东西便成什么东西。

(老舍《我这一辈子》②)

---

① 张颂.朗读美学(修订版)[M].北京:中国传媒大学出版社，2010:32.
② 老舍.我这一辈子[M].杭州:浙江人民出版社，2021:3-4.

老舍是满族人,父亲战死于八国联军攻打北京的巷战中,这使得他幼年的生活比较贫苦,又因其家庭特征和个人对北京文化的热爱,其作品将社会底层民众奔波于生计而逆来顺受的人物形象刻画得入木三分,且作品的语言特征具有鲜明的北京话风格。《我这一辈子》当中的主人公便具有这样的鲜明特点———一个老北京人,本来对生活充满了美好的希望,勤劳朴实,相信靠本分的劳作能够换取好的生活,但最终在旧社会的大背景下生活越发艰难,最终悲剧收场。如果我们对老舍的作品有较为深入的了解的话,我们在演播这一段文字的时候,就不仅仅限于从这一篇小说中寻找创作依据,而是能够在《茶馆》《骆驼祥子》等作品中找到这个人物的影子,从而让人物形象更丰满、播音创作更深刻。

在新闻稿件中,有时也有这样的现象:工作时间长了以后,有些播音员拿到稿件后不用看署名就能知道是哪位编辑写的稿。了解编辑的写作特点有利于我们在播音创作过程中寻找依据。

(三)内容背景

内容背景就是稿件中所涉及的事件发生的时代背景和社会背景,也就是事件发生的历史时期及当时社会状态的主要特征。抓住内容背景,能够让我们更全面地理解稿件中的人物和事件的特点,从而在播音创作过程中采取相应的方法来适应作品。

例文:

待一会儿,我估计着高密知县钱丁钱大老爷要亲自来家请我。不是他自个儿想来请我,是省里来的袁大人让他来请。袁大人与你爹我还有过数面之交,俺替他干过一次活儿,干得漂亮、出色,袁大人一时高兴,还赏给了俺一盒天津十八街的大麻花。别看你爹我回乡半年,大门不出,二门不迈,是你们眼里的一段朽木头。其实,你爹我是揣着明白装糊涂。你爹的心里,高悬着一面镜子,把这个世界,映照得清清楚楚。贤媳妇,你那些偷鸡摸狗的事儿,也瞒不过我的眼睛。儿子无能,怨不得红杏出墙;女人嘛,年轻嘛;年轻腰馋,不算毛病。你娘家爹造反,惊了天动了地,被拿进了大牢,我都知道。他是德国人点名要的重犯,别说高密县,就是山东省,也不敢做主放了他。所以,你爹是死定了。袁世凯袁大人,那可是个狠主儿,杀个把人在他的眼里跟捻死个臭虫差不多。他眼下正在外国人眼里走红,连当今皇太后,也得靠他收拾局面。我估摸着,他一定要借你爹这条命,演一场好戏,既给德国人看,也给高密县和山东省的百姓们看。让他们老老实实当顺民,不要杀人放火当强盗。德国人修铁路,朝廷都答应了,与你爹何干?他这是"木匠戴枷,自作自受"。别说你救不了他,就是你那个钱大老爷也救不了他。儿子,咱爷们出头露面的机会来到了。你爹我原本想金盆洗手,隐姓埋名,糊糊涂涂老死乡下,但老天爷不答应。今天早晨,这两只手,突然地发热发痒,你爹我知道,咱家的事儿还没完。这是天意,没有法子逃避。儿媳,你哭也没用,恨也没用,俺受过当今皇太后的大恩典,不干对不起朝廷。俺不杀你爹,也有别人杀他。与其让一些二把刀三脚猫杀他,还不如让俺杀他。

俗言道,"是亲三分向",俺会使出平生的本事,让他死得轰轰烈烈,让他死后青史留名。儿子,你参我也要帮你正正门头,让左邻右舍开开眼界。他们不是瞧不起咱家吗?那么好,咱就让他们知道,这刽子手的活儿,也是一门手艺。这手艺,好男子不干,赖汉子干不了。这行当,代表着朝廷的精气神儿。这行当兴隆,朝廷也就昌盛;这行当萧条,朝廷的气数也就尽了。

(莫言《檀香刑》①)

表面上看,上文呈现出一个成名的刽子手教训自己的儿媳妇的过程,同时又夹杂着抖威风的意思。但当我们留意到故事发生在清朝光绪时期,我们应该更深一层次地想到那个时代的社会特征——清王朝的统治已经腐朽、没落到极致,气数将尽,民主的思潮开始出现,但大量老百姓仍然处于封建思想影响的愚昧状态下,仍然对皇权保持着无上的崇敬。因此,如果来演播上文的这一大段"独白",播音员需要充分地认识清末的社会背景,并调动丰富的创作手段,刻画出文中所描写的麻木的、守旧的被封建思想荼毒至深的人物形象。

另外,在我们播出的很多稿件中,有的本身不出现内容的背景,有的虽然有零星之处体现了一定的时代特征或社会特征,但本身并不直接影响稿件的主题思想,在这样的情况下,不必强行去挖掘作品的内容背景。

(四)播出背景

一篇稿件在不同的时代背景下播出可能具备不一样的意义。一部播音作品能够传达给受众,总会具备一定的传播意义和传播价值。即便是具有相当历史深度的文学作品,我们仍然能在其中找寻到在当下社会环境中的意义。因此,在播音创作中一定要考虑到这一次播音创作在当下播出的意义和目的是什么,这样才能让播音作品具有时代感,更加深入人心。

例文:

所谓"国学"②

鲁 迅

现在暴发的"国学家"之所谓"国学"是甚么?

一是商人遗老们翻印了几十部旧书赚钱,二是洋场上的文豪又做了几篇鸳鸯蝴蝶体小说出版。

商人遗老们的印书是书籍的古董化,其置重不在书籍而在古董。遗老有钱,或者也不过聊以自娱罢了,而商人便大吹大擂的借此获利。还有茶商、盐贩,本来是不齿于"士类"的,现在也趁着新旧纷扰的时候,借刻书为名,想挨进遗老、遗少的"士林"里去。他们

---

① 莫言.檀香刑[M].杭州:浙江文艺出版社,2019:49.
② 鲁迅.鲁迅全集 第二卷[M].广州:花城出版社,2021:61-62.

所刻的书都无民国年月,辨不出是元版是清版,都是古董性质,至少每本两三元,绵连、锦帙,古色古香,学生们是买不起的。这就是他们之所谓"国学"。

然而巧妙的商人可也决不肯放过学生们的钱的,便用坏纸、恶墨别印什么"菁华"、什么"大全"之类来搜括。定价并不大,但和纸、墨一比较却是大价了。至于这些"国学"书的校勘,新学家不行,当然是出于上海的所谓"国学家"的了,然而错字迭出,破句连篇(用的并不是新式圈点),简直是拿少年来开玩笑。这是他们之所谓"国学"。

洋场上的往古所谓文豪,"卿卿我我""蝴蝶鸳鸯"诚然做过一小堆,可是自有洋场以来,从没有人称这些文章(?)为国学,他们自己也并不以"国学家"自命的。现在不知何以,忽而奇想天开,也学了盐贩、茶商,要凭空挨进"国学家"队里去了。然而事实很可惨,他们之所谓国学,是"拆白之事各处皆有而以上海一隅为最甚(中略)余于课余之暇不惜浪费笔墨编纂事实作一篇小说以饷阅者想亦阅者所乐闻也"。(原本每句都密圈,今从略,以省排工,阅者谅之。)

"国学"乃如此而已乎?

试去翻一翻历史里的《儒林》和《文苑传》罢,可有一个将旧书当古董的鸿儒,可有一个以拆白饷阅者的文士?

倘说,从今年起,这些就是"国学",那又是"新"例了。你们不是讲"国学"的么?

鲁迅先生的这篇杂文,写于1922年,批判、讽刺的是那时一股"伪国学"风潮。在今天来播读这篇文章,同样具有时代意义,因为新时期的"国学热"蔚然成风。群众关注国学自然是好事,但在这股热潮中,必然也存在鱼目混珠的跟风现象。有一句话说,"历史总是惊人地相似",很多看似有明显时代印记的文章,在今天同样具有教育意义。

有的稿件在新的时代又会出现新的意义,或强化了某一层面的意义。比如《中国石拱桥》在当时歌颂了"劳动人民的勤劳和智慧",而如果在今天播读,则又能表达人们对工匠精神的追求。

第二节　划分层次　规划结构

一篇稿件呈现给我们的最直观的状态不是"字"的状态、"句"的状态,而是"段"的状态。如果说,语言符号的最基本单位是语句,那么能够形成文章的文字符号的最基本单位就是段落。段落,是描述、说明同一问题,并且联系紧密的语句的集合。

我们基本认清了稿件的形成模式:组字成词—组词成句—组句成段—组段成章。

我们说一个人语言表达能力强,往往会使用成语"出口成章"。这就是因为,语句具备了语言传递信息的功能,但距离完整、清晰、严谨地表达意思,还需要"成段""成章"的过程,而这个过程对于普通人来说是比较困难的,对日常交流的人际传播来说,也并不是必要的。但播音是责任非常重大的一种大众传播，对内容的要求非常高，因此，在大多数情况下，我们的播音创作要依赖稿件来提前帮我们把信息组合成完整、清晰、严谨的状态。

正如我们多次提及的一个问题，文字稿件的写作目的是阅读，稿件中所出现的段落同样是方便我们进行阅读的。在阅读稿件时，段落的作用是帮我们很好地获取信息。但语言传播是相对立体的状态，是不可逆的"线性传播"信息方式。在这种情况下，有两个特征：一是获取信息的便捷度其实是降低的；二是信息符号本身的丰富程度是大幅提高的。而我们进行播音创作，其本质就是解决符号转化过程中所遇到的这两个问题：一是如何避免劣势，用什么方法适应信息的单向性、即时性？二是发挥优势，用什么方法增强信息的可感性、丰富性？

因此，我们要立足语言符号特征、立足听觉接收需要来重新审视稿件的结构和布局，找寻让受众听得明白、舒服的基本方法。这种方法就是重新组合文章中的段落，形成一个新的"声音样式模块"，每一个"模块"就是一个层次，让人能够明白、舒服地接收信息。根据播音创作需要，各个层次的有意义组合，就形成一部播音作品的结构。

一、基于文字结构的层次划分

在《播音创作基础》中，张颂将层次处理分为两种方式：归并和划分。归并，就是把内在联系比较紧密的段落归并为一个层次；划分，是指把一个自然段里的内容，划分为几个小层次。

二者的目的都是让受众听起来，播音是在一个意思一个意思地说，而不是模糊一片的字音组合。归并和划分，能够帮助播音员在播音开始前就对稿件有整体的规划，"成竹在胸"，从而在播音过程中有清晰的思维结构，去主动把握播音的进程，而不是跟着稿子走的"见字出声"。

（一）划分，解决的是一个段落内确定几个"句群"的问题

例文：

也有反对者认为，没有鞭炮的春节就没有"年味"了。但是世界上没有一成不变的风俗。在中国古代，"寒食"节是个重要节日，但后来大家觉得吃一天冷糕饼，没意思，就不过了。端午节原本有喝雄黄酒的习俗，后来知道雄黄里含砷，不利于健康，就不喝了。过去北方有一种年俗，正月里不能动刀（菜刀），结果整整一个春节只能吃饺子，或者把之前做好的馒头反反复复地蒸着吃，年轻人受不了那个罪，也就没这个传统了。春节放鞭炮也是一个道理。①

---

① ［社论］不放鞭炮，共识正在达成［EB/OL］.（2017-02-03）［2023-03-25］. https://www.thepaper.cn/newsDetail_forward_1611192.

我们可以比较清晰地将上文划分为三个层次：第一句话承接了上文，提出了本段要讨论的核心问题——是不是不放鞭炮就没"年味"了；中间三句话分别举了三个例子——寒食节吃冷食、端午节饮雄黄酒、正月里不动刀，以说明不是所有的习俗都必须坚持不变的；最后一句话是总结性地阐明观点——春节放鞭炮的习俗可以改变。

在播音过程中，第一句之后、最后一句之前，播音员利用清晰的停顿造成层次感，就能让这一段的内容听起来更为清晰。同时，播读者将阐述三个例证的三句话播得紧凑些，也能产生一环扣一环、层出不穷的感觉，从而加大论据的佐证力度。

(二) 归并，解决的是一篇文章中确定几个"意群"的问题

例文：

济南的冬天①(节选)
老 舍

①对于一个在北平住惯的人，像我，冬天要是不刮风，便是奇迹；济南的冬天是没有风声的。对于一个刚由伦敦回来的，像我，冬天要能看得见日光，便是怪事；济南的冬天是响晴的。自然，在热带的地方，日光是永远那么毒，响亮的天气反有点叫人害怕。可是，在北中国的冬天，而能有温晴的天气，济南真得算个宝地。

②设若单单是有阳光，那也算不了出奇。请闭上眼想：一个老城，有山有水，全在蓝天下很暖和安适地睡着；只等春风来把它们唤醒，这是不是个理想的境界？

③小山整把济南围了个圈儿，只有北边缺着点口儿，这一圈小山在冬天特别可爱，好像是把济南放在一个小摇篮里，它们全安静不动地低声地说：你们放心吧，这儿准保暖和。真的，济南的人们在冬天是面上含笑的。他们一看那些小山，心中便觉得有了着落，有了依靠。他们由天上看到山上，便不觉地想起：明天也许就是春天了吧？这样的温暖，今天夜里山草也许就绿起来了吧？就是这点幻想不能一时实现，他们也并不着急，因为有这样慈善的冬天，干啥还希望别的呢？

④最妙的是下点小雪呀。看吧，山上的矮松越发地青黑，树尖上顶着一髻儿白花，像些小日本看护妇。山尖全白了，给蓝天镶上一道银边。山坡上有的地方雪厚点，有的地方草色还露着，这样，一道儿白、一道儿暗黄，给山们穿上一件带水纹的花衣；看着看着，这件花衣好像被风儿吹动，叫你希望看见一点更美的山的肌肤。等到快日落的时候，微黄的阳光斜射在山腰上，那点薄雪好像忽然害了羞，微微露出点粉色。就是下小雪吧，济南是受不住大雪的，那些小山太秀气。

⑤古老的济南，城里那么狭窄，城外又那么宽敞，山坡上卧着些小村庄，小村庄的房顶上卧着点雪，对，这是张小水墨画，或者是唐代的名手画的吧。

⑥那水呢，不但不结冰，反倒在绿藻上冒着点热气。水藻真绿，把终年贮蓄的绿色全

---

① 老舍.济南的冬天[M].合肥:安徽文艺出版社,2018:293-294.

拿出来了。天儿越晴,水藻越绿,就凭这些绿的精神,水也不忍得冻上;况且那长枝的垂柳还要在水里照个影儿呢。看吧,由澄清的河水慢慢往上看吧,空中,半空中,天上,自上而下全是那么清亮,那么蓝汪汪的,整个的是块空灵的蓝水晶。这块水晶里,包着红屋顶、黄草山,像地毯上的小团花的小灰色树影:这就是冬天的济南。

在上文中,经过阅读分析,我们不难发现,老舍主要从三个角度来描述济南的冬天:其一,济南的冬天是比较暖和的;其二,济南冬天的雪景非常美;其三,济南冬天澄清的水。基于上述内容,这篇稿件就可以归并为三个大层次:①②③段为第一层次;④⑤段为第二层次;⑥段为第三层次。

> 在播音过程中,三个部分之间有明显的停顿,并有表达方式的转化,能让受众听起来清晰、晓畅,跟着播音员的声音进入老舍描述的济南的冬景之中一处一处地慢慢"游览"。请欣赏姚科朗诵的《济南的冬天》。

《济南的冬天》
(姚科朗诵)

《济南的冬天》这篇散文,短短几百字,虽然看起来并不长,但是听起来要比阅读容易让人产生疲劳感。读者在阅读这篇散文的时候,如果需要慢慢理解和感受,是可以控制接收信息的速度的,但收听不能;如果看到后文的时候对前面有所反思是可以回看的,但收听不能;如果看到某处不甚明白或者觉得回味无穷,是可以停下来细细品味的,但收听不能。①

那么,一篇稿件无论是宏观上的归并还是微观上的划分,其所产生的层次之间,都是调整播音员和受众心理状态的重要节点。播音员需要在层次转换之处进行心理和生理上的调整,从而重新储备能量完成下面的播音;受众需要在层次转换之处反思前面的内容并积累情感状态,从而进一步接收下面的信息。我们在作者的文字中寻找这一节点的所在,正是为了让稿件的内容更好地传达给受众。如果播音员不对层次进行区分,则很容易让人听起来感到疲劳,前面的意思还没明白,后面的内容就跟来了,让人难以获得完整信息。这就是那些既快速又不停顿的播音让人听不进去的原因。

然而,文字作品的层次是否一定就是播音作品中适合让受众听到的层次呢?下文将作出详细阐释。

二、基于播读设计的结构编排

汉语言当中很多词语是可以在多个领域使用的,比如"层次"这个概念,其本义是:系

---

① 利用播放器功能进行时间调整等技术范畴的问题,并不在播音创作讨论的范畴内,我们所谈及的问题都立足于一部完整的播音作品呈现的基础上。在实际生活中,调整播放器进度条重新收听、收看某一段落也属特殊情况。

统在结构或功能方面的等级秩序。系统具有多样性,可按物质的质量、能量、运动状态、空间尺度、时间顺序、组织化程度等多种标准划分。在艺术领域中,绘画、音乐等艺术门类都有关于层次的不同概念。同样,我们在分析稿件时所获得的层次,是文学角度的层次,不能直接等同于播音创作中的层次。播音创作中所说的层次,应该基于受众需要,以播音作品的内容为基础,因播读效果整体需要而主动进行的结构编排。

也就是说,看起来清楚明白的层次划分,在聆听时可能并不适合,有的则是因丰富性、生动性的需要而可以创造性地改变原文的结构,在语言表达中对稿件进行重新布局。

例文:

火烧云[①]

萧 红

①晚饭过后,火烧云上来了。霞光照得小孩子的脸红红的。大白狗变成了红的了。红公鸡变成金的了。黑母鸡变成紫檀色的了。喂猪的老头儿在墙根儿靠着,笑盈盈地看着他的两头小白猪变成小金猪了。他刚想说:"你们也变了……"旁边走来一个乘凉的人对他说:"您老人家必要高寿,您老是金胡子了。"

②天空的云从西边一直烧到东边,红彤彤的,好像是天空着了火。

③这地方的火烧云变化极多,一会儿红彤彤的,一会儿金灿灿的,一会儿半紫半黄,一会儿半灰半百合色。葡萄灰、梨黄、茄子紫,这些颜色天空都有。还有些说也说不出来、见也没见过的颜色。

④一会儿,天空出现一匹马,马头向南,马尾向西。马是跪着的,像等人骑上它的背,它才站起来似的。过了两三秒钟,那匹马大起来了,腿伸开了,脖子也长了,尾巴可不见了。看的人正在寻找马尾巴,那匹马变模糊了。

⑤忽然又来了一条大狗。那条狗十分凶猛,在向前跑,后边似乎还跟着好几条小狗。跑着跑着,小狗不知哪里去了,大狗也不见了。

⑥接着又来了一头大狮子,跟庙门前的大石头狮子一模一样,也那么大,也那样蹲着,很威武很镇静地蹲着。可是一转眼就变了,再也找不着了。

⑦一时恍恍惚惚的,天空里又像这个又像那个,其实什么也不像,什么也看不清了,必须低下头,揉一揉眼睛,沉静一会儿再看。可是天空偏偏不等待那些爱好它的孩子。一会儿工夫,火烧云下去了。

以上这一段文字,如果从大意出发,分为两个层次就可以了:第一个层次是①②③段,写火烧云的颜色;第二个层次是④⑤⑥⑦段,写火烧云的形状。但这样简单的两个层次完全满足不了有声语言艺术创作的需要,如果直接按两个层次进行播读,就会显得有些简单、粗糙。

[①] 语文 四年级上册[M].北京:人民教育出版社,2004:14-16.

在这篇稿件中,第一句具有明显的起始感;最后两句具有明显的终结感。我们可以在播读时将首尾部分分别作为一个层次,这样会产生两种效果:第一,从语言表达讲,第一句让受众做好心理准备,开始对后面的内容充满期待;最后一句,让受众的情绪缓缓落下,充满回味。第二,从语言表演的环境场需求讲,第一句的起始感,让受众将注意力集中到播读者身上;最后一句的终结感,让受众明白内容即将终结,给播读者结束表演"放好了台阶"。

在基于稿件内容划分出来的第一层次中,除了第一句和最后一句可以分为两个层次外,其他部分出于效果需要,同样可以进一步划分。虽然同样是写火烧云的颜色,但①段除第一句的后面部分,是从人的生活状态折射了火烧云的美,表达特征为生动活泼;而②③两段更倾向于对火烧云色彩进行直接描述,表达特征为写意唯美。这两个部分在表达方法上和表达效果上均有不同,因此,可以分为两个层次。

同样,在基于稿件内容划分出来的第二层次中,④⑤⑥三段描述了火烧云的各种奇妙的形状,表达特征可呈现一种兴奋而惊喜的状态;而⑦段除最后两句之外从整体描述了人们看火烧云时"乱花渐欲迷人眼"的感觉,可呈现出一种既满足又急切的状态。

因此,如果是基于播读效果的需求,我们可以有意识地对原文加以创作,从而让一部文字作品在有声语言化的过程中产生戏剧性效果,这就是播音创作中的结构安排。如表2-1所示。

表2-1 《火烧云》播读层次表

层次序号	稿件内容	表达效果	表达特征
1	晚饭过后,火烧云上来了。	起始感,引起关注	缓入
2	霞光照得小孩子的脸红红的。大白狗变成了红的了。红公鸡变成金的了。黑母鸡变成紫檀色的了。喂猪的老头儿在墙根儿靠着,笑盈盈地看着他的两头小白猪变成小金猪了。他刚想说:"你们也变了……"旁边走来一个乘凉的人对他说:"您老人家必要高寿,您老是金胡子了。"	让人感到火烧云带给人的快乐	生动活泼
3	天空的云从西边一直烧到东边,红彤彤的,好像是天空着了火。这地方的火烧云变化极多,一会儿红彤彤的,一会儿金灿灿的,一会儿半紫半黄,一会儿半灰半百合色。葡萄灰、梨黄、茄子紫,这些颜色天空都有。还有些说也说不出来、见也没见过的颜色。	让人感到火烧云颜色的绚丽	写意唯美
4	一会儿,天空出现一匹马,马头向南,马尾向西。马是跪着的,像等人骑上它的背,它才站起来似的。过了两三秒钟,那匹马大起来了,腿伸开了,脖子也长了,尾巴可不见了。看的人正在寻找马尾巴,那匹马变模糊了。 忽然又来了一条大狗。那条狗十分凶猛,在向前跑,后边似乎还跟着好几条小狗。跑着跑着,小狗不知哪里去了,大狗也不见了。 接着又来了一头大狮子,跟庙门前的大石头狮子一模一样,也那么大,也那样蹲着,很威武很镇静地蹲着。可是一转眼就变了,再也找不着了。	让人感到火烧云的多变,从而激发好奇心,产生新奇感	表达鲜明、活灵活现、有"惊奇"的状态

续表

层次序号	稿件内容	表达效果	表达特征
5	一时恍恍惚惚的,天空里又像这个又像那个,其实什么也不像,什么也看不清了,必须低下头,揉一揉眼睛,沉静一会儿再看。	让人感到火烧云的变化太多了,根本看不过来	纷乱感、急切感
6	可是天空偏偏不等待那些爱好它的孩子。一会儿工夫,火烧云下去了。	让人感到遗憾、意犹未尽	缓收

播音员在播音创作的过程中,必须具备"编导思想",既了解稿件作者的编辑思想,又理解整体节目的导演思想,成熟的播音员还可以考虑后期的剪辑思想。有时候,朗诵者本身就要完成"编、导、演"的全部过程。播音员从来就不应该是单纯的声音传播者,而应该在播音作品中确定自己的创作者角色。

第三节 分清主次 捕捉细节

一篇稿件以其主题思想为核心,会有主有次,既有着重体现主题思想的主体部分,又有为主体部分出现而进行铺垫的次要部分。播音员在播读一篇稿件的时候,对待主体部分和次要部分的态度是一致的,但处理方法不同,必须让受众听得出主次感,受众才会把注意力和情感集中投入稿件的核心部分。同时,一篇稿件中经常会出现一些重要的小细节,对稿件的内容体现常有"画龙点睛"之妙,这也是播音员必须捕捉到,并在播音创作过程中反复雕琢的。

一、主次清晰,轻重得当

小到一句话,大到整篇稿件,每一个文字、每一个读音在其中的作用都不同,分量也不同。播音员必须在播音过程中呈现出这种分量区别,这样不仅使播音作品听起来错落有致,听觉上避免产生单调感,也能让主要信息得以凸显,更好地传达给受众这部作品的主题思想。

例文:

它旁边的云片也突然有了光彩。

(巴金《海上的日出》[①])

在这句话中,一般来讲我们应该着重表述的是"有了光彩"的这样一个状态,而"突然"的状态结合上下语境来说,不是要强调的内容。因此,这一句话就可以分为三个层

---

① 巴金.巴金选集下[M].北京:人民文学出版社,2005:8.

级——"它旁边的云片""也突然""有了光彩",分量次第加重,这样就让大家通过语句形态的演变,感受到云被初升的太阳照亮的景象。

例文:

果然过了一会儿,在那个地方出现了太阳的小半边脸,红是真红,却没有亮光。太阳好像负着什么重荷似的一步一步上升,到了最后,终于冲破了云霞,完全跳出了海面,颜色红得非常可爱。一刹那间,这个深红的圆东西,忽然发出了夺目的亮光,射得人眼睛发痛,它旁边的云片也突然有了光彩。

(巴金《海上的日出》①)

当把这句话放在这个段落之中,我们经过分析发现,它并不是这段景物描写的主要部分。这一段是本文中主要描写日出时刻绚丽景色的部分,"一刹那间,这个深红的圆东西,忽然发出了夺目的亮光"一句可以说是整个日出景色描写中最绚烂的部分,是核心所在。那么,此句之前的部分就是逐渐加强表现、层层铺垫的过程,而"它旁边的云片也突然有了光彩"一句则是补充说明的内容,在作品中起到一个"缓冲降落"的作用。这样来表达,可以让受众清楚地感受到作者眼中的日出时刻及他的激动、震撼的心情。

同样,我们再把上文这一段放到整篇稿件当中,这一段又成了重点部分,前文的铺垫和后文的续写围绕其进行。如果我们能认识到这一点,在演播过程中有计划地运用技巧,让表达状态呈现出一种"渐强缓落"的层次感,就能让受众完全感受到作者所要传达的那种思想感情的变化:期待—到来—享受—慨叹。

例文:

海上的日出②
巴 金

为了看日出,我常常早起。那时天还没有大亮,周围非常清静,船上只有机器的响声。

天空还是一片浅蓝,颜色很浅。转眼间天边出现了一道红霞,慢慢地在扩大它的范围,加强它的亮光。我知道太阳要从天边升起来了,便不转眼地望着那里。

果然过了一会儿,在那个地方出现了太阳的小半边脸,红是真红,却没有亮光。太阳好像负着重荷似的一步一步、慢慢地努力上升,到了最后,终于冲破了云霞,完全跳出了海面,颜色红得非常可爱。一刹那间,这个深红的圆东西,忽然发出了夺目的亮光,射得人眼睛发痛,它旁边的云片也突然有了光彩。

有时太阳走进了云堆中,它的光线却从云层里射下来,直射到水面上。这时候要分辨出哪里是水,哪里是天,倒也不容易,因为我就只看见一片灿烂的亮光。

---

①② 巴金.巴金选集下[M].北京:人民文学出版社,2005:8.

有时天边有黑云,而且云片很厚,太阳出来,人眼还看不见。然而太阳在黑云里放射的光芒,透过黑云的重围,替黑云镶了一道发光的金边。后来太阳才慢慢地冲出重围,出现在天空,甚至把黑云也染成了紫色或者红色。这时候光亮的不仅是太阳、云和海水,连我自己也成了光亮的了。

这不是很伟大的奇观么?

播音员应在不同的文字符号范畴内找到主次关系,并在表达时呈现出相对应的对比变化,宏观地、整体地把握稿件的表现。

二、抓住细节,锦上添花

如果把播音作品比喻成一部戏剧作品,上文所说的分清主次,就是对戏剧整体结构的把控。而一部戏能不能让观众认可,往往需要一些关键"情节",这些"情节"就是我们要在稿件里捕捉的细节。

(一)细节不等同于细腻

我们要捕捉的细节,是那些作者画龙点睛的独到之笔,往往是夹藏在"情理之中"的,让人恍然大悟、拍案叫绝的"意料之外"的一两句话。而描写细腻,有时只不过是叙事铺垫的需要。因此,我们不能看到那种描写或叙事的大段落,就认为那是细节所在,最终费尽功夫,却得不到效果。

(二)细节往往容易被忽视

"文学运用语言来塑造艺术形象,传达审美情感,读者必须通过想象,才能感受到艺术形象,因此,文学形象具有间接性。这种间接性既是语言艺术的局限,也是语言艺术的特长和优势,因为它使得文学形象具有了其他艺术无法与之相比的广阔性。"[①]文学本就具备间接性,而那些精巧的细节往往是作者反复思索的所得,或是灵感迸发的神来之笔,对其体会、感悟的程度本就受读者个人的文化水平的限制,而播音员作为语言工作者,应该具备一定的文学素养,去发现这些细节所在,并能够在表达过程中表现出作者所要传达的中心思想。

例文:

范进即将这银子交与浑家打开看,一封一封雪白的细丝锭子,即便包了两锭,叫胡屠户进来,递与他道:"方才费老爹的心,拿了五千钱来。这六两多银子,老爹拿了去。"屠户把银子攥在手里紧紧的,把拳头舒过来,道:"这个,你且收着。我原是贺你的,怎好又拿了回去?"范进道:"眼见得我这里还有这几两银子,若用完了,再来问老爹讨来用。"屠户连忙把拳头缩了回去,往腰里揣,口里说道:"也罢,你而今相与了这个张老爷,何愁没有

---

① 彭吉象.艺术学概论[M].4版.北京:北京大学出版社,2015:269-270.

银子用?他家里的银子,说起来比皇帝家还多些哩!他家就是我卖肉的主顾,一年就是无事,肉也要用四五千斤,银子何足为奇!"又转回头来望着女儿说道:"我早上拿了钱来,你那该死行瘟的兄弟还不肯,我说:'姑老爷今非昔比,少不得有人把银子送上门来给他用,只怕姑老爷还不希罕。'今日果不其然!如今拿了银子家去骂这死砍头短命的奴才!"说了一会,千恩万谢,低着头,笑迷迷的去了。

(吴敬梓《儒林外史》[①])

这段文字主要刻画的两个人物是迂腐麻木的范进和市侩贪婪的胡屠户,读者正是通过入木三分的描写来体会文字作品的主题思想的。上文主要刻画了胡屠户贪财吝啬的势利小人嘴脸,作者仅仅用两个字,就非常生动地完成了人物刻画,一个是把钱给范进时的"舒",另一个是范进表示不要后急忙拿回来的"缩",两个动作描写生动地对比了给钱和拿回钱时的两种截然不同的动作,在效果上是"递过去""拿回来"这样的简单叙述远不能及的。

播音员就应该抓住这样的细节,缓慢地读"舒"、急促地读"缩",用有声语言体现动作性,这样一来,被忽略的细节就有可能因播音员的用心创作而被听众获取了。这也是播音艺术的重要价值体现。

▶▶▶本章小结

对稿件的理解是播音创作的基础。我们不仅要明白稿件的主题,了解它的意义,而且要站在播音创作的角度厘清它的层次、确定播音作品的结构布局。同时,我们还需要去找寻稿件中那些能够对整个播音创作起到支点作用的重要细节。

思考题

1. 在准备稿件的过程中哪个环节最重要?为什么?
2. 在准备稿件时,你喜欢从哪个环节入手?为什么?
3. 如何理解稿件的层次与播音作品的结构之间的关系?
4. 举例说明你曾经播读过的作品中让你印象深刻的细节。

---

① 吴敬梓.儒林外史[M].苏州:古吴轩出版社,2020:32.

第三章 播音创作中的感受

本章所说的"感受"有两个层面的含义：一是播音员去感受稿件中的思想感情；二是播音员有目的地传达给受众的感受。人的思想感情是复杂的，对同一事物的感受可能因个体的不同和个体所处环境的不同而产生差别，这种矛盾的存在是正常的。因此，对于播音创作中的感受，我们要有特定的认识：在主题思想不违背文字作品的基础上，因播音员创作需要，在某些环节中可以向受众展现不同的感受，同时也要认可这种感受传递给受众后产生效果的差异。

认识了上面这个问题，我们就应该认识到，播音创作中的感受是复杂、可变的，我们不能用分析所得的认知来代替在创作过程中所获得的具体感受。有很多人有这样的体会，精心准备的作品在实际播出的时候受众感觉播音员状态一般，但有些信手拈来的小作品往往能取得超越预期的效果，这就是因为所谓"精心"往往是在资料搜集等案头工作方面做得很充分，但播音员并未真正地进入作品去感受其中的思想感情，因此，节目在播出的时候并不能对受众产生足够的情感刺激；而临时准备的一篇小文章，因时间短，使得播音员直接地去感受稿件中的情感世界，同时产生了感同身受的感觉，完成了让自己和受众都能感动的播音。这不代表不准备要比准备好，而是说要从正确的角度切入稿件。

当我们阅读一篇稿件时，它带给我们的感受可以分为四个类型：形象感受、逻辑感受、情感感受和修辞感受。我们在阅读过程中首先是直观地读到了文字所代表的形象，并在文字所构建的逻辑链条中进行理解，同时产生相应的情感体验，并受作者的文学方法影响，形成了对一部文字作品的感受。在表达这部作品时，播音员又会把四种感受统合于创作主题的自我感受之中。

可以说，获得感受和表达感受就是播音创作的核心内容。我们对播音创作表达能力的训练核心可以建立在获得感受和表达感受的基础之上。

第一节 形象感受

播音创作中的形象感受，指的是从稿件中获取受众可以直接体验到的事物特征及状态。这里的形象不能等同于单一的"视像"。

一、形象感受的真实性

要想让自己的播音作品感染受众,就要让受众感同身受,其中的"同"字所指的就是真实性。播音员必须用声音创造出一种让受众"相信的感觉",这种"相信的感觉"使得受众认为这个播音员现在所讲的内容都是其亲身经历的。虽然这种相信并不是指理性上的绝对认同,认同的也并不是稿件中的事件本身,但是受众在感性上却会愿意相信播音员有真实的体验。

> 姚锡娟朗诵的《最后一课》是法国作家都德19世纪的作品,描写的是普法战争期间的故事。从历史背景上,事件本身与历史背景早已离我们远去;其中的地点、法语知识等内容也并不为中国人所熟悉;主要人物是一个小男孩小弗郎士和他的法语老师韩麦尔先生,与朗诵者本人的年龄、性别都有巨大差异。为什么我们听到这个作品的时候仍然会感动?因为我们并不是去相信她是否经历了那个事情,而是对故事中情感的真实感受。真正感动我们的是那种对本民族文化热爱的质朴情感。
>
> (视频网址:https://v.youku.com/v_show/id_XNzU2ODU2NA==.html?sharefrom=iphone&scene=long&playMode=normal&sharekey=40cb68bf3e460328 38b89c27d64f8e812)

《最后一课》
姚锡娟朗诵

虽然我们追求的是感受的真实,但这并不代表我们可以跳过对事物的认知过程。感受的真实是建立在大量生活阅历和播音员总结思考的基础上的。因此,我们要善于观察生活,学会在生活中寻找创作的源泉,在生活中和其他艺术作品中收集我们的生活经历所缺少的素材,从而为我们的播音创作提供能量。

另外,我们没有经历过的事情也可以通过思考获得体验,因为人对事物感受的方式和方法是相近的、具体的。

二、形象感受的具体性

形象感受是非常具体的,因为它是由人对事物本身状态的感知能力直接产生的。我们将形象感受归纳为八种感觉或知觉:视觉、听觉、触觉、味觉、嗅觉、运动觉、空间觉、时间觉。如表3-1所示。

表 3-1　八种感觉或知觉的特点

感觉/知觉	包含元素	例句
视觉	大小、明暗、颜色等	铁灰色的大铁桥释放着幽暗的光芒。
听觉	音高、音强、音长等	刺耳的警笛声在我耳边不停地吵闹。
触觉	力度、温度、质感等	他将滚烫的一锅热汤泼到小偷身上。
味觉	甜、咸、酸、苦、辣等	山西的老陈醋酸得真够劲儿。
嗅觉	香、臭、臊、腥、膻等	山谷中弥漫着淡淡的清香。
运动觉	动静、快慢、位移等	但见他从座位上一跃而起,跳上了桌子。
空间觉	距离、满亏、方位等	空旷的剧场内只有他一个人。
时间觉	长短、快慢、恒瞬等	我在这儿足足等了他二十年。

需要指出的是,以上对于各种感觉或知觉包含元素的叙述,并不一定是从生物学或物理学的角度出发的,比如,辣本身并不是一种味觉,是指热与痛的混合感觉。对于嗅觉包含的内容,科学界的观点也有很多分歧。我们在这里侧重于普通人在生活经验下对某种事物、现象的感受,尤其是引发的相应的心理、生理反应,为的是在播音创作的过程中能够比较直接、迅速地建立形象感受。这些具体的感受是我们在播音创作过程中为受众建立起直观感受的重要依据。

三、形象感受的生动性

稿件中的描写如果打动了包括播音员在内的读者,那是因为稿件中体现了事物的"运动",从而让我们获得了那种"活灵活现"的感受。这里所指的"运动"是广义的、普遍的运动,即便是一个人坐在那里不动,这一动不动中也往往蕴含着人物的内心活动;即使是描写一处风景、一个建筑,在静态的描写中也蕴含了作者思想感情的变化。抓住了稿件中的这一运动性,播音员就能让形象感受生动起来。

例文：

郑屠右手拿刀,左手便来要揪鲁达,被这鲁提辖就势按住左手,赶将入去,望小腹上只一脚,腾地踢倒了在当街上。鲁达再入一步,踏住胸脯,提着那醋钵儿大小拳头,看着这郑屠道:"洒家始投老种经略相公,做到关西五路廉访使,也不枉了叫做镇关西。你是个卖肉的操刀屠户,狗一般的人,也叫做镇关西!你如何强骗了金翠莲?"扑的只一拳,正打在鼻子上,打得鲜血迸流,鼻子歪在半边,却便似开了个油酱铺:咸的、酸的、辣的,一发都滚出来。郑屠挣不起来,那把尖刀也丢在一边,口里只叫:"打得好!"鲁达骂道:"直娘贼,还敢应口!"提起拳头来就眼眶际眉梢只一拳,打得眼棱缝裂,乌珠迸出,也似开了个彩帛铺的,红的、黑的、绛的,都滚将出来。两边看的人惧怕鲁提辖,谁敢向前来劝?郑屠当不过讨饶。鲁达喝道:"咄!你是个破落户,若是和俺硬到底,洒家倒饶了你。你如今对俺讨饶,洒家偏不饶你!"又只一拳,太阳上正着,却似做了一个全堂水陆的道场:磬儿、钹儿、铙儿一齐响。鲁达看时，只见郑屠挺在地下，口里只有出的气，没了入的气，动掸不得。

（施耐庵、罗贯中《水浒传》①）

"鲁提辖拳打镇关西"的片段是《水浒传》中的代表性片段，人物形象鲜活生动，场面描写扣人心弦。鲁提辖打死镇关西的三拳，描写十分生动、巧妙，虽然是在描写运动，但作者借用了色彩、味道、声音的元素来将这三拳写得妙趣横生。结合前文所述的形象感受的具体性中的各个元素，播音员就可从其中找到大量播音创作依据，利用表现方法、表达技巧让受众听出作者妙笔生花之处，也就让这部演播作品活灵活现了。

如果说，如"鲁提辖拳打镇关西"的片段这段"运动性"很强的描写，能够让播音员去画一幅浓墨重彩的"油画"，那么，下文这样恬淡、写意的描写，则能让播音员去画一幅清新淡雅的"水墨画"。

例文：

它是温润的玉，它是晶莹的冰，它是山水之间的青翠。这是中国历代文人雅士，对这种瓷器的赞美。它就是秘色瓷。这是今天故宫博物院收藏到的最早为皇宫专用的瓷器。在将近数百年的时间里，关于这种瓷器，有很多神秘的传说。关于它是否存在，关于它的来历和名称，曾经众说纷纭、无有定论。直到1987年，13件秘色瓷，在陕西法门寺地宫出土，这种争论才结束。目前仅存于世的秘色瓷数量尚无考证，故宫博物院在新中国成立后，收购有3件藏品。这种神秘的瓷器，即便是明清两代的皇帝，也难以见到它的真容。乾隆皇帝曾经作诗感叹："李唐越器人间无，赵宋官窑辰星看。"②

上文中的描写用"玉""冰""山水""青翠"寥寥几笔就勾勒出了秘色瓷带给人的直观形象感受，笔法脱俗，呈现出一种"静态美"。播读者把握其中的意味，同样能让播音作品变得生动。

由此，所谓播音创作中形象感受的生动性，就是要表现出稿件内容中的运动特征或从运动的状态去体会稿件中的内容。

第二节　情感感受

在《现代汉语词典》中，情感的定义是："对外界刺激肯定或否定的心理反应，如喜欢、愤怒、悲伤、恐惧、爱慕、厌恶等；感情。"③

---

① 施耐庵,罗贯中.水浒传(上)[M].北京:人民文学出版社,2022:34.
② 《故宫》第六集故宫藏瓷[EB/OL].(2010-03-19)[2023-03-25]. https://tv.cctv.com/2010/03/VI-DE1355591546356734.shtml? spm=C55924871139.PY8jbb3G6NT9.0.0.
③ 中国社会科学院语言研究所词典编辑室.现代汉语词典[M].7版.北京:商务印书馆,2016:1068.

从上述定义中,我们发现,人的情感虽然非常复杂,但归纳起来,大致是一条由"爱"到"恨"的"线性结构"。

在"爱—乐—喜—悦—恼—忧—悲—恨"这样的线性结构中,蕴含了人类丰富的情感变化,并且在汉语体系中又有很多字词用来表述这些情感。作者在写作时,情感状态在这样的线性结构中不断运动,而文字则是在这样的运动状态下留下的一个个的"点"。词语只能标记、概括情感这个线性结构上的某个点,对于人复杂的情感世界而言并不足够。但人的语言系统却可以通过调整表达方式(如语气、节奏等)来适应人不同的情感状态,调整的依据就是情感的类型与程度。播音创作中的情感感受有两个任务:一是通过这些"点"感受作品当中的情感状态;二是连接这些"点",从而呈现给受众完整的思想感情运动状态。

在播音创作过程中,播读者找到的"点"越丰富、越精准,连接"点"的过程越完整、越自然,带给受众的体验就越好。

在播音创作中,播读者也可以通过情感感受的表现彰显人物性格。如人物语言的特征就是通过其表达感情的方式体现的,而播读者会流露出对某个人物的情感态度,也会体现人物的性格。

一、情感感受要真实

经常有学生这样问自己的老师:"我该用什么样的情感去表达这篇作品?"可以说,当问出这个问题的时候,播读者在创作上已经出现了认识方面的错误。

情感,不能拿出来"用",拿出来用的只能是形式、技巧、方法。情感必须是创作者内心的真实体验,播音创作应该是在从文字作品获得情感体验的基础上建立起来的,而如果一厢情愿让受众感受到自己的某种情感的状态,往往就是在形式上做样子、硬表现,而不是有感受、真表达。因此,我们在进行播音创作的时候,要做一个愿意投入情感的"真心人"。

要想自己的播音作品达到良好的创作效果,就应该首先善于观察生活、理解生活,思维具有相当的深度、广度。只有具备了良好的文化素养,播读者才能从创作材料中找到更多的切入点,让自己的体验更深刻,体验越深刻,播读者就越愿意顺从自己的情感状态进行播音创作;反之,体验越肤浅,就越感觉到无从下手,播读者往往就更愿意从形式上寻找抓手。因此,我们在进行播音创作的时候,要做一个善于寻找情感激发点的有心人。

有人说,播音员在工作中接触到的稿件类型数不胜数,大量稿件与自己的生活有一定距离,如何调动起真实的情感状态进行创作呢?情感感受的真实,指的是情感状态的真实,并不是情感经历的一致。其实,一篇稿件的内容虽然仅仅局限于本身所写的事件与情境,但对于稿件中所蕴含的情感,受众会在相类似的经历中获得情感认同,受众的情感体验是指将稿件内容和自身经历建立某种联系后获得的体验。同样,播读者在创作时,也可以由自身经历出发将获得情感体验,以这种真实的情感体验去带动受众,达成效果。有句歇后语"看《三国》流泪——替古人担忧",其本意是调侃沉浸在文学作品中无法自拔,但其实"流泪"并不是"替古人担忧",而是在《三国》中感怀今人的状况而产生的感动。在信息化时代,我们可以调用大量音视频素材来帮助自己积累更直观的感受,这就让很多我们没有亲身经历的事情可知、可感。因此,我们在进行播音创作的时候,要做一个善于用生活阅历和资料联系稿件内容的用心人。

例文:

他的身量与筋肉都发展到年岁前边去;二十来的岁,他已经很大很高,虽然肢体还没被年月铸成一定的格局,可是已经像个成人了——一个脸上身上都带出天真淘气的样子的大人。看着那高等的车夫,他计划着怎样杀进他的腰去,好更显出他的铁扇面似的胸,与直硬的背;扭头看看自己的肩,多么宽,多么威严!杀好了腰,再穿上肥腿的白裤,裤脚用鸡肠子带儿系住,露出那对"出号"的大脚!是的,他无疑的可以成为最出色的车夫;傻子似的他自己笑了。

(老舍《骆驼祥子》[①])

这一段文字出自老舍的小说《骆驼祥子》,此时的祥子正处于刚开始拉洋车,对未来充满希望的阶段,他非常在乎自己的形象,希望做一个精神的好车夫。

拉洋车这个行业离我们的时代早已远去,其中所描写的穿戴也是那个时代的印记。但我们要组织起来的情感是替祥子高兴,替他对未来充满憧憬,是对当时社会底层劳动者渴望美好生活的积极态度的赞美,这样的情感是没有时空限制的。比如,我们可以想一下"外卖小哥",他们虽然工作非常辛苦,收入也不能算很高,但当他们穿戴整洁、言语礼貌地准时把一份外卖送到你手中的时候,你是不是也曾经被他们感动过。这种情感状态就可以"嫁接"到这段文字的播读之中。

因此,把情感拿出来"用"是一种错误的认识,播音创作应该是由内心体验到外部创作设计,再到内心情感体系建立的过程。这个过程有时会经过多次循环,这是播读者精益求精的一种体现。

二、情感感受要准确

(一)准确判断情感类型

人的情感本来就非常复杂,文字作品又展现了作者本身的表述能力、表达方式的特点。文学作品中的情感类型往往不会通过"喜""怒""哀""愁"的相关词语来表示,而是把情感蕴藏在叙述、描写、抒情、议论、说明的写作手法中。如果单单从字面捕捉,往往难

---

① 老舍.骆驼祥子[M].合肥:安徽文艺出版社,2022:5.

以切中要害。

例文：
①白日放歌须纵酒，青春作伴好还乡。
②朝辞白帝彩云间，千里江陵一日还。

上面两句表达的是喜悦的心情，却没有出现一处与"喜"相关的词语。

例文：
①壮志饥餐胡虏肉，笑谈渴饮匈奴血。
②日本人来了！王家村整个村子，能抢的全抢了，能烧的全烧了，能杀的全杀了。

上面两句表达的是愤怒的心情，却没有一处"怒"的词语。

例文：
枯藤老树昏鸦，
小桥流水人家，
古道西风瘦马。
夕阳西下，
断肠人在天涯。

这首《天净沙·秋思》看似罗列了几种事物，处处无"悲"字，句句有"悲"情。

由此可见，播读者要想获得准确的感受，需要对稿件内容进行准确、深刻的理解，这就需要提高自身的文学修养，同时在备稿时用心思考，勤于调查。

播音创作虽然以播读者为主体，但一定不能在表达上与稿件背道而驰，在理解与表达错误的情况下，即使建立起真实、完整的情感体系，也难以为受众所接受。

例文：

面朝大海，春暖花开[①]

海 子

从明天起，做一个幸福的人
喂马、劈柴，周游世界
从明天起，关心粮食和蔬菜
我有一所房子，面朝大海，春暖花开
从明天起，和每一个亲人通信
告诉他们我的幸福

---

① 海子.海子的诗[M].北京：人民文学出版社，1995：222.

那幸福的闪电告诉我的
我将告诉每一个人
给每一条河每一座山取一个温暖的名字
陌生人,我也为你祝福
愿你有一个灿烂的前程
愿你有情人终成眷属
愿你在尘世获得幸福
我只愿面朝大海,春暖花开

很多人在朗诵这首诗的时候,简单地从字面出发,仅着眼于表面色彩明亮、词性积极的文字,从而以一种愉悦的状态进行朗诵。这是没有深入分析诗作的表现,没有认识到这首诗中其实带有对现实世界的无奈,隐藏一种消极避世的情怀。其实,在朗诵这部作品时,我们应该在描述看似美好、平静的生活状态下,体现出作者的无奈与对现实世界的失望。请欣赏徐涛朗诵的《面朝大海,春暖花开》。

《面朝大海,春暖花开》(徐涛朗诵)

(二)准确掌握情感程度

在不同的情感类型中,情感有着不同程度的区别,而人类创造出来的标识情感状态的词语是有限的,但组合词语的方法——表述方法是无限的。因此,我们可以从行文中感受到情感的程度,来让我们的播音创作更为精准。

例文:
①花自飘零水自流,一种相思,两处闲愁。(清愁)
②寻寻觅觅,冷冷清清,凄凄惨惨戚戚。(忧愁)
③白发三千丈,缘愁似个长。(悲愁)
④问君能有几多愁,恰似一江春水向东流。(哀愁)

上文的诗句都写了"愁"的主题,但我们感受到的程度是不同的。结合主题思想、创作背景等元素,我们应采用不同的方法、运用不同的技巧,最后落实到表现形式上自然不同。

(三)清晰理解情绪与情感的区别

很多人有过这样的经历,在一次播音或一次朗诵中,自己明明感觉特别好、非常投入,但在受众层面反响一般,甚至遭到质疑。那么,这个时候播读者投入的并不是一种"情感状态",而是进入创作过程中比较兴奋的"情绪状态"。情感和情绪的区别如表3-2所示。

表 3-2　情感和情绪的区别

情感	情绪
对外界刺激肯定或否定的心理反应	人从事某种活动时产生的兴奋心理状态
从作品中获得	从创作环境中获得
包含不同的情感色彩和程度	只有程度的不同，即情绪的高低
往往因作品内容本身产生变化	往往因外部环境刺激产生变化
在作品中获得准确、真实的情感，对播音创作产生良性刺激	情绪需要加以主动控制，否则可能因情绪不高而影响播音创作，也可因情绪过度兴奋造成"应激反应衰竭"[①]

有的人在面对话筒、登上舞台的时候，往往关注点并不在所要表述的内容，而在于此时此刻正被受众关注的自我，从而获得了"良好"的自我感觉，在这样的情况下，兴奋点也容易落在"被关注"带来的愉悦感，这样就往往会产生脱离播音创作本身的兴奋感。在这样的情绪状态下，播读者往往在表达上"过度用力"，显得浮夸。

当然，也有一种情况是为了表现作品中消极的情感状态，而使得播音创作本身也进入一种消极的情绪状态，这样做是错误的，播读者没有理解播音创作中情感的作用。

在播音创作中，播读者应该在创作前做好充分的准备，让自己的情绪状态处于一种建立在内容表达欲望基础上的良性状态，在创作一开始，即把自己交付于作品给自己创造的情感世界之中。

三、情感感受要细腻

人的情感是极为复杂的系统，不同人对待不同事物的态度千差万别，即便态度一致，也在程度上不尽相同。文字建立在同一文化体系基础上，即便是汉语这样复杂的语言体系中，对于情感世界的表述也是高度概括的。

播读者要想创作出能够感动人的播音作品，就要尽量细腻地感受文字作品中的情感世界，感受越细腻，能够提炼出影响自身播音创作情感状态的元素就越多。一部播音作品，打动人的除了整体的呈现效果外，往往还有让人印象深刻、打动受众的细节之处。

例文：

那天我又独自坐在屋里，看着窗外的树叶刷刷啦啦地飘落。母亲进来了，挡在窗前："北海的菊花开了，我推着你去看看吧。"她憔悴的脸上现出央求般的神色。"什么时候？""你要是愿意，就明天？"她说。我的回答已经让她喜出望外了。"好吧，就明天。"我说。她高兴得一会坐下，一会站起："那就赶紧准备准备。""哎呀，烦不烦？几步路，有什么好准备的！"她也笑了，坐在我身边，絮絮叨叨地说着："看完菊花，咱们就去'仿膳'，你小时候最爱吃那儿的豌豆黄儿。还记得那回我带你去北海吗？你偏说那杨树花是毛毛

---

① 应激反应衰竭指由于过度兴奋、过早兴奋出现的状态，是由于精神过度紧张而造成身体上的各种异常反应。

虫,跑着,一脚踩扁一个……"她忽然不说了。对于"跑"和"踩"一类的字眼儿,她比我还敏感。她又悄悄地出去了。

(史铁生《秋天的怀念》①)

这一段落通过母子的对话体现了母亲对儿子至深的怜爱之情。在这一段中,"挡在窗前""央求般""喜出望外""絮絮叨叨"等一系列作者精准的用词,细腻地体现出了母亲的心理变化,从一开始的焦虑到试探,进而从惊喜到兴奋,把一个母亲复杂的心理状态和情感变化刻画得入木三分,而这些词语,正是我们体会作品中所蕴含的情感的重要标识,它们既是我们设计语气变化的重要依据,又是我们情感体验变化的直接线索。我们要通过体会这些细腻的描写,来引起自身的情感细腻变化,从而打动受众。

又如文中"你偏说那杨树花是毛毛虫,跑着,一脚踩扁一个……"一句中的省略号,在这里代表着话语被"截停",拦住母亲的话语的,不是儿子的气愤,而是母亲不经意提起儿子痛处后自己内心深处的内疚和心痛。播读者抓住这一细节,在播音创作中建立起"高兴地说着时突然停住"的情感状态,并体现在有声语言上,就会产生非常好的效果,让这个片段成为这部朗诵作品中一个"揪心"的细节。

四、情感感受要完整

前文论述过,文字是高度概括的符号。这就使得文字作品往往体现的是作者内心情感的多个"点",这些"点"即便全部被播读者所掌握,并全部准确、细腻地表达出来,也未必能够达成良好的效果。因为"点"必然是分散的,如果播读者缺乏整体意识,不主动地找寻各个情感点之间的关系,并将其连接起来,那么这部播音作品将显得凌乱、分散、没有章法。因此,播读者不仅要在文字中体验情感,更要主动去思索作者没有写出来的不同情感之间的转化理由,用以黏合全篇。张颂强调,要让思想感情处于运动状态,这种"运动"就是连接思想感情的过程。

所谓情感感受要完整,是指播读者要站在整部播音作品的宏观视角,主动呈现稿件中所体现出来的思想感情的转化关系,从而能够始终准确、自然地处于播音作品的情感运动状态下。

例文:

红色野菊花②

嘉里尔

阳光照耀着田野,
唤醒了野菊花儿;

---

① 史铁生.史铁生作品全编 第六卷 散文随笔[M].北京:人民文学出版社,2017:2.
② 孙绍先,周宁.外国名诗鉴赏辞典[M].北京:中国工人出版社,1989:222-223.《红色野菊花》一诗由苏杭翻译。

笑了一笑，伸了伸腰，
她们互相瞧了一瞧。

风儿抚摸着她们，
把花瓣儿轻轻地摇着，
曙光用那芬芳的甘露，
给她们干干净净洗了个澡。

她们自在逍遥，
她们摇摇摆摆。
突然，野菊花颤抖了一下，
都对着一个女伴儿转过身来。

这位小姑娘不是白色的，
和别的野菊花儿不一样；
所有的野菊花儿，真像野菊花儿，
披着一身洁白的衣裳。

所有的野菊花都像雪一样白，
只有她穿着鲜血似的红装。
整个田野围在她的身边。
"你怎么变成了这个模样？

你在什么地方染上了这种颜色？"
这位女伴儿对她们讲：
"事情是这样的。
昨天夜里，这儿成了战场；

一位英雄战士就躺在这儿，
紧靠着我，肩膀挨着肩膀。
他一个人，敌人却有十五个，
可他同他们打了一仗。

他攻打他们，毫不退让，
到了早晨他才受了伤。
鲜血从伤口里往外流，
他的血染满我身上。

他走了，他已经不在这儿啦——

我只好独自迎接曙光。
　　现在,我正为了他悲哀,
　　我在燃烧,好像晨星一样。"

　　这首小诗主要包括三种情感类型,第一部分由开头到"她们摇摇摆摆",我们体会到的是清晨时光中野菊花的欢乐情感;第二部分由"突然,野菊花颤抖了一下"到"事情是这样的",我们体会到的是疑惑的情感状态;第三部分由"昨天夜里,这儿成了战场"到结尾,我们体会到的是悲壮之情。三种情感状态本身联系不大,播读者如果不能掌握好情感转换过程,建立完整性,按照不同的表现方式完成这部作品,就会给人突兀之感。在这个情感转换过程中,首先要做好心理转化,在此基础上,播读者可以利用语气色彩的承接技巧和节奏转换的调节方法进行创作设计,再在这样的设计方案上建立完整的情感体验。

第三节　逻辑感受

　　创作文本的结构表明了思路的逻辑关系,具体语句与上下文的衔接也毫无例外地串联在整个文本的逻辑链条之中。[①]
　　在播音中,要想话说得清楚、明白,最基本的要求就是正确表达语句的逻辑结构。
　　在播好一句话的基础上,播音员往往容易仅仅去关注一句话的处理方法,而缺少"联系"的思想。我们应该认识到,文字稿件不仅体现每一句话的意义,也体现了各个语句之间的关系。作者联系语句的方法,同样体现了作者的思想感情的运动状态,在稿件行文中提炼出的这种逻辑感受,可以让播音作品呈现出强烈的情感色彩。

一、语句基本形式的逻辑感受

　　播读者可以利用语言表达技巧,让句子中的各个成分对比明显、区分清晰,从而使得语句的逻辑感受得以呈现。首先,我们就要了解语句的基本结构包括哪些成分,如表3-3所示。

表3-3　语句的基本结构

语句成分	功能	例文
主语	被陈述的对象	春天是万物复苏的季节。
谓语	对主语的描写、叙述、判断	警车飞速驶过。
宾语	动作、行为的对象	我刚刚买了一本《现代汉语词典》。
定语	描述、限定事物的词语	我们的祖国是花园。

[①] 张颂.播音创作基础[M].4版.北京:中国传媒大学出版社,2022:60.

续表

语句成分	功能	例文
状语	描述、限定行为的词语	他高高地举起了火炬。
补语	补充说明行为的词语	她冻得瑟瑟发抖。
独立语	语意上的必需成分，与其他词语无结构关系，不互为句子成分	毫无疑问，这将是载入史册的一天。

其中，定语、状语、补语因其功能特征，一定会伴随主语、谓语、宾语出现，在这样的情况下，定语、状语、补语则与它所描述、限定的部分(主、谓、宾部分的"中心语")共同构成主语部分、谓语部分、宾语部分。

例文：
愤怒的小强狠狠地打了可怜的小明一巴掌。

在这句话中，主语部分是"愤怒的小强"，谓语部分是"狠狠地打了一巴掌"，宾语部分是"可怜的小明"。主、谓、宾的中心语则分别是"小强""打""小明"。这句话的主干就是"小强打小明"。

了解句子的成分、提炼句子的主干对播音创作有什么帮助呢？我们先来看下面这句话。

例文：
中共中央总书记、国家主席、中央军委主席习近平20日上午在北京人民大会堂会见天宫二号和神舟十一号载人飞行任务航天员及参研参试人员代表。

在播音员的日常播音工作中，这样的长句是经常出现的。有的播音员则仅仅是下意识地在气息上做了"生理准备"，吸足一口气，争取一句话不断。其实，这种认识并不准确。我们应该让受众听出逻辑上的完整性，而不应该强求气息的完整。这时，我们的重点就应该放在理清这句话的逻辑结构上，把逻辑层次感呈现给受众，让本来复杂的信息内容在形式上简单起来。

我们从句子成分入手，来看这句话：

<u>中共中央总书记、国家主席、中央军委主席习近平//</u>
　　　　　　主语
20日上午在北京人民大会堂会见//
　　　　谓语
<u>天宫二号和神舟十一号载人飞行任务航天员及参研参试人员代表。</u>
　　　　　　　宾语

尽管字数较多，但这句话也是由三个部分组成的。因此，我们在主语部分、谓语部分、宾语部分之间——文中以"//"做标记之处选择停顿，既能让播音员自身的心理及生理得到缓冲,又能让受众的接收过程更有条理。

有些情况下,句子中的某些成分比较简单,播音员也往往选择在某些部分之间放弃停顿,让信息传播更迅捷。例如:

他回到了//从十六岁起就没有回到过的家乡。

上句中,主语部分和谓语部分都相对简单,因此"他"和"回到了"之间没有必要停顿,而宾语部分需要表述的内容较多、定语较长,应在谓语部分"回到了"之后进行停顿,让听者稍做缓冲去接收后面较为复杂的信息。

有些情况下,播读者又因艺术加工的需要而并不一定要按照主、谓、宾的结构来选择停顿。例如:

孔乙己//是站着喝酒//而穿长衫的//唯一的人。

如上句,为什么要在孔乙己这样一个简单的人名后面加以停顿?另外,"站着喝酒而穿长衫的唯一的人"是一个完整的宾语部分,为什么要停得这样"碎"?

这句话是小说《孔乙己》中孔乙己第一次"登场"的描写,十分重要,作者的描写入木三分。在"孔乙己"之后停顿,可突出主人公,有提示大家"主角出场"的作用。而"站着喝酒而穿长衫"则非常形象地刻画了孔乙己人物性格特征——虽然穷困潦倒,但总想强调自己是"文人"而非普通劳苦大众的迂腐气。因此,在演播过程中,播读者可以特别强调"穿长衫",利用前后的停顿引起受众的强烈注意,再加上语气色彩的渲染,从而让大家"心领神会"。

可见,主谓宾的主体结构,要服务于思想感情的表达,同时,选择重点也是逻辑感受的重要元素。

认识并利用语句成分来划分语句结构,能帮助我们理清头绪,在播读的时候,我们并不是眼睛随着一长串文字去认读,而是逻辑清晰地分为多个部分说,让大量文字"归堆儿、抱团儿",从而实现次第行进、逐步表述。另外,大家需要认识到的一点是,在行文之中,一个句子的结构远比简单的主、谓、宾结构复杂得多,如连谓句、兼语句、双宾句等。人们为了强化某种思想感情,往往让表达的逻辑结构服从于情感表达需求。因此,播音员可以参考语法方面的相关问题,不能使其教条地成为决定语言表达的准则。我们仍需要从语义、语境、语言目的等方面进行考虑。

二、语句复合结构的逻辑感受

语言表达的方式是复杂多样的,语句的基本形式仅仅用于一般的、简单的陈述,而在实际表达当中,往往需要在一句话中分为多个逻辑层次(分句)逐层表述的复杂句式(复句),或是通过几句话的集合(句群)来表达一个完整的意思。当这样的情况出现时,我们就需要仔细揣摩语言结构,给不同的部分配以相应的语言样态,从而准确地表达稿件的意思。

在复杂的语言结构中，我们要准确感受作者的逻辑，再用准确的形式带给受众准确的逻辑感受。

语句的复合结构有以下几种基本类型。

(一)并列

在语句或句群中，前后句关系具有并举或对举关系的，构成并列结构。

例文：

①山朗润起来了，水涨起来了，太阳的脸红起来了。
②她是楷模，也是位平凡的母亲。
③他有时在一边静静地画画，有时却又跑个不停。

并列句常见关联词有：也、又、还、同时、同样、另外、不是……而是、既……又……、又……又……、有时……有时……、一方面……另一方面……、一边……一边……、一会儿……一会儿……

但有时，关联词并不出现，我们仍然能够从语句内容上判断出并列关系。

在表达并列结构语句时，我们可以通过强调并列成分和在并列部分之间停顿来形成并列感。

山朗润起来了，/水涨起来了，/太阳的脸红起来了。
△▲▲　　　　△▲　　　　△△△▲

如上句，在语句中相应的并列部分施加相似的重音，并在并列部分之间加以明显的停顿处理，就能体现出并列感。

(二)顺承

在语句或句群中，播读者按时间、空间或逻辑事理有序地、连续地表述前后句，后句与前句有承接关系的，则构成顺承结构。

例文：

①烹饪首先应该了解食材，然后才是厨艺。
②李队长冲上去，一把抓住歹徒的肩膀。然后，用膝盖狠狠地撞向他的后腰。
③她进入这个世界，便奉献给这个世界以真诚。

顺承句常见关联词有：就、便、才、又、再、于是、然后、后来、接着、跟着、继而、终于、首先……然后……、刚……就……

在表达顺承结构语句时，可以通过强调具有顺承关系的关键词语和分割顺承关系中的前后部分来形成承接感，并在构成顺承关系的各部分间以停顿区分。

李队长冲上去,一把抓住歹徒的肩膀。/然后,用膝盖狠狠地撞向他的后腰。
　　　　　　　△　　　　▲▲　　　　　　　　　△　　　▲▲

如上句,语句中分别强调了李队长顺序发出的两个动作,又强调了前后攻击的两个部位,并在两组动作的承接点施加停顿,这样就清晰地展现了这个情节。只有逻辑表达清晰,才能更好地体现出场景描写的生动性。

(三) 解说

在语句或句群中,语句之间有解释、说明关系的,则构成解说结构。

例文：
①地球分娩出一个古老而又年轻的巨人,叫中国。
②缴纳交通违章罚款有两种方法：一种是到当地有代缴罚款业务的银行办理,一种是在网上缴纳。
③一个和尚,法海禅师,得道的禅师,看见许仙脸上有妖气,——凡讨妖怪作老婆的人,脸上就有妖气的,但只有非凡的人才看得出——便将他藏在金山寺的法座后,白蛇娘娘来寻夫,于是就"水漫金山"。
④电流和电阻成反比。就是说,电阻越大,电流越小；电阻越小、电流越大。
⑤怎样才能让球队成绩提高？一是科学的技战术训练；二是团结、顽强、拼搏的意志。

这种解说结构并没有常用的关联词,而冒号和破折号往往是其标志,我们需要从语句内容判断其是否具有解释、说明的特征。

解说结构的句式,常常需要我们首先用对解释说明的对象稍加强调,然后着重强调解释说明的内容核心,形成呼应。同时,我们也要用停顿区分解释对象和解释内容两个部分。

一个和尚,法海禅师,得道的禅师,看见许仙脸上有 妖气 ,/——凡讨 妖怪 作老婆的
　　　　　　　　　　　　　　　　　　　　　　　△△　　　　　　▲▲

人,脸上就有妖气的,但只有 非凡 的人才看得出/——便将他藏在金山寺的法座后,白蛇
　　　　　　　　　　　　▲▲

娘娘来寻夫,于是就"水漫金山"。

如上文,两个破折号之间的内容在解释"妖气",这是神话中的辨识妖怪的一种标志,对于凡人脸上呈现出妖气,作者总结出两个关键元素,一是娶了"妖怪",二是需要有道行的"非凡"人来辨识。因此,在上句中,破折号内的核心内容"妖怪""非凡"解释了"妖气",稍加强调"妖气"后,着重强调"妖怪""非凡"就能使得这一句听起来逻辑清晰、解析

明白。我们要用清晰的停顿和分量的区别来让解释的内容凸显出来,让解释的内容突出于行文主体的语气状态之外。

(四)选择

在语句或句群中,分别出现了几种成分可被选择或已被选择,则构成选择结构。

例文:
①远远看去,初升的太阳就像一个乒乓球,或者像一个咸蛋黄。
②你或者去上海,或者去南京,或者去成都。
③与其在这里懊恼,不如重新来过。
④我宁可把牢底坐穿,也不会向你们投降!
⑤难道,他们是因恐惧到了极点,而不敢嘶喊?或者,他们是因麻木到了极点,而干脆觉得不需要发出声音?

选择句常见的关联词有:或者、或是、或、还是、还不如、倒不如、或者……或者……、是……还是……、与其……不如……、宁可……也不……

在选择句式中,我们一般会将被选择的内容作为强调重点,并在表述的各个被选择部分间加以停顿来区分。如果选择的结果已确定,一般被确定的选择结果强调程度更强。

与其在这里懊恼,／不如重新来过。
　　　△△　　　　▲▲▲▲

如上文,被选择的内容都可以用重音加以强调,但因为"重新来过"语句中已经确定的选择结果,所以要比"懊恼"强调的程度更强,才能表明语句的态度和目的。同时,我们也可在被选择的两部分间略加停顿,让结构更为清晰。

(五)递进

在语句或句群中,后句比前句意思更进一层,则构成递进结构。

例文:
①哥白尼的地动学说不但带来了天文学上的革命,而且开辟了各门学科向前迈进的新时代。
②这脚射门不仅力道十足,而且角度刁钻。
③你这么做不但不能解决问题,反而会给下一步工作埋下隐患。
④有些行人红灯尚且要闯,更不用提让他走斑马线了。

递进句常见的关联词有:并且、何况、况且、甚至、更、还、甚至于、更何况、尚且、何况、反而、不但……而且……、不仅……还……、不但……反而……、不但不……反倒还……、尚且……何况……、别说……连……

在递进句式中,我们一般将更进一层的内容作为主要强调对象,同时将递进前的内容做次要强调,并在各部分间略做停顿加以区分。

你这么做不但不能解决问题,/反而会给下一步工作埋下隐患。
　　　　△△△△　　　　　　▲▲▲▲

上句所说的内容是"你这么做"的结果有两个,但后果的程度在说话人的角度上是不同的,其语句目的强调了在不能"解决问题"的情况下,更严重的是给后面的工作"埋下隐患"。因此,先在"解决问题"上次要强调,再在"埋下隐患"上着重强调,这句话的态度和目的就明确了。同时,递进前后之间的停顿能让受众在听觉上有所侧重。

(六)转折

在语句或句群中,后句和前句意思相反或相对,则构成转折结构。

例文:
①降雪虽然改善了空气质量,但也给交通造成了不便。
②尽管他说得头头是道,但干起活来却手忙脚乱。
③麻雀虽小,五脏俱全。
④应该刺激消费,但不能助长过度消费。

转折句常见的关联词有:然而、可是、可、却、只是、不过、虽然……但是……、尽管……却……

在转折句式中,一般转折后的意思是正意,也就是说话人真正想表达的意思。因此,对于转折前相对应的内容我们一般次要强调,转折后的内容我们着重强调,并在转折前后之间略做停顿加以区分。

尽管他说得头头是道,/干起活来却手忙脚乱。
　　△△△△　　　　▲▲▲▲

上句目的在于强调做事之前侃侃而谈后,在实际操作过程中的窘态。因此,先用"头头是道"做铺垫,再着重强调"手忙脚乱",说话者的态度就显而易见了。同时,在转折之前加以停顿,可以让播读者和受众在转化过程中都做好准备。

(七)条件

在语句或句群中,有的句子提出条件,有的句子表示满足条件情况下产生的结果,则构成条件结构。

例文：
①只要持久地专注一项事业,就必有所成。
②世上无难事,只要肯登攀。
③多读多写,作文就会有进步。
④只有温度和湿度都合适的情况下,才能看到雾凇奇观。

条件句式常见的关联词有:就、便、只要……就……、一旦……便……、只有……才……、无论……都……、不管……总是……、任……也……。

在条件句式中,语句目的一般在于表述条件,我们一般着重强调表述条件的部分,而次要强调表述结果的部分,并在条件部分和结果部分之间通过停顿加以区分。

多读多写,／作文就会有进步。
▲▲▲▲　　　　　△△

上句的核心是表述写好作文的条件是"多读多写",因此我们主要强调了"多读多写"而次要强调了结果"进步"。同时,"多读多写"后稍加停顿,更能让受众对写好作文的条件印象深刻。

(八) 假设

语句或句群中,一部分提出假设,另一部分表示假设实现后产生的结果,则构成假设结构。

例文：
①如果他能听得进去意见,也就不会没人愿意跟他讲真话了。
②即使计算机的能力能超过人脑,机器也取代不了人类。
③宝石哪怕混在垃圾堆里,也仍然晶莹夺目。
④无论我们走到哪里,家都是避风的港湾。

假设句式常见的关联词有:那、那么、就、便、则、也、还是、如果……就……、假如……那么……、即使……也……、纵使……还……、再……也……。

在假设句式中,一般语句目的在于强调假设情况所产生的结果,因此,一般情况下,我们对假设情况进行次要强调,对可能出现的结果进行着重强调,并在假设部分和结果部分之间加以停顿以区分。

宝石哪怕混在垃圾堆里,／也仍然晶莹夺目。
　　△△△△△△　　　　▲▲▲▲

上句假设了负面的情况,而强调正面的结果,因此对"混在垃圾堆里"进行次要强调,着重强调"晶莹夺目"。同时,在假设条件和相应结果之间加以停顿,让层次更为鲜明。

(九) 因果

在语句或句群中,一部分说原因,一部分说结果,或说明、或推论,则构成因果结构。

例文:
①因为天气好,所以她的心情不错。
②由于他是学美术的,对色彩特别敏感。
③知识的海洋是无穷无尽的,因此,学习是无止境的。
④今天的事很多,因而他把闹表调早了一个小时。

因果句式常见的关联词有:由于、因此、因而、以致、致使、之所以……是因为……、既然……那么……

在因果句式中,我们有时可以明确地看出是要着重强调原因还是结果,但有时无论强调哪一部分,我们都能从一个角度表达说话人不同的意思,要结合前后文和语境加以判断,有时也和播读者的创作意图有关。无论选择着重强调原因还是结果,在因果之间都可以加以停顿以区分两个部分,增强清晰度。

由于他是学美术的,/对色彩特别敏感。
　　△△△△　　　　　　▲▲

上句目的在于表现他对色彩敏感,也就是这一句中的结果,次要强调了原因"学美术的",着重强调了结果"敏感"。

①因为天气好,/所以她的心情不错。(她决定去公园转转)
　　△△△　　　　　▲▲▲▲
②(晴朗的天空万里无云,一丝丝风吹得人很是凉爽。)因为天气好,/所以她的心情
　　　　　　　　　　　　　　　　　　　　　　　　　　▲▲▲　　　　△△
不错。
△△

上文的两个案例分别强调结果或原因,并在二者之间加以停顿来区分层次,也可引导受众更为清晰地接收信息。

上述的各种复合结构语句或句群,仅仅是列举了常见的结构关系,在稿件中,经常会有多重复合语句结构同时存在。我们对上述复合结构的认知和判断是为了理清稿件脉络,从而清晰地播读出稿件的层次,同时也指导我们如何呈现逻辑语气,使播音作品的思想感情鲜明而生动地体现。

同时,我们应该认识到在不同的语句结构中选择停顿的位置和选择主次强调的部分,并不是一成不变的,要根据表达需要酌情考虑,有的时候,甚至在关联词上施加重音效果,也可以起到相应的作用。

第四节　修辞感受

修辞活动或修辞行为，就是在一个特定的条件下，为了取得最好的表达效果，根据自己所要表达的思想内容，对词语的选用、句子的锤炼、特定修辞方式的运用，以及篇章结构和语体风格等语言手段的一个选择过程。[①]

在与发声有关的汉字中，以"口"为部首的有"叫、叹、吠、呸、呼、哇、哈、哽、喵、嘶、鸣、啼、嘻、嘿、噢、吼"等；以"言"为部首的有"议、论、讲、讼、讽、访、评、诉、话、说、译、诏、诵、读、谈"等。

我们会发现，以"口"为部首的字，多表示单纯的发声行为，有的单纯表示动物的叫声，有的是人和动物共用的，比如"嘶"可以说马在"嘶鸣"，但有时形容人嫉妒愤怒的状态，也可以用"嘶吼"来形容。可以这样说，用声音状态表达情感，是一种本能的行为。

人类的语言是极其复杂的信息传递系统，狼群之间可以用吼叫来传递围猎时复杂的信息，甚至形成了"战术"，但仍然不能构成语言，就是因为其不具有逻辑和修辞。因此，在汉字中，如上文以"言"为部首的字，多用来表示有意识、有控制的自觉的言语行为。

可以说，修辞是伴随着人类语言的产生而产生的，修辞已经成为语言中的必然元素，无论是任何身份的人，在书写和说话的过程中都在不经意地运用词汇的选择、语序的调整等方式进行修辞。所谓修辞，就是"修饰文字词语，运用各种表现方式，使语言表达得准确、鲜明而生动有力"[②]。

我们从稿件的修辞入手，提取元素、获得感受，不仅能够让播音创作更为丰富、细腻、生动，有时甚至能发掘出作者写作时和读者阅读时都没有注意到的精妙之处。这是因为，作者在写作时，虽然大多经过精心的构思，但写作过程中作者往往处于情之所至的状态下，情感自然流露于文字，也许不经意的一处描写，作者本身不以为意，但播读者却从其中挖掘出更深的意味。这是因为播音本身就是建立在文字基础上的二度创作，具有强烈的再生性，虽立足于稿件，但可以根据创作需要进行更深层次的挖掘；对于读者来说，阅读时虽可以感受到作者的妙笔生花，但在听的过程中，内容转瞬即逝，很多稿件中因修辞而应该产生的效果，没有足够的时间在脑海中酝酿，这时候就需要播读者抓住这些修辞，理解稿件意图，获得感受，并最终将这种感受带给受众。

我们从修辞的分类、修辞格(也可简称为"辞格")[③]的不同入手来研究获得感受的方法，如图3-1所示。

[①] 李衍华.逻辑·语法·修辞[M].2版.北京：北京大学出版社，2011：221.
[②] 中国社会科学院语言研究所词典编辑室.现代汉语词典[M].7版.北京：商务印书馆，2016：1474.
[③] 修辞格.各种修辞方式，如比喻、对偶、排比等。

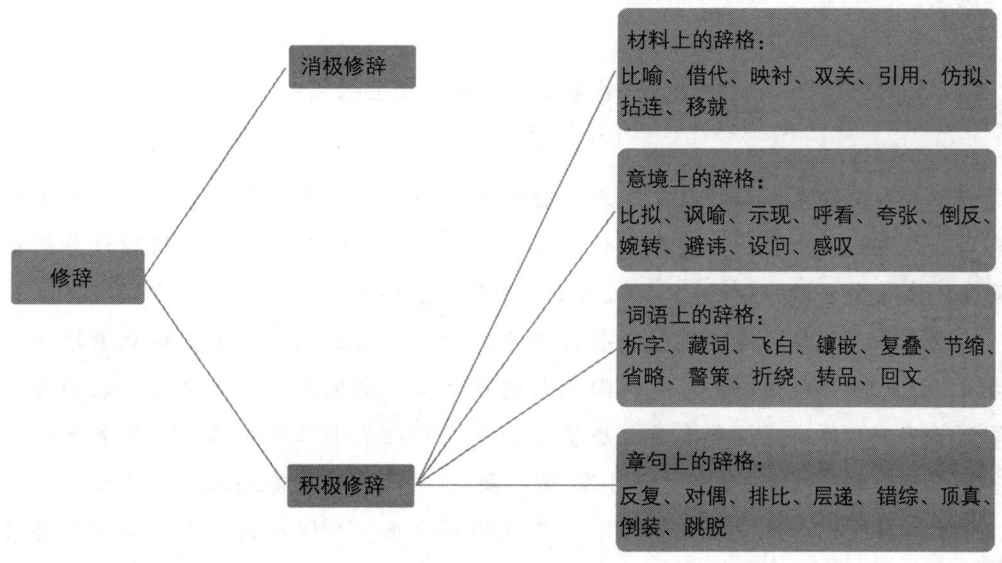

图 3-1　修辞的分类

一、消极修辞

消极修辞，并不是说不去字斟句酌，恰恰相反，消极修辞是以内容信息传递最准确为目的而进行的遣词措意。关于消极修辞，陈望道在《修辞学发凡》中有详细的解释："记述的境界，如科学文字、法令文字及其他的诠释文等，都以使人理会事物的条理、事物的概况为目的。而要使人理会事物的条理、概况，就须把对象分明地分析，明白地记述。所以这一方面的修辞总是消极的，总拿明白做它的总目标。而要明白，大抵应当：（1）使它没有闲事杂物来乱意；（2）没有奇言怪语来分心。所以所用的语言，就要求是概念的、抽象的、普通的，而非感性的、具体的、特殊的。因为概念的、抽象的、普通的语言，才能使它的意义限于所说，而不含蓄或者混杂有别的意思；若用感性的、具体的、特殊的语言，那就无论如何简单，也总有多方面可以下观察、下解释，而且免不了有各自经验所得的感想附杂在内，要它纯粹传达一个意思，实际非常为难。又所用的语言，也须是质实的、平凡的，不是华丽的、奇特的。因为假如用了华丽奇特的语言，又将使读者分心于语言的外表，而于内里反不留心了。"[①]

如公告类稿件，利用消极修辞，力求做到严谨、清晰。播读者应该感受到这种修辞方式带来的稳重感、端庄感，在表达过程中做到内容准确、条理清晰，把表达的主要功能交还给文字，不擅加渲染。

---

① 陈望道. 修辞学发凡：纪念珍藏版[M]. 上海：复旦大学出版社，2022：58.

例文：

新华社北京 7 月 2 日电

全国人民代表大会常务委员会公告[①]

〔十二届〕第十九号

内蒙古自治区第十二届人民代表大会第五次会议补选布小林为第十二届全国人民代表大会代表。第十二届全国人民代表大会常务委员会第二十一次会议审议并同意代表资格审查委员会的审查报告，确认布小林的代表资格有效。

山东省人大常委会决定接受杨鲁豫辞去第十二届全国人民代表大会代表职务。内蒙古自治区人大常委会决定接受陶淑菊辞去第十二届全国人民代表大会代表职务。济南军区善后工作办公室选举委员会决定接受张鸣辞去第十二届全国人民代表大会代表职务。依照代表法的有关规定，杨鲁豫、陶淑菊、张鸣的代表资格终止。

第十二届全国人民代表大会代表王东洲因病去世。全国人民代表大会常务委员会对王东洲代表的去世表示哀悼。王东洲的代表资格自然终止。

截至目前，第十二届全国人民代表大会实有代表 2936 人。

特此公告。

全国人民代表大会常务委员会
2016 年 7 月 2 日

上文中的公告内容，其主要目的在于宣布代表职务变动情况，没有主观态度倾向和个人感情色彩，而我们从这种严谨、庄重的行文之中感受到的是人民代表大会制度的严肃，这种感受如果恰切地形之于声，也必然是平稳、客观的表达方式。

有的人认为，新闻播报就应该是"四平八稳""不苟言笑""庄严肃穆"的，这种认识难免有"以偏概全"之嫌。其实，决定了一段新闻播读样态的并不是栏目类型，而是播读稿件的修辞方式。上文运用了消极修辞的方式，播报出来的风格必然是"庄严肃穆"的；但有的新闻本身从事件内容到稿件文风都非常生动鲜活，播音员如果因其是新闻栏目就一味地追求特定的样态，就不符合节目的要求了。

生动鲜活的新闻播报

二、积极修辞

"积极的修辞和消极的修辞不同。消极的修辞旨在使人'理会'。使人理会只须将意

[①] 全国人民代表大会常务委员会公告〔十二届〕第十九号[EB/OL].（2016-07-02）[2023-03-25]. http://www.xinhuanet.com//politics/2016-07/02/c_1119153456.htm.

思的轮廓,平实装成语言的定形,便可了事。积极的修辞,却要使人'感受'。使人感受,却不是这样便可了事,必须使看读者经过了语言文字而有种种的感触。语言文字的固有意义,原是概念的、抽象的,倘若只要传达概念的抽象的意义,此外全任情境来补衬,那大抵只要平实地运用它就是,偶然有概念上不大明白分明的,也只要消极地加以限定或说明,便可以奏效。故那努力,完全是消极的。只是零度对于零度以下的努力。而要使人感受,却必须积极地利用中介上一切感性因素,如语言的声音,语言的形体,等等,同时又使语言的意义,带有体验性、具体性。每个说及的事物,都像写说者经历过似的,带有写说者的体验性,而能在看读者的心里唤起了一定的具体的影像。"[1]

无论是在写还是说的表达中,积极修辞都是普遍的,因为人们在传达信息的过程中总是自然地想要表达出自己对事物的态度和情感,并期望得到受众的接受。

消极修辞往往是刻意为之的结果,而积极修辞则往往更自然。

正因为如此,积极修辞的体系更庞大,方法(修辞格)更多样,播读者在积极修辞中所能获得的感受更多,相关语言表达的方式也更多样。

(一)材料上的辞格

材料上的辞格,指通过调整文字中所述事物的关系达成传达目的、效果的修辞方法。这种辞格直接作用于稿件中所出现的人、事、物,用来描述其形态、状态等。在播音创作过程中,播读者充分感受这种修辞方法,能够提升表达上的丰富性。

材料上的辞格有以下几种类型。

1. 比喻

比喻,是在心理联想的基础上,抓住并利用两种或两种以上的不同事物之间的相似点,用其中一个事物来展现、阐释、描绘相关事物,交相辉映,混为一体。[2]

例文:

①远望天山,美丽多姿,那长年积雪高插云霄的群峰,像集体起舞时的维吾尔族少女的珠冠,银光闪闪;那富于色彩的连绵不断的山峦,像孔雀开屏,艳丽迷人。(明喻)

②生存的小品文,必须是匕首,是投枪,能和读者一同杀出一条生存的血路的东西。(暗喻)

③他的这篇文章里,"干货"特别多。(借喻)

在比喻这种辞格中,作者往往是希望借助更为人熟悉、更能引发人关注、更能激起人兴趣的事物来表述另一事物。被描述的事物是本体,用以描述的事物是喻体。

在播音创作中,要充分感受到这种修辞的效果,尤其是抓住喻体的特征、目的与效果,激发自身产生同稿件相一致的态度和情感,并通过方法表现出来。如上例中的第二

---

[1] 陈望道.修辞学发凡:纪念珍藏版[M].上海:复旦大学出版社,2017:78.
[2] 王希杰.汉语修辞学[M].3版.北京:商务印书馆,2014:390.

句,我们就可以从"匕首""投枪""杀出一条生存的血路"这样的喻体词语中感受到作者战斗的决心和内心中的激愤。

在比喻这种辞格中,表达的重点一般落在喻体上,对本体的表现要向对喻体的表现倾斜。

2. 借代

"借代,就是借彼代此,不用人或事物的本来名称,借用同它具有相关关系的人或事物的名称来称呼它。借代有形象具体、生动活泼的特征。"①

例文:

①我豁出去这一百多斤,你说怎么干吧?

②昨夜雨疏风骤,浓睡不消残酒。试问卷帘人,却道海棠依旧。知否,知否?应是绿肥红瘦。

在借代这种修辞格中,作者往往抓住一个特征鲜明,让人能够直观、快速感受到的点表述事物。我们可以通过作者用以指代本来事物的词语来感受作者的思想感情。上例中的第一句用体重代指整个人,在体现了说话人的决心的同时,又显得风趣幽默。因此,当我们播讲这一句的时候,语言也要平实而有趣味;而第二句中用"绿"代指海棠叶,用"红"代指海棠花,用颜色特征代表叶与花,一下子就充满了画面感。我们在诵读这一句时,不能单一地去表现两种颜色,而应从特征入手表现整体。

在播音创作中,播读者揣摩借代的意图、方法、效果,能够有效地为播音创作提供依据。

3. 映衬

"映衬,就是为了突出本体,用相似的、相关的或相反的东西作为背景加以对照。这样,表达上含蓄婉转一些,本体却更鲜明。"②

例文:

①第二天,是个阴湿的日子,灰色的云层,压得挺低,下着蒙蒙的牛毛细雨,石板路上湿滑滑的。朱老忠和江涛踩着满路的泥泞,到模范监狱去。(正衬)

②金戈铁马、倥偬半生的他,此刻却以耕牛、锄头相伴。(反衬)

③先天下之忧而忧,后天下之乐而乐。(反衬)

第一句中的景物描写映衬了人物心情,播读者要从景物描写特征,揣摩人物情感状态,既表现环境,又表现心理,并最终落实到人物的情感状态的表现上;第二句中,以人物之前的人生经历反衬如今的生活状态,播读者要感受其中的反差效果,通过语气区别的

---

① 王希杰. 汉语修辞学[M]. 3版. 北京:商务印书馆,2014:408.
② 王希杰. 汉语修辞学[M]. 3版. 北京:商务印书馆,2014:318.

方法加以表现。

映衬出现时，语言目的往往重点落在被映衬的部分。因此，上例中第二句中，虽然看似"金戈铁马""倥偬半生"的词语色彩强烈，但重点应落实在"耕牛、锄头相伴"上。上例中第三句因为作者主要想表达的是自己忧国忧民、以天下为己任的情怀，所以，是以"乐"衬"忧"，表达的重点就落在了前半句上，后半句的结构与前半句的结构完全一致，但播读者对后半句的表现程度不应强于对前半句的表现程度。

在映衬的修辞感受中，要特别注意的是"对比度"，播读者处理背景元素和被映衬对象之间的对比程度要分寸得当。

4. 双关

"双关，就是有意识地使同一个词语、同一句话，在同一个上下文中，同时有两层（或两层以上）的意思。"①

例文：

①杨柳青青江水平，闻郎江上唱歌声。东边日出西边雨，道是无晴却有晴。

②他这个人，小葱拌豆腐——一青（清）二白。

例文①的"晴"字是"晴朗"和"情义"的双关；例文②的"青""白"二字是"颜色的青翠、洁白"和"人格的清白"两层意义的双关。

双关语往往是作者独具匠心的妙笔生花，具有较强的文学表现力。这就需要我们不仅感受作者的思想感情，也感受作者精妙的笔触，把双关语中的关键词突出表现，让听众获得"恍然大悟"之感。

双关语的表达，着重点一般落实在其中呈现的隐藏含义中。

5. 引用

"引用，就是为了提高表达效果在自己的话语中插入现成话语或故事等的一种修辞方式。"②

例文：

①鲁迅的两句诗，"横眉冷对千夫指，俯首甘为孺子牛"，应该成为我们的座右铭。

②凡中国的批评文字，我总是越看越糊涂，如果当真，就要无路可走。印度人是早知道的，有一个很普通的比喻。他们说：一个老翁和一个孩子用一匹驴子驮着货物去出卖，货卖去了，孩子骑驴回来，老翁跟着走。但路人责备他了，说是不晓事，叫老年人徒步。他们便换了一个地位，而旁人又说老人忍心；老人忙将孩子抱到鞍鞯上，后来看见的人却说他们残酷；于是都下来，走了不久，可又有人笑他们了，说他们是呆子，空着现成的驴子却不骑。于是老人对孩子叹息道：我们只剩了一个办法了，是我们两人抬着驴子走。无

---

① 王希杰. 汉语修辞学[M]. 3版. 北京：商务印书馆，2014：346.
② 王希杰. 汉语修辞学[M]. 3版. 北京：商务印书馆，2014：423.

论读,无论做,倘若旁征博访,结果是往往会弄到抬驴子走的。①

③六朝旧事随流水,但寒烟衰草凝绿。至今商女,时时犹唱,后庭遗曲。

首先,我们可以在作者引用的内容中感受到作者的思想感情。因为作者引用的话往往更能强化其表达意图;其次,我们要去感受作者引用这些内容的文学手法和美学意义,因为引用的部分或是已经被广泛认可的话语,或是一针见血、能说明问题的故事,或是人们古往今来耳熟能详的诗词、名句等。被引用的内容和引用的方式,往往正是作者写作的巧妙之处。

例文①直接引用了鲁迅的诗句,鲜明地表明立场;例文②则完整地讲述了一个故事,作者利用故事里完整的情节说明了问题,并有诙谐幽默的效果。引用的内容一般都需要播读者在播音过程中加以强调,只引用了较短的句子或段落的,直接加重处理使其凸显即可,如果像第二段直接引用了一大段文字,则需要在语气、节奏等方面都与前后有所区分。例文③则属于"暗引",出自王安石的《桂枝香·金陵怀古》,这首词最后一句大家一看便觉得既熟悉又陌生,是作者拆解、重组了杜牧《泊秦淮》中的名句"商女不知亡国恨,隔江犹唱后庭花"。这句手法精妙,本身就具有极高的欣赏价值。对于最后一句,播读者不仅要加以强调,还要在语气中夹杂提示的意味,引发受众的注意。

6.仿拟

"仿拟,就是模仿现有的格式,临时新创一种说法。"②

例文:

①阔人已骑文化去,此地空余文化城。

文化一去不复返,古城千载冷清清。

专车队队前门站,晦气重重大学生。

日薄榆关何处抗,烟花场上没人惊。③

②曾经有一个扑出C罗任意球的机会摆在我的面前,而我没有珍惜,等到球进了我才后悔莫及。如果上天能够给我一个再来一次的机会,我会对自己说,扑左边。如果非要给人墙的人数加上一个限制,我希望是,一万人。

仿拟,经常会产生风趣、幽默的效果。例文①出自鲁迅的手笔,仿拟的是崔颢的《黄鹤楼》④:

昔人已乘黄鹤去,此地空余黄鹤楼。

黄鹤一去不复返,白云千载空悠悠。

---

① 鲁迅.鲁迅杂文集[M].天津:天津人民出版社,2019:208.
② 王希杰.汉语修辞学[M].3版.北京:商务印书馆,2014:421.
③ 鲁迅.拿来主义[M].成都:四川人民出版社,2023:101.
④ 诗词文曲鉴赏:唐诗[M].上海:上海辞书出版社,2020:109.

晴川历历汉阳树,芳草萋萋鹦鹉洲。
日暮乡关何处是?烟波江上使人愁。

鲁迅讽刺的是日寇入侵后的乱象:国民党一方面败退和抢撤文物,另一方面组织学生罢课罢考;一方面前线国土大面积失守,另一方面后方的烟花场上达官显贵照旧寻欢作乐。把一首耳熟能详的古诗整篇仿写,较之前文引用的暗引更为完整、巧妙,辛辣的讽刺使得戏谑的揶揄效果变强,更让人印象深刻。播读者播读这样的作品,既要保证主旨表达准确,又要把原作的痕迹巧妙地体现在新作之中,表现出一种杂糅的样态,以贴合这样的文风。第二个例文,则是把周星驰在《大话西游之大圣娶亲》中的经典台词加以仿拟,这段台词为电影爱好者所熟悉,对于很多人来说,只要说出"曾经有一……"就知道是这一段了。其实,《大话西游之大圣娶亲》中的这段台词,本身就是仿拟了王家卫电影《重庆森林》中的一段台词,但很多人不知道,这就说明了仿拟往往具备非常强烈的效果。例文②将一个守门员球门失守后的懊悔心理用这段经典台词表现出来,增添了强烈的喜剧效果,播读这样的段落,切忌为了喜剧效果而去做形式上的搞笑,因这段话来自影视作品,不妨借用演员台词的"原型"样貌,加上表达内容的本意,效果自然可以达成。

7. 拈连

"拈连,指的是甲乙两件事情并提或连续出现时,故意把只适用于甲事物的词语,顺势也用于乙事物上去。而在一般情况下,乙事物同这个词语是联系不上的。"[①]

例文:

①用小烟锅在羊皮烟包里挖着,挖着,仿佛要挖出悲惨生活的原因,挖出抗拒"命运"的法子……

②天寒热泪冻成冰。冻不住心头的爱和憎。

在拈连的辞格中,往往虚实相映,说着说着具体的事物,笔锋一转,就说出了某种思想感情。

在播读这样的语句时,播读者既感受情感本身的特征,又可通过拈连的关键词加深、具象化对这种情感状态的感受。表达时,要做到相辅相成、相得益彰。如第一句中,"挖"本来是个实实在在的文中描写的动作,但"挖着,挖着",就成了人物内心那种苦苦寻找答案的心理状态。因此,对于在拈连出现之前的关键词的语气状态,播读者要处理好,为后面的引申做好准备。

8. 移就

"移就,就是有意识地把适用于甲事物的词直接运用于乙事物。不同于拈连的是,移就不需要两件事相提并论或同时出现,也不限于动词。"[②]

[①] 王希杰.汉语修辞学[M].3 版.北京:商务印书馆,2014:414.
[②] 王希杰.汉语修辞学[M].3 版.北京:商务印书馆,2014:416.

例文：

①他在他自己身上也投了点资,搞了点"基本建设",看上去再不像夹着皮包满街乱窜地跑街,而颇有点像个经理的模样儿了。

②我于2017年1月6日起就任你的父亲,任期终身。

移就,可以说是"加强版"的拈连。用以移就的词语往往为读者所熟识,读者能够做到一目了然,马上理解作者用意,因此,要表述的原事物可以不出现,人的注意力全部集中到这些词语的效果上。用以移就的词语与所表述的事物不相符的形式矛盾,造成了文学的艺术化效果。

播读这样的内容,播读者要把表达落实在用以移就的词语和原事物之间的联系上:以词语内容为表,以表述事物为里;以词语内容为形,以表述事物为神。如例文①,"基本建设"本来是指服务社会功能的基础建设行为,用在人身上,其反差造成了喜剧效果,同时播读者也看出了主人公进取的决心,在播读时,语气诙谐但不可调侃。又如例文②,"就任""任期""终身制"本是政治词语,但放在了孩子出生的这件事情上,情感的内核是初为人父时内心的激动,并体现出父爱中的担当感。因此,在这一句中,我们获得的感受并不仅仅是风趣,还有温暖。在移就的修辞感受中,我们一定要通过作者所用事物的特征来挖掘思想感情的内核,将其要表现的思想感情表达出来。

（二）意境上的辞格

意境上的辞格,是指通过对所描述事物的形容,让人展开联想和想象而达到表达目的的修辞方法,旨在激发读者的思维,通过表述手段让读者在接收信息的同时产生更为强烈的"陌生化"感觉,从而获得阅读愉悦感。在播音创作过程中,播读者通过这种修辞方式获得感受,不仅能感受所表述的事物的状态,也能感受到作者的"文笔",从而在播读中找到适应作品特征的依据,使得播音作品特点更为鲜明。播读效果也更为生动、灵活。

1. 比拟

"比拟,就是利用心理联想机制,把甲事物当作乙事物来描写。""比拟,从差异角度上说,同比喻、借代是不同的:比喻要求两个本质不同的事物有相似之处;借代要求两个事物之间有相关关系;比拟是将两个事物进行类比,不特别重视相似关系或相关关系。比喻重点在'喻',借代重点在'代',比拟则是一种移情寄意的手法。从同的角度上说,比拟也可以看作是广义的比喻,所以比拟同比喻有时界限很难区分。"[①]

例文：

①"神八"飞天追吻"天宫一号"。

②小草偷偷地从土里钻出来,嫩嫩的,绿绿的。

③路况差,车况破,气温高,郊区公交车不时"中暑"。

---

① 王希杰.汉语修辞学[M].3版.北京:商务印书馆,2014:402.

这三句话采用了拟人手法,用人的特征去描写本来没有生命的事物,显得更为生动、传神。播读者感受到这一特征,就要把其中的"人的特征"表现出来。

例文:
我不追思一缕梦的失落。

这一句话采用了拟物手法,将本来没有实际形态的事物,如人的思想、感情等,用具体事物的形态加以形容,播读者能从其中获取更为具体、鲜明的感受。在播音创作中,播读者顺从这种修辞,具象化所表达的思想、感情等,能够更鲜明地表达稿件内容。

例文:
爱自由,爱香蕉
爱上大酒店
这里有吃有喝有玩乐,我打算长住
锅炉房真暖和,可以上蹿下跳,一点不输花果山
爱随地大小便,爱乱开水龙头
爱偷看人洗澡,就是不爱被人追着跑
我是大圣我怕谁
不信你们放马过来①

2011年1月20日《现代快报》用《"孙悟空"大闹酒店》的题目,报道一只逃跑的猴子的故事。这一段文字是新闻标题旁的辅文,将猴子的特点呈现出来。

这一段文字采用了拟言手法。拟言,就是用设计台词的方式来展现人物、动物、事物的某种状态。这种修辞方式具有极强的戏剧化效果,不仅要表述其状态,也要通过这种修辞形式造成一种让读者意料之外的强烈效果,提升阅读体验。在播音创作过程中,要注意将这部分内容进行"台词化"处理,适当设计"人物性格",并结合播读目的,运用技巧、选择方法。

2. 夸张

"夸张,就是故意言过其实,或夸大事实,或缩小事实,目的是让对方对于说写者所要表达的内容有一个更深刻的印象。"②

①白发三千丈,缘愁似个长。
②千呼万唤始出来,犹抱琵琶半遮面。

白发不可能三千丈,呼唤也很难达到千次、万次。作者在写下这样的诗句的时候本

---

① 顾元森. "孙悟空"大闹酒店[N]. 现代快报,2011-01-20(F7).
② 王希杰. 汉语修辞学[M]. 3版. 北京:商务印书馆,2014:354.

就没有期望人相信,干脆描述到人的常识能够认识到的"不可能"的境界。因此,在表达夸张的修辞感受时,既要呈现夸张的效果,又要保持原本的意味。

3. 反语

"反语,就是说反话,或反话正说,或正话反说。""反语也有表里两层意思。表层意思,是词语和句子本身所固有的,即话语的字面意思。骨子里的含义,是这个特定上下文和交际情景所赋予的,是说写者的真正含义之所在。"①

例文:

①日前掐死了一个丫鬟,尚未结案,今日又杀了一个家人。所有这些喜庆事情,全出在尊府。

②赵四哥这家伙鬼得很,做事忒邪性,在鬼子眼皮底下三年,弄死了七个鬼子,但自己一点事没有,成天还在大街上吊儿郎当地瞎晃。

例文①属于"反话正说",明明是连续出现命案,却用"喜庆"这样的褒义词,明显有讽刺之意;例文②属于"正话反说","邪性""吊儿郎当""瞎晃"都具有贬义色彩,但在这样的语境中,这句话展现了赵四哥机智、勇敢的特点。

在播音创作中,播读者遇到反语的修辞方法,不要被词语的词性所"蒙蔽",要结合语境,感受作者本来的情感、态度,进而进行相应的表达。

4. 婉曲

"婉曲是一种传统的修辞格,是各种语言中都有的一种修辞格。婉曲,指的是对于不雅的或有刺激性的事物,不直截了当地说出来,而闪烁其词,拐弯抹角,迂回曲折,用与本义相关或相类的话来代替。"②

例文:

是时,曹操遗权书曰:"近者奉辞伐罪。旌麾南指,刘琮束手。今治水军八十万众,方与将军会猎于吴。"③

古人认为:"兵者,不祥也。"因此,对于"战"一类的字眼比较避讳,故称"对战"为"会猎"。这是一种婉曲的说辞。

例文:

"最近家中来往亲戚甚多,三哥若是手头宽裕,能否行个方便,好让家里老小喝上口稀饭。""你看我的脸干净不?干净啊,我的兜里比脸还干净呢!"

上面这段对话,借钱的人和不想借钱的人,始终没有说出一个"借"字,但一个"借"

---

① 王希杰. 汉语修辞学[M]. 3版. 北京:商务印书馆,2014:351.
② 王希杰. 汉语修辞学[M]. 3版. 北京:商务印书馆,2014:356.
③ 李凯,陈昂,乔楠,等. 资治通鉴文史经典选编[M]. 北京:人民文学出版社,2022:111.

的目的清楚,一个"不借"的态度明确。这是一种婉曲的说法。

播读这类内容,我们不仅要感受话语的本意,也要关注婉曲的方式、程度,从而为表达方式的确定提供依据。

5. 问语

"作为修辞格的问语与疑问句不同之处在于,问语是无疑而问,'问'是提高表达效果的手段。"①

例文:
没有耕耘,哪来收获?

该句为反问句,答案就在问题中,反问句强化了作者态度。

例文:
村东有一个水库,
可以瞧见飞鸟的影子。
善良的姑娘啊,
那是不是你的镜子?②

同是问句,本句的答案并不能十分确定,主要表达的是作者期望得到肯定答案的态度。

例文:
桃花开,
一片霞,
新娶的媳妇走娘家。
穿啥哩?
月白裤子花夹袄。
戴啥哩?
鬓角戴朵白梨花。
谁送她?
哥送她。
谁见啦?
我见啦。
我还听见体己话……③

---

① 王希杰.汉语修辞学[M].3 版.北京:商务印书馆,2014:323.
② 诗刊社.云南兄弟民族民歌百首[M].天津:百花文艺出版社,1959:31.
③ 贾芝.中国新文艺大系(1949—1966)民间文学集(上集)[M].北京:中国文联出版公司,1991:590.

这首《新媳妇走娘家》运用了设问句,自问自答,能够引发读者的注意。

反问句能帮助我们更强烈地感受作者的态度,设问句能帮助我们感受作者表达观点的方式和心理节奏。在播音创作过程中,从问语中获得的感受,促使我们不仅把表达的着力点放在稿件的观点上,也表现出作者表达观点的态度及其程度。

(三) 词语上的辞格

利用文字的音、形、义特征展开的修辞方法往往使稿件内容具备一定的趣味性,又往往和作者的表达目的相结合,产生独特的文学效果。在播音创作过程中,播读者可以感受这种文学趣味,并应在表达上有所应对。

1. 析字

"析字就是分析与利用汉字的形体来作为提高话语的表达效果的一种修辞格式。"①

例文:

①"官"字两个"口",做官的有两张嘴。"兵"字两条腿。当官的动嘴,当兵的动腿。你们"官"字两个"口",吃空额,我们"兵"字两只脚,开小差。

②他叫张岚,是山上的风,一阵风,谁也抓不住的。

上文中,例文①解析"官"与"兵"的字形,进而讽刺了官贪兵怠的现象。例文②将"岚"解析为"山上的风",有赞许的意思。两个例子都利用了字形,但褒贬由语境来判断。

例文:

杨德祖为魏武主簿,时作相国门,始构榱桷,魏武自出看,使人题门"活"字,便去。杨见,即令坏之,既竟,曰:"'门'中'活','阔'字,王正嫌门大也。"②

上文叙述了文中人物析字的过程,表述了一个情节,只要把拆解"阔"字的细节表达清楚即可。

在析字的修辞方式中,我们能感受到文字的巧妙之处,要把这样的巧妙之处加以强调,但不可仅仅着眼于"文字游戏",而忽略了稿件内容。

2. 歇后

"歇后,指的是故意不说出最后的部分,即省略了最重要的内容,留给对方去思索。"③

例文:

①这套西装,款式新潮,做工考究,料子一等,也非常适合我穿,不过价钱……

②你这个人,一表人才,风度翩翩,头脑灵活,办事麻利,佩服佩服,不过脾气有那么一点……

---

① 王希杰.汉语修辞学[M].3版.北京:商务印书馆,2014:360.
② 刘义庆.世说新语[M].长沙:岳麓书社,2022:314.
③ 王希杰.汉语修辞学[M].3版.北京:商务印书馆,2014:379.

这两句话的特点是都省略了最想表达的部分,但前面的铺垫又足以让人明白要说的内容,没说出来是避免太直白,但话语目的已经达到了。

在播音创作过程中,播读者遇到这种修辞方式,要把前面的话的铺垫感觉表现出来,为后面利用"顿歇"技巧来引发受众思索做好准备。

另外,补充说一个问题。歇后语并不是修辞学中所讲的歇后,因为歇后语最后要把内容呈现出来,而不过是和前面的内容形成一种"意料之外"的关系。但我们可以参考这种修辞方式,来研究歇后语的表现手段。

例文:
①猪八戒照镜子——里外不是人。
②黄鼠狼给鸡拜年——没安好心。
③刘备摔阿斗——收买人心。

在处理这些歇后语时,播读者一般都会在揭晓"答案"前等一下,这样就把受众的注意力聚拢到内容上来,再把这等出来的"安静瞬间"打破,利用节奏的调整达成表达效果。

3. 拟误

"拟误,是对语言文字运用的常规的偏离,是有意识地利用语言的或逻辑的错误来提高表达效果的一种手段。""拟误是说写者明知其错而故意利用错误说法来达到某种修辞效果的一种积极有效的手段。说写者的目的,并不是要对方把表层的错误当作正确的东西来接受,而是希望对方走出表层形式的错误,并积极引导对方把握真正的含义。"[①]

在表达时,人们利用陌生化原则,故意背离常态,往往能对受众形成极大的吸引力。在拟误手法中,作者故意用"错误"的表述、组合、结构等,既提升了文学意味,又让表达目的得以彰显。这就像有的时候,我们在学习过程中去记忆知识点,单独对一个知识点死记硬背往往没有收到特别好的效果,而老师把几种错误的理解及产生错误的原因讲解给学生后,学生反而对知识点的记忆更加深刻了。

例文:
这个老太不是人,王母娘娘下凡尘。三个儿子都是贼,偷来蟠桃献母亲。

在这首打油诗中,上来第一句,就像骂人一样,明明是来祝寿的,却说出这样一句"极不得体"的话,当然是一种"错误",但话锋一转,就说老太太是"王母娘娘下凡尘",不是人,是神仙,原来是赞美之意。后面又说"三个儿子都是贼",又像在骂人了,但又一转,"偷来蟠桃献母亲",这是夸老太太三个儿子都是齐天大圣一样神通广大的人物。两个"错误",带着两个"包袱",非常有趣。播读者需要用有声语言的表现手法把包袱

---

① 王希杰.汉语修辞学[M].3版.北京:商务印书馆,2014:369.

"翻"过来。

在播音创作中,我们感受到这种修辞效果,就应该顺从这种有意为之的错误带来的反差效果。贬话贬说,褒话褒说,才能让原稿中的效果体现出来。

例文:

甲说:我妈说,她怀我时,常吃苹果,所以我的脸很像苹果。
乙说:我妈爱吃鸡蛋,难怪我是鸡蛋脸。
丙说:那我得跟我妈说,想要二胎就别吃茄子了。

这个例文展示了在逻辑上故意推导出来的"错误",往往产生"抖包袱"的效果。

在表达这方面的内容时,"错误"出现前的铺垫很重要,要让大家走到你的思维方式内,最后"抖包袱"的时候切忌过分渲染,要顺水推舟,从而让逻辑关系的错乱产生效果。

郭德纲的相声中这样的包袱很多,而其抖包袱的方法和分寸都非常精准到位。越是在内容上故意产生"错误"的"意料之外",越要把形式表现为"情理之中",这样就可以避免画蛇添足。

例文:

邓拓同志离开我们已经十三年了。那逝去的时日啊,好似短促却又漫长。

"短促"和"漫长"是一对反义词,组合在一起形容同一事物,这也是一种"错误"。但作者正是利用这种错误表达了同时存在的两种感情:因怀念,而觉得他的离去仿佛就在昨天;因怀念,而觉得没有他的日子是那么漫长。这种矛盾更能体现出作者纠结的内心感受。

在播音创作过程中,我们一定要清楚地感受到这种矛盾的源头,找到作者创造矛盾的思想感情依据,同时,这种修辞用法会让播读者在理解上形成一定的阻滞,因此在处理这样的内容时,一般语速不宜过快,应该利用顿歇留给受众足够的反思时间。

例文:

①但也还仿佛记得她脸色变成青白,后来又渐渐转作绯红,——没有见过,也没有再见的绯红。①
②三只五只白鸥轻轻地掠过,翅膀扑着波浪——一点一点躁怒起来的波浪。②

例文①完全可以写成:"但也还仿佛记得她脸色变成青白,后来又渐渐转作没有见过,也没有再见的绯红。"例文②也可以写成:"三只五只白鸥轻轻地掠过,翅膀扑着一点一点躁怒起来的波浪。"这样的表述貌似更简洁。但我们都能发现,改完的内容读起来效果减弱了。

---

① 鲁迅.鲁迅全集 第二卷[M].广州:花城出版社,2021:151.
② 茅盾.茅盾散文选集[M].天津:百花文艺出版社,1992:98.

看似结构上出现"错乱"情况的"错误",其实也是一种修辞方法——顿跌。"顿跌,就是本可以一口气说完的话,故意不让它顺顺当当地说出来,或拆成几句话,形成递进关系,或先从反面来衬垫,造成对立关系,这样一来,语势反而更为强烈。"①

这为我们播音创作最终体现到有声语言表达提供了非常好的天然形式。"顿跌的运用,造成了多层次、多波澜的话语,丰富多彩,引人入胜,发人深思。"②我们可以由此特点,设定相应内容的表达方法。这时,播读者往往要注意顿跌之处的声音形式的承接感。

4. 镶嵌

"镶嵌,指的是把某些现成的字、词、短语插入话语(文本)之中,构造表里两层含义。"③

例文:

芦花丛里一扁舟,
俊杰俄从此地游。
义士若能知此理,
反躬逃难可无忧。

这是《水浒传》中的一首"藏头诗",每句的第一个字连起来读就是"卢俊义反",说卢俊义要造反。在播读这样的内容时,播读者就不能按照一般的诗歌诵读的方式处理,而是要把每句的第一个字强调出来,为后面揭晓答案做好铺垫。

例文:

民犹是也,国犹是也,何分南北?
总而言之,统而言之,不是东西!

这是一副藏头对联,讽刺了袁世凯窃取革命成果和造成南北对峙局面的时局。暗藏着两句话:民国何分南北?总统不是东西。在这句话里,被镶嵌进去的"民""国""总""统"四个字应加以强调,播读者应让人听明白作者的意图,才能产生效果。尤其可以夸张地强调"总""统"二字,使之达成该对联的表达目的。

5. 复叠

"复叠是把同一的字接二连三地用在一起的辞格。"④

例文:

①随便——随随便便

---

① 王希杰.汉语修辞学[M].3版.北京:商务印书馆,2014:373.
② 王希杰.汉语修辞学[M].3版.北京:商务印书馆,2014:374.
③ 王希杰.汉语修辞学[M].3版.北京:商务印书馆,2014:380.
④ 陈望道.修辞学发凡:纪念珍藏版[M].上海:复旦大学出版社,2022:183.

②许多——许许多多
③客气——客客气气
④高兴——高高兴兴
⑤大方——大大方方

如上文,双字词通过复叠,变成了四字词,效果大幅加强。我们在播读时也应该相应地强化表达效果。

例文:
①知之为知之,不知为不知,是知也。
②老吾老以及人之老,幼吾幼以及人之幼。

"知""老""幼"在两句中的复叠出现,在说明问题的同时,也在形式上增强了设计感。同时,这样的复叠形式也为播读造成了一种天然的"节律感"。

6. 转品

"转品,也叫'词类活用',就是把甲类词临时性地有条件地当作乙类词来运用。"[①]

例文:
①在他心的深处,他似乎很怕变成张大哥第二——"科员"了一辈子,以至于对自己的事都一点也不敢豪横。[②]
②这一年的春天特别玫瑰。[③]
③一只低飞的海鸟便很尼采地在观音竹高呼。

这几句话的共同点是都把名词当作形容词用了,这也造成了"陌生化"。在播读这样的内容时,一要特别强调,因为这与受众日常的习惯差别较大;二要感受作者的写作意图,引发相应的情感、态度,并最终形之于声。

例文:
卓文君死了二十个世纪,春天还是春天
还是云很天鹅,女孩子们很孔雀
还是云很潇洒,女孩子们很四月[④]

这首小诗是典型的转品修辞用法,我们既读懂了内容,又可以从中感受到意境美,从而影响播读的表现方法和表现形式。

---

① 王希杰.汉语修辞学[M].3版.北京:商务印书馆,2014:418.
② 老舍.正红旗下 离婚[M].天津:天津人民出版社,2018:218.
③ 铁凝.玫瑰门[M].太原:北岳文艺出版社,2002:192.
④ 余光中.余光中诗精编[M].武汉:长江文艺出版社,2014:27.

7. 回环

"回环,就是重复前一句的结尾部分,作为后一句的开头部分,又回过头来用前一句开头部分作后一句结尾部分。""回环建立在汉语特点的基础上:汉语没有形态,每个音节都有意义,词序是最重要的语法手段。回环的应用范围极其广泛。回环修辞格通过回环往复的形式,表现两种事物的相互依存或者相互排斥的辩证关系,以加深读者、听者对客观事物的认识和理解。"[1]

例文：
①他就是法律,法律就是他。
②开水不响,响水不开。
③来者不善,善者不来。
④小人有恶中之善,君子有善中之恶。

例文呈现回环效果的词语,都会成为播读时两句话之间天然的黏合点,把这样的词语读成一样的形式,会形成一种天然的"节律感"。

(四) 章句上的辞格

章句上的辞格,是指以句为单位,通过调整排列组合方式,形成一种表现效果的修辞方式。因为汉字是单音节的(一个声母和一个单元音韵母或复合韵母的组合),所以在写作的过程中,句子的形式排列成一种和谐状态后,有声语言就自然会形成相应的和谐状态。在播读过程中,这样的修辞方式往往为我们提供了非常好的天然形式。

1. 反复

"反复,就是为了强调语义重点,加强语气和感情,加深对方的印象,造成一种特别的情调,重复相同的部分,如词、句、段。"[2]

例文：
我骑着一匹拐腿的瞎马,
向着黑夜里加鞭;——
向着黑夜里加鞭,
我跨着一匹拐腿的瞎马。
我冲入这黑绵绵的昏夜,
为要寻一颗明星;——
为要寻一颗明星,
我冲入这黑茫茫的荒野。[3]

---

[1] 王希杰.汉语修辞学[M].3版.北京:商务印书馆,2014:287.
[2] 王希杰.汉语修辞学[M].3版.北京:商务印书馆,2014:305.
[3] 徐志摩.恋爱到底是什么一回事[M].成都:四川人民出版社,2022:5.

徐志摩的《为要寻一个明星》有几句话反复出现,既有内容的强调和深入,又有形式上"重复的力量"。在播读这样的内容时,播读者在利用反复造成的节律感的同时,又要避免生硬地重复,应该根据稿件内容对反复的句子加以区别。

2. 对偶

"对偶,是用语法结构基本相同或者相似、音节数目完全相等的一对句子,来表达一个相对立或者相对称的意思。"①

例文:
①两个黄鹂鸣翠柳,一行白鹭上青天。
②日出江花红胜火,春来江水绿如蓝。

③大肚能容,容天下难容之事。
开口便笑,笑世间可笑之人。

④衔远山,吞长江,其西南诸峰林壑尤美。
送夕阳,迎素月,当春夏之交草木际天。

这是极具有汉语特色的一种修辞方法,因为"音节数目完全相等",所以播读的时候自然就会形成节律感,容易引起受众的关注。

3. 排比

"排比,是把三个以上结构相同或相似、意义相关、语气一致的词组或句子排列起来。形成一个整体。"②

例文:
山朗润起来了,水涨起来了,太阳的脸红起来了。③
春寻芳竹坞花溪边醉,夏乘舟柳岸莲塘上醉,秋登高菊径枫林下醉,冬藏钩暖阁红炉前醉。④

排比不必音节数量相同,它较之对偶更为自由,运用也更为广泛,同样也可以造成层层起伏的效果。在播音创作过程中,播读者要抓住排比句中形成排比关系的元素,进行准确的处理,体现排比句的效果。在一般情况下,排比句中强调的都是形成排比关系但内容不同的部分,形成排比关系而内容相同的部分,一般不做强调。

排比结合了前文所述的对偶,就构成了"骈体",中国文章写作自古就分为"骈体"和

---

① 王希杰.汉语修辞学[M].3版.北京:商务印书馆,2014:270.
② 王希杰.汉语修辞学[M].3版.北京:商务印书馆,2014:280.
③ 朱自清.朱自清散文选集[M].杭州:浙江少年儿童出版社,2022:128.
④ 周振甫.唐诗宋词元曲全集:全元散曲第1册[M].合肥:黄山书社,1999:281.

"散体"。骈体,就是要求词句整齐对偶的文体,反之,不要求词句整齐对偶的文体,就是散体。直到现在,我们的生活中也经常运用骈散结合的写作方法。

例文:

前进道路上,人民军队必须用铁的纪律凝聚铁的意志、锤炼铁的作风、锻造铁的队伍,任何时候任何情况下都一切行动听指挥、步调一致向前进。[1]

上文在排比句式的基础上,吸取了对偶句式"音节数目完全相等"的特点,形成了骈体,把这种对称感播读出来,有利于加强语气。

作者在写作时,一般都会用骈体形式表达重要的内容,这与骈文语势强烈的天然特征相关。因此,在播音创作过程中,这样的修辞形式往往需要加以凸显,播读者要利用其音律上的美感进行表达,从而达成效果。

4. 对照

"对照,就是把两个对立的事物或一个事物的两个对立的方面放在一起,加以比较。"[2]

例文:

惜春冷笑道:"我虽年轻,这话却不年轻……"[3]

倘有风吹草动,武二眼里认得是嫂嫂,拳头却不认得是嫂嫂。[4]

对照没有形式上的要求,但在内容上,两个事物必须是对立的,我们从这种修辞中能更清晰地感受到强烈的反差效果,用以在播读中区别语气、节奏等。

臧克家的《有的人》[5]便全篇运用了这种修辞手法。

有的人活着
他已经死了;
有的人死了
他还活着。

有的人
骑在人民头上:"呵,我多伟大!"
有的人
俯下身子给人民当牛马。

---

[1] 习近平.在庆祝中国人民解放军90周年大会上的讲话[J].理论导报,2022(8):22.
[2] 王希杰.汉语修辞学[M].3版.北京:商务印书馆,2014:275.
[3] 曹雪芹.红楼梦[M].北京:人民文学出版社,2013:1036.
[4] 施耐庵,罗贯中.水浒传(上)[M].北京:人民文学出版社,2022:280.
[5] 张贤明.百年新诗代表作1917—1949[M].北京:现代出版社,2017:208.

有的人
把名字刻入石头想"不朽";
有的人
情愿作野草,等着地下的火烧。

有的人
他活着别人就不能活;
有的人
他活着为了多数人更好地活。

骑在人民头上的
人民把他摔垮;
给人民作牛马的
人民永远记住他!

把名字刻入石头的
名字比尸首烂得更早;
只要春风吹到的地方
到处是青青的野草。

他活着别人就不能活的人,
他的下场可以看到;
他活着为了多数人更好地活着的人,
群众把他抬举得很高,很高。

  播读者在朗诵这首诗时要呈现两种语气色彩,两种语气色彩因对照写法交替出现,形成对比,造成了起伏,形成了鲜明的节奏特征。

5. 层递

  "层递,就是采用阶梯式关系来排列句子,表达客观事物之间逐步发展的关系。"[①]

例文:
  比岸边的黑石更远,更远的是石外的晚潮
  比翻白的晚潮更远,更远的是堤上的灯塔

[①] 王希杰.汉语修辞学[M].3版.北京:商务印书馆,2014:316.

比孤立的灯塔更远,更远的是堤外的货船
比出港的货船更远,更远的是船上的汽笛
比沉沉的汽笛更远,更远的是海上的长风
比浩浩的长风更远,更远的是无边的阴云
比黯黯的阴云更远,更远的是楼上的眼睛①

这种方式造成的层层推进感,同样为我们的播读提供了非常好的形式依托,在层递关系中,我们往往强调的是最新出现的元素,而曾经出现过的元素在下一句中就承担铺垫作用了。只有这样,层层推进的感觉才能实现。

6. 顶真

顶真,又叫蝉联,就是邻近的句子首尾蝉联,上递下接,用前一句的结尾做下一句的开头。""汉语的特点就是音节分明,基本上每个音节都有意义,意义单位的组合非常灵活。这是顶真方式产生的形式基础。对事物之间的相互联系的重视,努力从整体上把握事物的思维方法,是顶真产生的思想基础。②

例文:

我决心上阵不利则守城、守城不利则巷战、巷战不利则短兵相接、短兵相接不利则自尽殉国。

"守城""巷战""短兵相接"是构成顶真的词语,上下句首尾相连、连绵起伏,在听觉上造成了推进感。在播读过程中,播读者要运用这种推进感,一般就应该强调新出现的参与顶真的词语,而已经出现过的词语做铺垫。

下面这首顶真诗,每句的尾字和下一句的首字相同,播读者在播读时稍加表现这个特征,就会自然形成一种节律感,使得有声语言具备"音乐美感"。

桃花冷落被风飘,飘落残花过小桥。桥下金鱼双戏水,水边小鸟理新毛。毛衣未湿黄梅雨,雨滴红梨分外娇。娇枝常伴垂杨柳,柳外双飞紫燕高。高阁佳人吹玉笛,笛边鸾线挂丝绦。绦结玲珑香佛手,手中有扇望河潮。潮平两岸风帆稳,稳坐舟中且慢摇。摇入西河天将晚,晚窗寂寞叹无聊。聊推纱窗观冷落,落云渺渺被水敲。敲门借问天台路,路过西河有断桥,桥边种碧桃。③

在对修辞感受加以研究之后,我们现在可以探讨一个问题——语言表达的样态是如何确立的?

有些播音员、主持人往往以节目类型来确定播讲的形式和状态,如认为新闻播报的

---

① 余光中. 余光中一百首[M]. 成都:四川文艺出版社,1988:260.
② 王希杰. 汉语修辞学[M]. 3版. 北京:商务印书馆,2014:285.
③ 陈锋. 元明散曲选读[M]. 哈尔滨:黑龙江人民出版社,1983:143.

风格就一定是严肃、稳重的,而综艺节目主持、文学作品演播的风格就一定是活泼、丰富的,其实不然。无论是什么节目类型,都要先确定一段播出内容的修辞特征,再来确定其语言特征。新闻节目中如果有内容活泼的稿件,那么也应该相应采用比较活泼的方式,综艺节目也可以有比较严肃的部分。

有的从业者以传播方式是"播音"还是"主持"来决定语言的"色彩""温度",这样的认识也失之偏颇。因为传播方式往往是由节目内容传播需求来决定的,而不是传播方式决定了节目内容的表现方法。

其实,节目类型、传播方式必然是影响语言样态的重要因素,但不能成为决定因素,我们应该打破"新闻怎么播""娱乐节目主持人怎么说话"的"样式先行"思想,认真对待每一篇稿件,从内容出发、从细节入手,认真品味稿件写作的修辞意味,让表现形式成为内容表达的真实体现。

需要注意的是,感受的获得是总体的、流动的,不要刻板地规定哪一段、哪一句属于什么感受,要在全面分析的基础上想象、揣摩、体会,让感受成为播音创作时完整、鲜活、灵动的心理依据。

我们所说的形象感受、逻辑感受、情感感受、修辞感受,很少单一出现在稿件中,甚至很少单一出现在某一句话中。

例文:
山朗润起来了,水涨起来了,太阳的脸红起来了。[①]

阅读这句话,从形象上,我们能感受到不同事物的远近、状态、颜色等;从逻辑上,这是一句并列句式;从情感上,其中充满了欣喜;从修辞上,它是一个排比句。我们在播音创作过程中,并不是分别获得感受,也不是分别用不同的感受表达出不同的样子,而是将各种不同的感受糅合在一起获得一种整体的、直接的感受,并依据这种感受进行表达,最终呈现出一种受众乐于接受的"我在说"的状态,也就是统合于"自我感受"。

第五节　自我感受

形象感受、逻辑感受、情感感受和修辞感受是建立在对文本的挖掘、揣摩的基础上从稿件内容当中生发出来的,既受文字内容的限制有大致相同方向,又因播音创作个体的不同而产生呈现效果上的差别。播音主持艺术的创造性就来源于个体对创作素材的理解与感受的不同而产生的表达策略、方式的不同。在播音创作过程中,我们既要尊重文字稿件的思想感情,又应该充分发挥播音创作个体的主观能动性,大胆地把自身与稿件内容融合,这样我们的表达才能让受众感到真实而充分。

[①] 朱自清.朱自清散文选集[M].杭州:浙江少年儿童出版社,2022:128.

我们播读一篇稿件，不仅仅是呈现稿件的信息内容，更重要的是表达思想感情，而其中的思想感情能够让人听得"入心"，往往是播读者在播读中充分地表达了自己对内容的情感态度，从而让受众产生了共鸣。

因此，播读者应该把稿件中所揣摩到的形象感受、情感感受、逻辑感受、修辞感受整合为自我感受，从而作用于整个作品，并呈现出思想感情的运动状态，而非割裂为一字一句的设计和渲染。自我感受是统合了四种感受之后，给予受众的整体的、最终的印象。

一、态度上的肯定与否定

一段稿件的内容，最后呈现给受众的是播读者的有声语言，播读者对稿件中内容的认同与反对，直接影响着受众的判断。哪怕是看似客观的内容呈现，也可能会因播读者的态度而产生完全不同的效果。比如，说到"某某品牌最新发布的新能源汽车，续航可达1,000公里"，态度上支持新能源汽车的车评人的语气就会是肯定的，甚至带有赞扬的语气色彩；很多对新能源汽车持观望态度的车评人，语气一般比较客观、平淡；某些对目前的新能源汽车不看好的车评人则可能表现出质疑、否定的语气色彩。作用于有声语言后，最明显的体现就会是"1,000"这一数字的强调程度。

内容相对客观的稿件尚且如此，在文学作品中这种现象就更为普遍了，尤其是播读中出现人物语言的片段，往往会有这样的情况：作品中人物的语气，作者在写作中呈现的态度，播读者持有的态度，三者未必是统一的。

比如，在高铁上，因某个小孩过于吵闹，其他乘客和小孩父母产生了争执，孩子的母亲说："孩子闹，我们管了，可他就三岁，我们说的他未必懂，我都捂他嘴啦！你还让我怎样？"

从这句话里，我们很容易判断出母亲的态度是无奈和气愤。

但如果这句话进入稿件之中，作者在表述这句话之前的表达，就会直接影响后面这位母亲的语气。如果是"孩子妈妈无奈地说"，则作者明显对孩子妈妈有所同情，毕竟三岁的孩子的确还不懂事；如果是"孩子妈妈竟然说"，则作者明显对孩子妈妈持批评态度——孩子小可以理解，但大人态度强硬，就不能容忍了。

如果这件事情并不反映"大是大非"的问题，那么就允许播读者也有自己的态度，到了播读者呈现这段话时，"无奈"或"竟然"又会因播读者的态度差异而释放不同等级的能量，这又决定了最终呈现出来的表达态度是较为鲜明还是较为平和。

二、情感上的爱恨悲喜

人的情感是非常主观的，对待同一事物，人们会因个体的差异产生完全不同的情感。正如范仲淹在《岳阳楼记》中所写，同样登上岳阳楼，可因登楼观景时的天气不同而产生截然相反的情感。其实，即便是环境相同，情感也往往会因个体差异产生不同，即使风雨大作,心情颇佳的登楼者也可能有畅快的感觉。

在播音创作中,一篇稿件的主旨思想是宏观的,而在细节之处,往往不仅仅容纳了一种思想感情,甚至有的思考是留给读者来发散的。如鲁迅笔下的杨二嫂的样子——"细脚伶仃的圆规",带给人的感受是"哀其不幸"还是"怒其不争",不同的读者对此往往有不同的理解。对于这样的内容,播读者可以有个人的情感倾向。

例文:

筱燕秋并没有做什么,也没有说什么,只是拉开了门,往门外走。

筱燕秋穿着一身薄薄的戏装走进了风雪。她来到了剧场的大门口,站在了路灯的下面。筱燕秋看了大雪中的马路一眼,自己给自己数起了板眼,同时舞动手中的竹笛。她开始了唱,她唱的依旧是二黄慢板转原板转流水转高腔。雪花在飞舞,剧场的门口突然围上来许多人,突然堵住了许多车。人越来越多,车越来越挤,但没有一点声音。

(毕飞宇《青衣》①)

如上文一段内容,筱燕秋看到春来在舞台上的精彩演出,意识到自己的角色被取代已成事实,自己的艺术生命的结束已成定局,这是在她心里早知会来而不愿知道何时会来的一天。她选择用一场没有舞台的演出来告别舞台。在这一段的朗诵中,有的朗诵者的处理偏于悲壮,这是符合大多数受众心理的感受表达;有的朗诵者则在语气上使用"喜"的色彩,这既起到了"以喜衬悲"的效果,符合了受众的期待,又表达出艺术家告别舞台的一种"释怀",同样切中了主题。可以说"悲"和"喜",是从不同的角度来诠释主旨。朗诵者应该找到自己更为认同的情感角度来表达。

三、时空上的已知与未知

在具有"事件推进特征"的稿件内容中,播读者要确认自身与受众所处的时空状态是否同步。其一,播读者对稿件内容中的时间和空间是已知、全知的,其任务是向受众呈现故事的全貌,是在一种"回忆"中的复述状态;其二,播读者与受众一样,是随着故事的发展,同步于稿件内容当中的时间、空间变化,是一种即时叙说的状态。

例文:

许三多怔住了,他是七连第一个直面敌人的人。

袁朗被油彩抹得根本看不清脸,穿着他从没见过的丛林迷彩,背上挎着一支他从没见过怪模怪样的无托狙击步枪,腋下还挎着一支超短型冲锋枪。

袁朗手里的枪响了。

许三多下意识间,也向对方冲去,看起来他像是滑倒的,滑倒的时候也把对方绞倒在

---

① 毕飞宇.青衣[M].北京:人民文学出版社,2022:381.

了地上。两人立刻绞作了一团。许三多用步枪拼命绞住对方想向他射击的那支手枪,一使劲,两支枪都飞了出去。

许三多的枪没有了。

袁朗也没有时间再掏枪。

两人索性跳起来,噼噼啪啪地玩起了拳来。都是军队中无声而致命的毫无花哨的招式。随后赶来的史今,离这已经不远了。袁朗好不容易摆脱开了许三多的缠斗,刚刚掏出枪来,许三多已经连落叶带土撒了过去,而且几乎同时,他整个人也撞了过去,把袁朗的枪口撞歪了,袁朗只好就手把许三多扔了出去。

(兰晓龙《士兵突击》①)

这个片段对于人物行动的描写非常具象化,播读者要抓住人物行动的关键之处鲜活、生动的表达。这时,受众随着播读者的有声语言在脑海中浮现激烈的画面,要想达成这样的效果,播读者也应该对所发生的情节有"未知感",仿佛是正在看到这个场景并马上转述给受众的,这样的表达才富有感染力。

例文:

我的胆气又渐渐地往下低落了。一排枪,我壮起气来;枪声太多了,真遇到危险了;我是个人,人怕死;我忽然地跑起来,跑了几步,猛地又立住,听一听,枪声越来越密,看不见什么,四下漆黑,只有枪声,不知为什么,不知在哪里,黑暗里只有我一个人,听着远处的枪响。往哪里跑?到底是什么事?应当想一想,又顾不得想;胆大也没用,没有主意就不会有胆量。还是跑吧,糊涂地乱动,总比呆立哆嗦着强。我跑,狂跑,手紧紧地握住佩刀。像受了惊的猫狗,不必想也知道往家里跑。我已忘了我是巡警,我得先回家看看我那没娘的孩子去,要是死就死在一处!

(老舍《我这一辈子》②)

这一段的写作不着眼于具体行动的描述,是作者回忆中的一个片段,叙述中又夹杂了许多心理活动,相对于情节的呈现,播读者应更着重于当时心理感受的表达。虽然这也是一段紧张的情节,但并不是大开大合的"动作戏"。

播读者保持稳定的"时空特征",能够让整部播音作品具有完整性。

四、与创作个体特征的融合

一部有声语言作品的生命力是植根于表达者发自内心的创作表达基础上的,优秀的有声语言作品必然带上播读者创作个性的"烙印",这样具有鲜明播讲风格的作品体现了播读者的艺术价值。

---

① 兰晓龙.士兵突击[M].北京:人民文学出版社,2018:168.
② 老舍.我这一辈子[M].杭州:浙江人民出版社,2021:23.

例文：

匆 匆①

朱自清

燕子去了，有再来的时候；杨柳枯了，有再青的时候；桃花谢了，有再开的时候。但是，聪明的，你告诉我，我们的日子为什么一去不复返呢？——是有人偷了他们罢：那是谁？又藏在何处呢？是他们自己逃走了罢：现在又到了哪里呢？

我不知道他们给了我多少日子；但我的手确乎是渐渐空虚了。在默默里算着，八千多日子已经从我手中溜去；像针尖上一滴水滴在大海里，我的日子滴在时间的流里，没有声音，也没有影子。我不禁头涔涔而泪潸潸了。

去的尽管去了，来的尽管来着；去来的中间，又怎样地匆匆呢？早上我起来的时候，小屋里射进两三方斜斜的太阳。太阳他有脚啊，轻轻悄悄地挪移了；我也茫茫然跟着旋转。于是——洗手的时候，日子从水盆里过去；吃饭的时候，日子从饭碗里过去；默默时，便从凝然的双眼前过去。我觉察他去的匆匆了，伸出手遮挽时，他又从遮挽着的手边过去，天黑时，我躺在床上，他便伶伶俐俐地从我身上跨过，从我脚边飞去了。等我睁开眼和太阳再见，这算又溜走了一日。我掩着面叹息。但是新来的日子的影儿又开始在叹息里闪过了。

在逃去如飞的日子里，在千门万户的世界里的我能做些什么呢？只有徘徊罢了，只有匆匆罢了；在八千多日的匆匆里，除徘徊外，又剩些什么呢？过去的日子如轻烟，被微风吹散了，如薄雾，被初阳蒸融了；我留着些什么痕迹呢？我何曾留着像游丝样的痕迹呢？我赤裸裸来到这世界，转眼间也将赤裸裸的回去罢？但不能平的，为什么偏要白白走这一遭啊？

你聪明的，告诉我，我们的日子为什么一去不复返呢？

朱自清的这篇《匆匆》表达了对时光逝去的嗟叹，也蕴含了对珍惜时光的劝勉。播读者因年龄不同，在这篇作品中表达出对时间的理解是完全不同的。

青年人，可能表达出要珍惜时光、发奋图强的决心；中年人可能表达出的是无奈、迷惘、彷徨；老者则可能表达出一种释怀。那么，这篇作品在不同的播讲者的表达中就呈现为不同的声音作品，而受众所欣赏的也并不仅仅是《匆匆》本身的内容，而是经过播讲者创作而成一部具有全新生命力的声音作品，这生命力是来自播讲者自身对生命、对世界的理解。我们可以欣赏两部朗诵作品，感受不同创作表达的效果。

《匆匆》（童自荣、薛悠璐朗诵）

---

① 朱自清.朱自清散文选集[M].杭州：浙江少年儿童出版社，2022：3-4.

一篇优秀的文学作品的伟大之处，往往就在于能给予不同的读者不同的理解角度，从而引发共鸣。一篇优秀的文学作品也往往有最符合播读者自身表达特征的播音创作角度。这些特征应该是播读者性格特点、个人经历以及世界观、人生观、价值观的总和。

▶▶▶ 本章小结

　　感受，是播音创作中的重要环节。播读者需要感受以文字稿件为主的相关材料，表达出稿件的思想感情。

　　感受最终会落实在声音形式的表现上，但我们不能先入为主地把感受规定成某种形式特征，这是本末倒置了。本书会讲解大量播音创作方面的技巧和方法，需要读者用大量时间加以训练，其目的是让这些"形式实现能力"扎扎实实地"长"在播读者身上，从而使播读者能够全神贯注地去感受稿件中的思想感情，并在获得感受后，在不想技巧的情况下自然地运用技巧。

　　播音创作的最终表达必须是有感受的内容、有内容的感受。

思考题

1. 你认为四种感受之中哪种感受对你的帮助最大？
2. 请谈谈逻辑感受中的递进、并列等和修辞感受中的层进、排比等之间的区别。
3. 拿到一篇稿件，你最容易先获得哪种感受？为什么？
4. 哪种类型的稿件容易让你获得感受，为什么？

第四章　播音创作的语境

播音创作作为一种传播行为,必然在某种环境中进行,这种环境就是语境。"所谓语境,包括社会情境、自然环境及上下文。分析起来,有:(1)联系说话时的情境;(2)利用时间地点等条件;(3)利用自然景物特点;(4)适合说话人和听众读者的关系;(5)适应听众读者的情况;(6)照顾上下文的关系等项。"①

由此可以看出,我们所说的语境在播音创作中存在两个方面的内容:一是内部语境,即稿件中,一部分内容,处于某种上下文、前后文构成的语言环境中;二是外部语境,即播音创作活动进行中所处的自然环境,包括空间、时间、对象三个元素。

在播音创作过程中,我们要兼顾内外部语境,既要依靠内部语境运用创作技巧、选择创作方法;又要根据外部语境的影响积极主动地调整传播方式、改变传播策略。

第一节　内部语境

作者写作的过程,就是用文字"说话"的过程。在这个过程中,作者所处的外部环境,我们主要关注的是前文提到的时代背景,而基本可以忽略其写作过程中所处的自然环境,如在哪里写作、在什么时间写作、写作时的天气如何等。我们通过文字跟作者交流关注到的环境,主要是稿件中构筑出来的环境,作者在写某一段文字时,也是处在上下文、前后文设定的环境中。

例文:
这些事全是她干的!

单看这一句,该用什么样的语气来说这句话,是毫无头绪的。
如果是:

地扫干净了、家具擦拭得一尘不染、玻璃擦得仿佛看不见一样……

---

① 张弓.现代汉语修辞学[M].石家庄:河北教育出版社,2014:2.

这些事全是她干的!

那这句话就是赞许的语气。

如果是:

茶几上堆满了零食包装袋、沙发上还有瓜子皮、地板上黏糊糊的是已经干了的酸奶……

这些事全是她干的!

那这句话就是厌恶的语气。

由此可见,一句话用什么样的方式表达,单凭这一句话的内容,往往不能构成准确的依据。

因此,在播音创作过程中播读者一定要仔细分析稿件,充分考虑到一句话、一段文字所处的内部语境。这种内部语境有时可以直接从联系紧密的、"距离较近"的上下文中判断出来,有时则需要联系全篇,从看似联系疏远的、"距离较远"的前后文中判断出来。

例文:

"侠"字渐消,强盗起了,但也是侠之流,他们的旗帜是"替天行道"。他们所反对的是奸臣,不是天子,他们所打劫的是平民,不是将相。李逵劫法场时,抡起板斧来排头砍去,而所砍的是看客。一部《水浒》,说得很分明:因为不反对天子,所以大军一到,便受招安,替国家打别的强盗——不"替天行道"的强盗去了。终于是奴才。

(鲁迅《流氓的变迁》①)

上文中,"替天行道"一词本是褒义词。但第一句一提到"他们的旗帜是'替天行道'",下文便展开整段的评论,揭露了"梁山好汉"以"替天行道"为幌子,实为博取宣传资本,最终获得政治地位的目的,而非具有真正的"革命"精神。

因此,在播读到第一处"替天行道"时,播读者就会因下文的语言环境,判断出反语的修辞方式,从而采用讽刺的语气方法表现。

例文:

珍珠鸟②

冯骥才

真好!朋友送我一对珍珠鸟。放在一个简易的竹条编成的笼子里,笼内还有一卷干草,那是小鸟舒适又温暖的巢。

有人说,这是一种怕人的鸟。

我把它挂在窗前。那儿还有一大盆异常茂盛的法国吊兰。我便用吊兰长长的、串生

---

① 鲁迅.鲁迅全集 第四卷[M].广州:花城出版社,2021:85.
② 冯骥才.冯骥才散文[M].太原:山西人民出版社,2022:62-63.

着小绿叶的垂蔓蒙盖在鸟笼上，它们就像躲进深幽的丛林一样安全；从中传出的笛儿般又细又亮的叫声，也就格外轻松自在了。

阳光从窗外射入，透过这里，吊兰那些无数指甲状的小叶，一半成了黑影，一半被照透，如同碧玉；斑斑驳驳，生意葱茏。小鸟的影子就在这中间隐约闪动，看不完整，有时连笼子也看不出，却见它们可爱的鲜红小嘴儿从绿叶中伸出来。

我很少扒开叶蔓瞧它们，它们便渐渐敢伸出小脑袋瞅瞅我。我们就这样一点点熟悉了。

三个月后，那一团愈发繁茂的绿蔓里边，发出一种尖细又娇嫩的鸣叫。我猜到，是它们有了雏儿。我呢？决不掀开叶片往里看，连添食加水时也不睁大好奇的眼去惊动它们。过不多久，忽然有一个小的脑袋从叶间探出来。更小哟，雏儿！正是这个小家伙！

它小，就能轻易地由疏格的笼子里钻出身。瞧，多么像它的母亲：红嘴红脚，灰蓝色的毛，只是后背还没生出珍珠似的圆圆的白点；它好肥，整个身子好像一个蓬松的球儿。

起先，这小家伙只在笼子四周活动，随后就在屋里飞来飞去，一会儿落在柜顶上，一会儿神气十足地站在书架上，啄着书背上那些大文豪的名字；一会儿把灯绳撞得来回摇动，跟着逃到画框上去了。只要大鸟在笼里生气地叫一声，它立即飞回笼里去。

我不管它。这样久了，打开窗子，它最多只在窗框上站一会儿，决不飞出去。

渐渐它胆子大了，就落在我的书桌上。

它先是离我较远，见我不去伤害它，便一点点挨近，然后蹦到我的杯子上，俯下头来喝茶，再偏过脸瞧瞧我的反应。我只是微微一笑，依旧写东西，它就放开胆子跑到稿纸上，绕着我的笔尖蹦来蹦去；跳动的小红爪子在纸上发出"嚓嚓"的响声。

我不动声色地写，默默享受着这小家伙亲近的情意。这样，它完全放心了。索性用那涂了蜡似的、角质的小红嘴，"嗒嗒"啄着我颤动的笔尖。我用手抚一抚它细腻的绒毛，它也不怕，反而友好地啄两下我的手指。

有一次，它居然跳进我的空茶杯里，隔着透明光亮的玻璃瞅我。它不怕我突然把杯口捂住。是的，我不会。

白天，它这样淘气地陪伴我；天色入暮，它就在父母再三呼唤声中，飞向笼子，扭动滚圆的身子，挤开那些绿叶钻进去。

有一天，我伏案写作时，它居然落到我的肩上。我手中的笔不觉停了，生怕惊跑它。待一会儿，扭头看，这小家伙竟趴在我的肩头睡着了，银灰色的眼睑盖住眸子，小红脚刚好被胸脯上长长的绒毛盖住。我轻轻抬一抬肩，它没醒，睡得好熟！还咂咂嘴，难道在做梦？

我笔尖一动，流泻下一时的感受：

信赖，往往创造出美好的境界。

上文中"有一天，我伏案写作时……难道在做梦？"一段，很多人在表达时只注意到语气的轻柔,来表现小鸟睡着的情景,但忽视了前文"有人说,这是一种怕人的鸟。我把它挂在窗前……"这部分文字埋下的伏笔;之前怕人的珍珠鸟在看不见外面人的时候才有安全感,才能放心地"唱歌",现在它们的孩子竟然敢在作者的肩头睡觉了。把其中蕴含的惊喜和感动表达出来,才能表达出稿件的主题——"信赖,往往创造出美好的境界。"

因此,准确地掌握稿件的内部语境,能够给播音创作提供大量依据,让我们的表达更准确、更完善、更丰富、更细腻、更生动。这取决于播读者个人的文化素养和创作态度。

第二节　外部语境

外部语境指的是播音创作活动进行中所处的现实环境,包括空间、时间、对象等元素。对外部语境的适应与利用,能够帮助播音员提高播音主持活动的传播效果。

一、空间

播音创作的空间环境包含两个方面的内容:一是播音员所处的空间环境;二是预想到受众所处的空间环境。我们可以简称为"播音环境"和"受众环境"。

(一)播音环境

播音员在进行播音创作时,所处的环境有时是职业特定的,如录音间、演播厅、剧场等。根据传播需要,这样的环境往往有非常专业的适应条件。

录音间里的声学环境非常好,隔音性和吸音性都非常强,播音员在这样的环境中进行播音创作,非常考验自身的基本功,声音上的瑕疵会暴露无遗。播音员还要养成良好的职业素养,比如穿着不会产生强烈摩擦声响的服装进入录音间,不佩戴容易产生声响的首饰、手表等。在这样封闭的环境中,人需要有一定的适应性,因此,在录音间里的训练量对于播音员职业能力的培养至关重要。

演播间里的环境比较复杂,灯光、摄像等工种的工作人员同时在工作,有时也需要播音员和各个部门、各个环节积极配合。在这样的环境中,播音员需要善于排除杂念,快速进入状态。

剧场的空间较大,受众较多,现场感强烈。在这样的环境中的表达,一般来讲,要把各种要素放大来适应空间。

播读者有时所处的环境则是自然的,如播读者在现场播报时,就是处于事件发生的现场,这个环境并没有特定的安排,也许是工厂车间、也许是田间地头、也许是商场街道……这就需要播音员根据环境特征和随时可能出现的变化及时调整状态、调整用声、调整方式。

(二)受众环境

受众环境就是在播音创作过程中预想到的受众收听、收看节目时正处于的环境。

随着科技水平的发展,受众环境也越来越多样化。因此,我们可以从以下角度来研究受众环境:心理环境。受众在收听、收看某一类型节目时,一定会处于一种心理状态下,这种心理状态有时可以排除其所处的自然环境。比如,在嘈杂的地铁站里,等地铁的人用耳机听一部小说,那么他的心理环境就可能趋向于节目给他营造出来的相对"静"的环境。再如,如果一个人在剧场中听一场朗诵会,虽然现场会比较安静,但他很可能随着朗诵者的表达,心情非常不平静。

因此,我们对受众环境的预期,更倾向于判断受众收听、收看这个节目时的最佳心理环境。

我们可以把受众的心理环境分为以下几种类型,如表 4-1 所示。

表 4-1 受众心理环境的类型及播音应对策略

心理环境类型	心理环境特征	播音应对策略
自我型	排斥现实环境,默认只有自己一个人的状态。如:受众戴着耳机听小说。	一对一的感觉,好似只跟一个人在说话。
自然型	既接收节目信息,又认可自然环境的存在。如:受众在家里看电视、一边开车一边听广播。这是播音创作中最常遇到的情况。	根据节目需求设定理想的受众环境。
集体参与型	很多受众集体收听、收看一个节目,认可周围其他受众的存在,并形成较强的参与心理。如:观众在大型文艺晚会的现场观看节目。	表达积极性较高,要有跟现场所有人讲话的感觉。
集体自我型	很多受众集体收听、收看一个节目,但因节目性质,而使得受众忽略身边其他受众的存在,如:受众在朗诵会现场认真欣赏节目。	排除现场环境,进入节目内容当中,与受众形成一定的"审美距离"。

播音环境和受众环境同时存在于播音创作过程中,这就要求播音员既适应播音环境,又在预想到受众环境的情况下进行播音创作,我们可以简单地表述二者之间对立统一的矛盾关系,如表 4-2 所示。

表 4-2 播音环境与受众环境的矛盾关系

播音环境＼受众环境	自我型	自然型	集体参与型	集体自我型
录音间	二者和谐统一	从属节目需要	从属受众环境	从属受众环境
演播间	从属受众环境	从属节目需要	二者和谐统一	从属受众环境
剧场	从属播音环境	从属播音环境	从属受众环境	二者和谐统一
自然环境	从属播音环境	从属播音环境	从属受众环境	从属播音环境

认识并调整语境当中的空间元素,能够有效地改善播音创作的传播效果。

二、时间

与空间元素不同,播音员不管在什么时间播音,必须遵从受众的收听、收看的时间习惯。随着移动媒体终端的普及,时间元素在节目播出上的壁垒也在大量节目中不复存在,但对于直播类节目仍然有指导意义。

一般情况下,人在早上和傍晚的心理状态比较积极,在这一时段播出的节目中,播音员的状态一般比较活跃;而人在午后和深夜的心理状态比较平静,播音员的播讲状态也相对平和。但播报风格仍然受节目内容的影响,比如在深夜直播节目中,播音员现场报道比较紧急的突发事件,也就不能照顾时间元素了。

三、对象

播音创作的效果最终取决于对象,因此,播音创作过程中一定要有"对象感"。

对象感包含两个方面的内容:一是传播对象的性质;二是传播对象的反应。

(一)传播对象的性质

传播对象的性质指的是受众的年龄、性别、文化、身份等方面。

一则寓言故事是讲给成年人的,还是讲给小孩子的,语气是不一样的,甚至讲给十岁左右的孩子和讲给三岁左右的孩子,也不一样。军事类节目当然有女性受众,但具有明显的"男性"特征,育儿节目自然也有男性受众,但具有鲜明的"女性"特征。节目中推荐一本书,语言往往雅致;推荐一款电饭煲,话就要说得通俗。给农民朋友播送的节目要"接地气",给文玩爱好者播送的节目要"有文气"。以上这些内容都是在适应受众性质的表现。

> 闫怀礼在 1987 年齐天乐春节晚会的现场表演了寓言故事《猴吃西瓜》。这则寓言故事大家非常熟悉,很多人在演播的时候都会用一种"哄孩子"的语气来表达,这是因为在广播电视节目中,寓言故事经常是讲给小朋友的。但这场晚会现场大多是《西游记》电视剧的演职人员,面对的观众也是范围广大。闫怀礼在这次表演中,就少了些"循循善诱"、多了些"嬉笑怒骂"。
>
> (视频网址:https://v.youku.com/v_show/id_XMzQyNjk4ODg=.html?sharefrom=iphone&scene=long&playMode=normal&sharekey=f2de9190a54784fb1be39442f2023a890)

《猴吃西瓜》
(闫怀礼表演)

传播对象性质的不同,直接影响到播音创作的语言样态,播音创作只有符合特定受众的特定需求,才能为其所接受,否则容易造成受众的排斥心理。

(二) 传播对象的反应

需要强调的是,播音创作过程中播音员对于传播对象的反应,不是"预测""预判",而是对节目内容的"预期"。这就是说,播音员在播音创作过程中,要根据节目内容、播讲目的,预期节目应该产生的效果,并以此为目的,积极地带动受众的思想感情。

作者在写作的同时,天然地会相信读者在阅读时产生和自己一样的心理状态。播音创作,作为一种"二度创作",要帮助作者将这种目的实现在观众、听众身上。同时,播音员也对自己的节目效果有所期望,这种期望越强烈、越具体,也就越能使得我们的播音创作真实、生动、具体。同样,受众感受到的播音员的期望越强烈,往往也会形成更强烈的"心理趋从"。

有的人喜欢在没有受众的情况下播音创作,是因为这样就能坚定地相信自己想象中的受众,能够想象出特别积极配合的受众,从而为自己建立自信;有的人则喜欢现场有真实受众的存在,是因为更希望从现场的真实反应中寻找表达依据;有的人愿意想象受众是自己的熟人,从而能够更放心地播音;有的人却就怕熟人在场,怕自己好不容易积聚起来的创作状态和角色感又被拉回现实生活……

人的心理千差万别,获得对象感的方式也不尽相同。播音员要对自己的创作心理和创作个性有所把握,从而在播音创作过程中激发良性的创作心理状态。

▶▶▶ 本章小结

内部语境帮我们进一步感受稿件,外部语境则让我们的播音创作具有较好的"交流感"。

我们常用"交流感"来评价一个人的播音状态是否积极。其实,所谓"交流感"就是说话人是否积极地配合、运用所处的话语环境。认可环境、适应环境、利用环境,就能使播音创作渐入佳境——受众愿意和播音员、主持人交流。这个交流不一定是双向的对话,往往是"你愿意说""我愿意听"的心领神会。

思考题

1. 谈谈"上下文"语境和"前后文"语境的区别。
2. 你最喜欢在哪种空间环境下播音?为什么?
3. 你怎样设定对象感?说说理由?

第五章 播音创作的技巧与方法

稿件的理解、感受的获得、环境的适应最终要体现在有声语言的形式上,形成表现力。将有声语言传达给受众,让受众获得信息和感受,播音创作的任务才算完成。而"形之于声"的过程所依赖的就是播音创作的技巧和方法。

技巧和方法的区别是什么?在《现代汉语词典》中,技巧是"表现在艺术、工艺、体育等方面的巧妙的技能"[①]。方法是"关于解决思想、说话、行动等问题的门路、程序等"[②]。

在播音创作中,技巧就是运用声音的能力,而方法就是将能力运用于表达之中的手段。

如果把播音创作比喻成盖楼,那么技巧就是用于盖楼的原材料,比如钢筋、水泥、玻璃……而方法就是图纸,图纸告诉我们如何把原材料组合在一起,最终呈现在大家眼前的是一座完整的大楼,大家会品评这座楼好与不好,整体上是感受到楼的构造、外观等,使用起来也会感受到用料是否讲究。

如果把播音创作比喻成练武,那么技巧就如同力量的练习、平衡的练习、速度的练习等,如年复一年地扎马步、打沙袋……而方法就是某本武林秘籍上的招数,告诉你如何运用你的功夫攻防克敌。仅仅招数精妙而没有功底是不行的,但只是力大无穷、脚步扎实、出手迅捷,习武之人也难以克敌制胜。

这就如同播音创作,我们必须刻苦训练基本功,把技巧变成"信手拈来"的自然反应,并在此基础上,通过观摩、模仿、练习、尝试等方式掌握大量创作方法,准确、灵活、多变地表达稿件。

第一节 技巧

技巧是运用声音的能力,这种声音的能力归纳起来就是两种情况:改变声音的

---

① 中国社会科学院语言研究所词典编辑室.现代汉语词典[M].7版.北京:商务印书馆,2016:616.
② 中国社会科学院语言研究所词典编辑室.现代汉语词典[M].7版.北京:商务印书馆,2016:383.

"形态"和改变声音的"运动"。我们可以称之为"声音形态调整技巧"和"声音运动控制技巧"。

一、声音形态调整技巧

(一)声音形态调整技巧的元素

声音的物理属性包括音高、音强、音长、音色,通过调整这四个属性的状态来使声音呈现出高低、强弱、虚实、明暗等不同样态的技巧。调整这些属性,需要改变共鸣的位置、呼吸的方式、口腔的控制。

1. 共鸣控制

播音发声主要在人体五个腔体内形成了共鸣:头腔共鸣、鼻腔共鸣、口腔共鸣、喉腔共鸣、胸腔共鸣。人在不同情感状态下,呼吸状态会随之改变,造成冲击不同腔体的强弱比例不同,形成了我们可感的声音状态,如表 5-1 所示。

表 5-1 五种共鸣的特征

共鸣位置	主要特征	例句
头腔共鸣	激昂、高亢	让暴风雨来得更猛烈些吧!
鼻腔共鸣	轻蔑、傲慢	嘿!将军!你手里举着的东西能够称之为一把剑吗?
口腔共鸣	端正、清朗	长临高速全线按双向四车道高速公路标准设计。
喉腔共鸣	哀伤、憎恨	我恨这漫漫黄沙,阻隔了我们回家的路。
胸腔共鸣	慨叹、幽远	天山是我们祖国西北边疆的一条大山脉。

需要指出的是,在语言表达过程中,人们并不会单独地运用某一个腔体的共鸣,实际情况是在正常说话过程中,所有腔体的共鸣都存在,但会因情感状态不同而倾向于某种共鸣色彩。

播读者在控制共鸣位置时,切忌"割裂"开来使用,要在思想感情运动状态下,建立起来情感和共鸣的联系,并且能够在各种共鸣色彩转化过程中自然过渡。

2. 呼吸控制

愤怒的时候会生气、郁闷的时候会憋气、无奈的时候会叹气、特别悲伤会"哭断了气"、着急的时候会"上气不接下气",得意了会"意气风发"……

气息,是发声的动力,是产生声音的物理基础,初学者往往搞不清楚气息训练和实际表达中的呼吸运用二者的区别。强化气息基本功的训练就是为了在播音创作过程中自如地运用呼吸,而呼吸正是声音表现力的一个重要元素。人的情感状态会直接体现在呼吸状态上,因此要根据稿件内容中获得的感受,运用不同的呼吸方式,或强或弱、或徐或疾、或舒或紧……

在播音创作过程中,我们要能够有意识地通过改变呼吸的体量与速度来表达。

例文:
①我抓着他的手,在人群里左冲右撞,想赶紧找个屋子藏起来……
②我抓着他的手,不知道说些什么,也不知道下次相见,又是何时?

例文描写的是完全不同的两个情节。第一句非常紧张、急迫,呼吸的速度就会特别快,呼吸连贯,并且出气量大;第二句表现的是依依不舍的别离之情,呼吸速度会比较慢,呼吸偶有阻塞,出气量较小。

可以说,在完整的播音创作过程中,共鸣色彩的变化建立在呼吸变化基础上,呼吸调整好,共鸣才能随之调整好。

在播音创作中,很多播读者往往因创作心理不正确,或者把气息训练状态直接运用到播音创作过程中,从而呈现出一种"克制"呼吸的状态,这使得语言显得僵化刻板。在播音创作中,播读者要顺应情感状态、运用呼吸进行表达。

呼吸控制,也是后文所讲的"语气"方法的重要依据,此处不再赘述。

3. 口腔控制

人在不同的情感状态下,不仅呼吸状态会产生变化,血液循环的状态也会产生变化,从而造成肌肉状态的变化,也就影响了动作。有声语言表达最主要的动作就是口腔控制动作,也就是咬字。

例文:
他咬紧了牙关,狠狠地说道:"你给我等着!"

人在愤怒的时候,肌肉比较僵硬,从而容易形成"咬紧牙关"的动作,因此在播读这句话时,咬字会比较靠后,并且咬字力度强、咬得紧、口腔空间窄,否则就不能产生这种愤怒的感觉。

例文:
园子里,田野里,瞧去,一大片一大片满是的。①

说这句话的时候,播读者的心情应该是非常舒畅的,那么口腔里的咬字状态也会比较舒展,不过分着力,咬字位置也相对靠前。

口腔控制包括咬字前后、宽窄、强弱、松紧等内容。

掌握与使用声音形态调整技巧,播读者能够在播音创作中展现较为丰富的声音变化。

---

① 朱自清.朱自清散文选集[M].杭州:浙江少年儿童出版社,2022:128.

例文：

海燕之歌[①]

高尔基

在苍茫的大海上，狂风卷集着乌云。在乌云和大海之间，海燕像黑色的闪电，在高傲地飞翔。

一会儿翅膀碰着波浪，一会儿箭一般地直冲向乌云，它叫喊着——就在这鸟儿勇敢的叫喊声里，乌云听出了欢乐。

在这叫喊声里，充满着对暴风雨的渴望！在这叫喊声里，乌云听出了愤怒的力量、热情的火焰和胜利的信心。

海鸥在暴风雨来临之前呻吟着，呻吟着，它们在大海上飞窜，想把自己对暴风雨的恐惧，掩藏到大海深处。

海鸭也在呻吟着——它们这些海鸭啊，享受不了生活的战斗的欢乐：轰隆隆的雷声就把它们吓坏了。

蠢笨的企鹅，胆怯地把肥胖的身体躲藏在悬崖底下……只有那高傲的海燕，勇敢地，自由自在地，在泛起白沫的大海上飞翔！

乌云越来越暗，越来越低，向海面直压下来，而波浪一边歌唱，一边冲向高空，去迎接那雷声。

雷声轰隆。波浪在愤怒的飞沫中呼叫，跟狂风争吼。看吧，狂风紧紧抱起一层层巨浪，恶狠狠地把它们甩到悬崖上，把这些大块的翡翠摔成尘雾和碎末。

海燕在叫喊着，飞翔着，像黑色的闪电，箭一般地穿过乌云，翅膀掠起波浪的飞沫。

看吧，它飞舞着，像个精灵——高傲的、黑色的暴风雨的精灵——它在大笑，它又在号叫……它笑那些乌云，它因为欢乐而号叫！

从雷声的震怒里，这个敏感的精灵，它早就听出了困乏，它深信，乌云遮不住太阳——是的，遮不住的！

狂风吼叫……雷声轰隆……

一堆堆乌云，像青色的火焰，在无底的大海上燃烧。大海抓住闪电的箭光，把它们熄灭在自己的深渊里。这些闪电的影子，活像一条条火蛇，在大海里蜿蜒游动，一晃就消失了。

"暴风雨！暴风雨就要来啦！"

这是勇敢的海燕，在怒吼的大海上，在闪电中间，高傲地飞翔；这是胜利的预言家在叫喊：

"让暴风雨来得更猛烈些吧！……"

[①] 普希金，高尔基.假如生活欺骗了你 海燕[M].戈宝权,译.北京：人民文学出版社，2023：150.

在朗诵这篇高尔基的《海燕之歌》时,很多人一味地用强声表现,这样就会使得朗诵作品在听觉上缺少层次,反而失去了张力。其实,如"蠢笨的企鹅,胆怯地把肥胖的身体躲藏到悬崖底下……"一句表现讽刺和轻蔑,播读者就可以运用鼻腔共鸣表现的技巧;第一句"在苍茫的大海上,狂风卷集着乌云"的呼吸状态也应该相对平稳;"它在大笑,它又在号叫……"一句,播读者既要体现出洒脱的状态,又不可以咬字过紧。

在播音创作中,播读者应该准确、自然、灵活地调整自己的声音状态。

(二)声音形态调整技巧的功能

1. 强调

当表达内容需要强调,要用到"重音"效果。重音就是语句中集中反映语句目的和思想感情的部分。

重音,既能体现逻辑上的目的侧重,又能体现情感上的态度倾向。

重音,不是简单地处理强调的位置,而是处理全句各部分之间的主次关系。

人们在说话时总是用大量语言铺垫、映衬核心内容,而说到核心内容时就会下意识地进行强调,从而在声音上形成与其他部分的明显反差。在大多数情况下,这一反差趋向于比其他部分更"强",但有时也可以通过"强中取弱"的反向手法进行强调。

例文:

会场上响起了雷鸣般的掌声。

以"雷鸣般"为重音,从语句目的和描写所获得的感受上来看,效果都应该强于其他部分,因此这个词在音强、音高、音长方面较之其他部分都应有所强化。

例文:

我在这无休止的枪炮轰鸣中找寻到片刻安宁,但又很快回到那让我几乎崩溃的世界。

从思想感情入手,"片刻安宁"是重音;从形象感受和情感感受入手,这个部分的声音应该弱于其他部分。这是因为整体表达效果趋于强势,而以弱势出现的部分反而被人关注,同样起到了强调效果。

重音不等同于"重读",靠改变声音状态使重点部分区别于其他部分,即可产生重音效果。

施加重音的方式包括高低、强弱、快慢、停连。

一般来讲,从效果程度来讲:高低<强弱<快慢<停连。

这里我们发现,"快慢""停连"属于"声音运动控制技巧",因此重音效果的达成也依赖于后面会提到的声音运动控制技巧的功能——区分。

2. 色彩

音色改变,能够表现因感受不同引发的声音样态的变化,呈现出不同的聆听效果。音色的改变受播讲者个人嗓音特点影响,同时也与其改变发声状态有关。依靠前文所述的共鸣技巧、呼吸技巧、咬字技巧,播读者能够展现不同的色彩变化。

例文:

一切都像刚睡醒的样子,欣欣然张开了眼。

播读者共鸣位置偏高,呼吸平稳顺畅,咬字自然松弛,呈现出明亮、喜悦的色彩。

雷声似乎要把沉睡的大地唤醒。

播读者共鸣位置偏低,吸气深呼气重,咬字力量较重,呈现出沉重、悲怆的色彩。

你们这群披着人皮的畜生,上天会惩罚你们!

播读者共鸣位置偏高,呼吸重且频率快,咬字硬,口腔紧,呈现出愤怒的色彩。

运用技巧改变有声语言的色彩,是一个非常灵活多变的过程。初学者往往容易把共鸣、气息、咬字三方面"同向用力",即一起着力或一起松弛,其实,不同的排列组合能够形成更为丰富的色彩变化。

例文:

朋友,你到过天山吗?天山是我们祖国西北边疆的一条大山脉,连绵几千里,横亘准噶尔盆地和塔里木盆地之间,把广阔的新疆分为南北两半。远望天山,美丽多姿,那长年积雪高插云霄的群峰,像集体起舞时的维吾尔族少女的珠冠,银光闪闪;那富于色彩的连绵不断的山峦,像孔雀开屏,艳丽迷人。

(碧野《天山景物记》[①])

要想表现出上文对天山美景的赞美之情,播读者既要声音柔和,又要表现出兴奋的状态,可以在共鸣和咬字相对轻柔的基础上,加强呼吸的运动。

二、声音运动控制技巧

有声语言表达是声音的一种运动状态,通过改变运动方式来体现语句目的、表达思想感情的技巧,就是声音运动控制技巧。改变运动状态主要通过改变"语速"和"停连"。

(一)声音运动控制技巧的元素

1. 语速

语速,就是有声语言行进的速度。单位时间内表达内容的多少,或者表达单位内容

---

① 易磊,李伟.一生必读的50篇山水游记[M].呼伦贝尔:内蒙古文化出版社,2009:175.

所用的时间快慢,来源于播读者对内容的感受,可以呈现出不同的效果。

例文:

<u>坐着</u>、<u>躺着</u>、<u>打两个滚儿</u>、<u>踢几脚球</u>、<u>赛几趟跑</u>、<u>捉几回迷藏</u>。
　慢速　　　　　　　　快速　　　　　　　中速

根据描写的运动类型的不同,播读者获得不同的运动觉感受,从而用不同的语速来适应不同的内容。整句话播读起来效果就真实生动、变化丰富。

2.停连

停连,包含"停顿"和"连接"两个方面,两个方面必然同时存在,声音持续行进的部分就是连接,声音休止的部分就是停顿。

停连,既能体现思想上的逻辑结构,又能表现情感上的运动状态。因此,选择停连的位置,要以情感为基础、以逻辑为依据,同时,也可以以语法作为参照。

停连,不是简单地解决停连的位置,而是解决句、段、篇、章结构的布局。

例文:

马杜罗今年 5 月 1 日宣布启动制宪大会,以重新制定国家宪法,//维护国家和平、解决当前政治危机。

上文中,"启动制宪大会"和"制定国家宪法"是一组逻辑关系,表述了行为;"维护国家和平"和"解决当前政治危机"是一组逻辑关系,表述了行为的目的。把同一组逻辑关系内的部分相连接,再在两组逻辑关系之间施加停顿,就能让这句话的内容清晰起来。

例文:

燕子去了,有再来的时候;杨柳枯了,有再青的时候;桃花谢了,有再开的时候。//但是,聪明的,你告诉我,我们的日子//为什么一去不复返呢?[①]

我们把上文前三个并列句连接在一起,形成一种整体感。首先,陈述自然界周而复始、有去有回的情况。其次,在"但是"之前加以停顿,就是要让受众感受到态度的转变。最后,在"我们的日子"后停顿,既是在态度上加以强调,又是体现一种"哀叹"的情感状态。如果没有这些停顿和连接技巧的施加,就无法呈现出复杂的情感变化,让人难以感受到作品中的思想感情,大大弱化了表现力。

停连的方式包括扬停、落停、徐连、紧连、缓连。

扬停:声音向上扬起,停于高处。如图 5-1 所示。

例文:

让暴风雨来得更猛烈些吧!

[①] 朱自清.朱自清散文选集[M].杭州:浙江少年儿童出版社,2002:4.

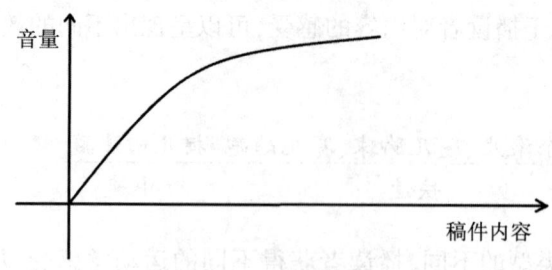

图 5-1　扬停示意图

落停：声音向下沉降，停于低处。如图 5-2 所示。

例文：

我不知何时再能与他相见！

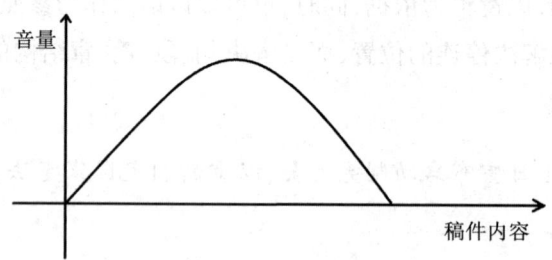

图 5-2　落停示意图

徐连：声音将停又起，既区分了内容，又密切了内容之间的关系，即顿挫。如图 5-3 所示。

例文：

水果摊上摆满了香蕉、苹果、葡萄、梨子、西瓜、哈密瓜、白兰瓜……

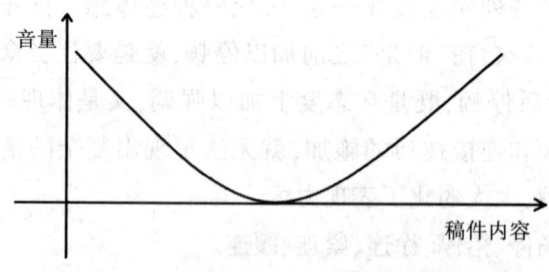

图 5-3　顿挫示意图

紧连：声音戛然停止，又从停止处接起，停顿明显又转折强烈。如图 5-4 所示。

例文：

老张一脚踢开了房门——怎么是他？

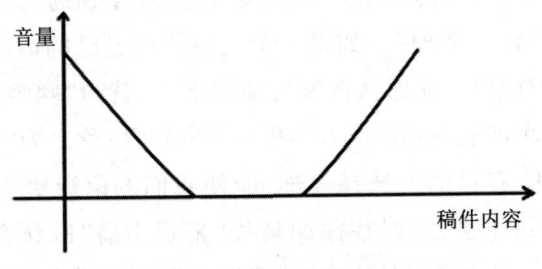

图 5-4　紧连示意图

缓连：声音虽然停止，但内部联系明显，具有明显顺承感。如图 5-5 所示。

例文：

当灿烂的太阳跳出了你东海的碧波，你的帕米尔高原上依然是群星闪烁。

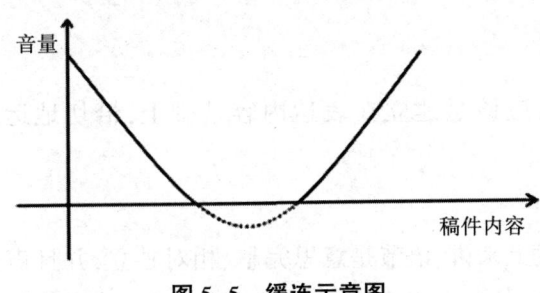

图 5-5　缓连示意图

(二) 声音运动控制技巧的功能

1. 区分

声音行动状态的改变，既区分了逻辑的层次，又区分了情感的状态，从而能够体现思想感情的运动。声音在行动中，不仅可以通过停连来区分层次，也可以通过语速的变化来区分层次。

如果播读者没有将有声语言的各部分有意识地区分呈现，往往会造成内容表达不完整、审美缺失和听觉上的疲劳。

如前文所述，运用语速和停连的技巧，使得播读者区分了内容的主次，重点部分便得以强调。

2. 呈现为语流

语流是建立在语速和停连基础上的有声语言整体的运动状态。语流直接体现了说话人的思想感情状态。

人在心情急迫的时候,语速会比较快,停连会比较乱,这就叫"语无伦次"。人对将要说的话思路清楚、条理清晰的时候,语速往往偏慢,并且停顿的时间较长,以期待受众反馈,这时候我们称之为"慢条斯理"。如果一个人自认为自己的话内容有趣,明明说话得不到受众的反馈,但没有察觉,就那么自顾自地说下去,就叫"喋喋不休";如果受众并不是没有反馈,反而非常积极地跟随说话者的思维,那就可以称之为"滔滔不绝"。

有意识地控制语速、有目的地选择停连,能使我们的语流更为流畅,流畅不等同于"顺畅",顺畅就是一直说下去,这时往往如某些"带货主播"的状态一样,其实是一种不自信的表现,因为顺畅只是把要说的内容"堆砌"完,而流畅是在完整的思维运动状态下,并照顾到受众反应的语言行动。

董宇辉能在众多"带货主播"中"出圈",除了其话语内容的文化意味外,他自然、松弛的语流状态也发挥了巨大作用。

董宇辉的
语言表达

良好的语流状态,应该是建立在表达内容基础上,恰切地运用语速、停连技巧的结果。

3. 形成语节

从受众的听觉角度上来讲,语节是意思完整、相对独立,并且声音不间断的一部分内容。在一个语节内容内,各个字音之间的联系非常紧密,字尾方收,字头又起,字音之间具有明显的"字桥"。

例文:
村民们为什么会改变多年来随意丢弃垃圾的习惯?

作为一个完整的语句,上例的这句话在语句内部没有标点符号的存在。但在播音过程中,如果播读者不利用顿挫的技巧,形成若干语节,则会在听觉上意思不清,含糊一片。这个句子就可以读成"村民们∨为什么会改变∨多年来随意丢弃垃圾的习惯?"或者是"村民们∨为什么会改变多年来∨随意丢弃垃圾的习惯?"这样就形成了三个语节,从而让意思更清楚。

语节的形成,既来源于稿件内容中的事物特征,又来源于语句的逻辑意味;既立足于思想感情表达的需要,又兼顾作者的写作方式。

第二节 方法

技巧是播音员在长期的训练中形成的一种能力,是表达的基础元素。而对于具体到播音作品的表现,则需要从语句到篇章的表现方法的运用。

一、语句表现的方法

在稿件中,我们总是一句话一句话地读懂意思,在有声语言中,我们便是一句话一句话地听懂意思。因此,语句可以说是语言表达的最基本单位。即便说话者仅仅说了一句"好!",那这个"好"字也已经具备了语句的特征。播读者应该以语句为最基本的表达单位,播好每一句,并将各个句子联系起来。

(一) 语句的色彩——语气

1. 语气的定义

字、词通过某种关系组合成语句之后,我们才能确定其在语言中的意义。语句以字、词为工具,用以表达说话者的情感、态度,这就使得字、词会因语句目的的不同从而表现出不同的声音形式,并且在语句中又体现为声音形式的组合,这样的声音形式在语句中表现为语气。

张颂在《中国播音学》中将语气定义为具体思想感情支配下的声音形式。从定义中我们明确了两个问题:语气的依据是思想感情;语气表现为语句的声音形式。

2. 语气的色彩

《礼记》将人的情感种类分为:"喜、怒、哀、惧、爱、恶、欲。"[1]语气的色彩正是基于人的情感类型表现出来的。在人的不同的情感状态下,语气的变化体现在声音和气息的变化上。由于人的情感状态的复杂性,语气的色彩也是十分复杂的。这就需要播读者能够自如地控制自己的声音与气息,在真情实感的基础上表现出不同的语气色彩。

我们总结出一些常见的语气色彩类型及其表达方式,以供参考。

由衷赞扬——气徐声柔
憎恨厌恶——气足声硬
冷漠敷衍——气少声平
讥讽嘲弄——气浮声跳
谄媚讨好——气虚声假
害怕恐惧——气提声凝

---

[1] 礼记 上[M].长沙:岳麓书社,2001:306.

愤怒斥责——气粗声重
喜庆热烈——气满声高
悲壮凝重——气沉声缓
伤心哀痛——气哽声咽
疑惑猜测——气断声敛
紧张急切——气促声短
欢畅舒爽——气放声散
端庄严肃——气匀声稳
羞愧窘迫——气乱声紧

3. 语气的程度

在播音创作过程中，播读者不仅要准确地表现出语气的色彩，也应该在此基础上深入理解、加强感受，拿捏其中的分寸差别，结合表达目的、传播语境等创作需要，表现出不同的语气程度。

例如，以下这句话："各位观众大家好，今天是农历大年除夕，在这里我们给大家拜年了。"我们很容易确定这句话的语气色彩为喜庆热烈，如果是出现在春节晚会的现场开场部分，则主持人一定会把"气满声高"的状态做足，但如果是在其他栏目中的开头问候，这"满"和"高"的程度就要和节目总体风格相适应，不然则会显得突兀。

语气程度的把握主要从两个方面入手：

第一，在表现某种语气色彩时，用声、用气的特征越明显，效果越强烈；反之效果越弱。

第二，在表现某种语气色彩时，用声、用气的比例也能影响表现效果，一般来讲，用气表现的比例越大，效果越强烈。

语气表现的效果，并不是越强烈越好，播读者要结合创作需要，恰如其分地使每一句话的语气与整体表达需要相和谐。

4. 语气的作用

从上述定义中，我们可以发现，语气的作用包括两个方面：

第一，语言的情感、态度。

第二，语言中情感、态度的程度。

这两个作用得到体现，才能让受众准确、深刻地理解内容的意义，从而实现传播效果。

"我很开心"在文字中的形式是固定的，但体现在有声语言中，却可因说话者的内心真实的思想感情状态体现出两种截然不同的语气特征。在不同的语气特征中，语气又会因说话者的思想感情状态的不同呈现出不同程度。这就使得简简单单的四个字，在有声语言的形式中具有了丰富的可能性，从而使得信息传达的准确性更高、获得受众情感认可的程度就更高，这就是语气作用的体现。如图5-6所示。

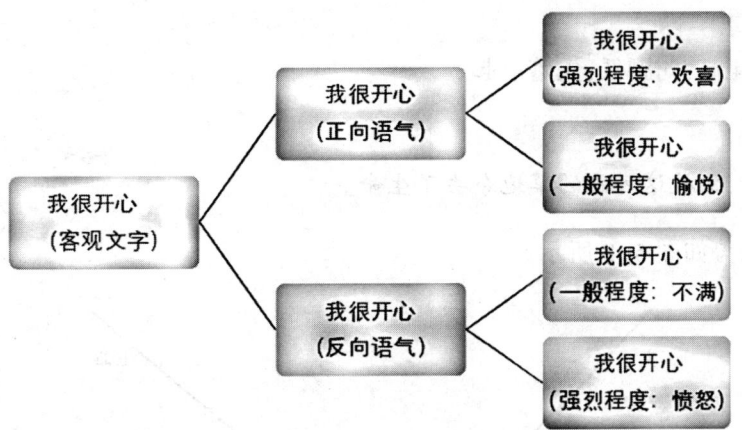

图 5-6 "我很开心"的语气体现

(二)语句的"形状"——语势

1. 语势的定义

"语势,指一个句子在思想感情运动状态下的声音的态势,或者说有声语言的发展趋向。"[①]从这个定义中我们可以看出,语势的关键是对运动的控制,控制好语句的运动能让语句的表现更为灵活,从而让这种运动在整个播音过程中准确、自如地结合,让播音作品产生更为生动的效果。

2. 语势的基本类型

把握语势的基本类型,就要把握好句子中"句首""句腰""句尾"三个点的位置关系,同时把握好句子声音形式的走势。

(1)波峰式

句首、句尾低,句腰高,先起后落。

例文:

天边的最后一丝光亮,也被黑暗吞没了。

本句的语势如图 5-7 所示。

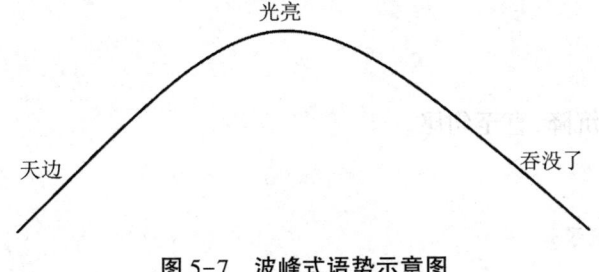

图 5-7 波峰式语势示意图

---

① 张颂.播音创作基础[M].4 版.北京:中国传媒大学出版社,2022:106.

(2) 波谷式

句首、句尾高,句腰低,先落后起。

例文:

为了革命,他被这可恶的草地夺去了生命。

本句的语势如图 5-8 所示。

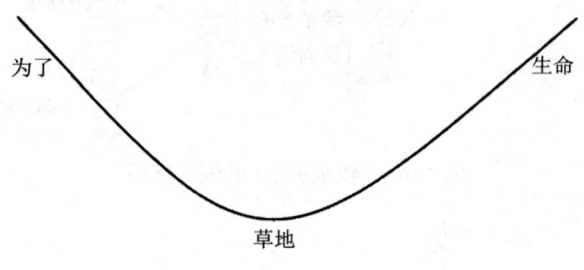

图 5-8　波谷式语势示意图

(3) 上山式

句首较低,向上扬起,直至句尾。

例文:

地球分娩出一个古老而又年轻的巨人,叫中国。

本句的语势如图 5-9 所示。

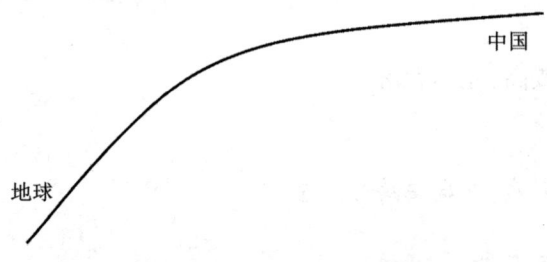

图 5-9　上山式语势示意图

(4) 下山式

句首较高,向下沉降,直至句尾。

例文:

这次节目播送完了。

本句的语势如图 5-10 所示。

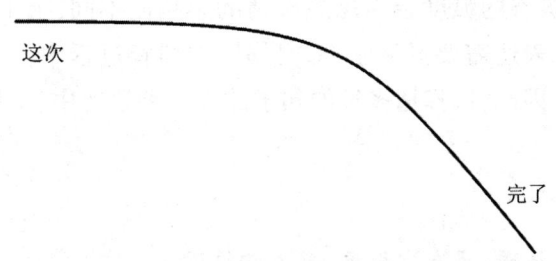

图 5-10　下山式语势示意图

(5) 半起式

句首较低,向上行进中,半程停住,句尾未至"山顶"。

例文:

前面跑过的人是谁?

本句的语势如图 5-11 所示。

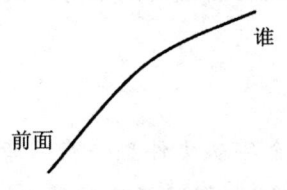

图 5-11　半起式语势示意图

(6) 曲折式

在一个完整的语句单位内,呈现出波浪式连续起伏变化。

例文:

要不你怎么能挣着这不要脸的钱呢?

本句的语势如图 5-12 所示。

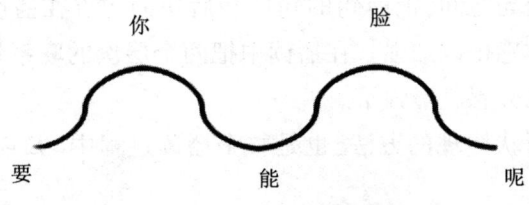

图 5-12　曲折式语势示意图

这6种基本语势仅仅是语句的基本"形状",在实际的播音创作过程中,语势的运用需要灵活多变,波峰、波谷的弧度会因思想感情的影响而不同,上山上到多高、下山下到多低,播读者也要根据表达需要灵活掌握。另外,在播音过程中,一个语句单位的确定,不一定以句号为准则,因此,选择把多长的句子放在一种语势中,也取决于播读者的创作需求。

例文:

你透明,因为你太纯净;离灰尘很远,离太阳很近。

如上面这句诗,既可以把前后两部分看作两句,"你透明,因为你太纯净"读成波谷式,"离灰尘很远,离太阳很近"读成波峰式;又可以把两个部分看作一句,整体读成波峰式。两种读法并无对错之分,但给受众的感觉不同。

3. 语势的作用

在播音创作过程中,语句的语势明显、准确、分寸恰切,能够更好体现语句目的、表现思想感情。可以说,仅仅注意声音和气息的状态、体现语气特征,但没有配合语势——这一"运动效果",语句的表达也难以达到效果。

另外,在稿件播读过程中,处理好各语句的语势之间的连接关系,更能使整部播音作品层次鲜明、结构清晰。

例文:

近五年来,"全民健身"这四个字从文件里一步一步"走"到了百姓的心里。全民健身运动在全国范围内以"燎原之势"取得了累累硕果,乃大势所趋,民心所向。竞技体育反哺群众体育的优势在全民健身运动上展现得淋漓尽致,群众体育和竞技体育因此得以全面发展,"发展体育运动,增强人民体质"的本质得以回归。

如今,在迈向体育强国和共筑健康中国的宏伟目标下,全民健身开始与全民健康深度融合,迎来了新的发展局面。因此,全民健身所承担的"任务"不只是单纯地让国民动起来而已,而更深层次的是健康运动理念的传播……[①]

上例中两个自然段分别阐述了两方面内容,在阅读过程中,这种层次感很容易地被自然段划分体现出来。但在播音过程中,这种层次感就需要播音员表达出来。如果我们在两个层次的内部各语句之间,把前句的句尾和后句的句首在播读中联系得更为紧密,就使得这一部分的整体感得以加强。在播读中把两个层次的联系切割得明显一些,则两个部分之间的层次的区分感就增强了。

语势不仅是语句形状体现的方法,也是整个播读过程中"归堆儿""抱团儿"的重要手段之一。

---

① 杨乔栋. 全面健身潮头立 健康中国正当时[EB/OL]. (2017-10-02)[2023-03-25]. http://sports.people.com.cn/n1/2017/1012/c22155-29583697.html.

二、节奏表现的方法

节奏,能够运用到的范畴非常广泛。从宏观角度讲,节奏是指用反复、对应等形式把各种变化因素加以组织,构成前后连贯的有序整体。因此,在足球场上,教练和球员会把握比赛的节奏,从而建起自身最适应的攻防体系;工作中,我们也谋求建立一种能够出效率、出成果的工作节奏;生活中,我们又把自己的生活方式纳入一种生活节奏中。

在艺术领域,节奏被运用得更为具体。节奏,是音乐的骨骼,是整个音乐作品呈现的脉络;在影视作品中,导演总会运用节奏来带动观众的观赏心理,从而达到引人入胜的效果;在绘画中,画作中内容的层次布局,也是一种节奏。

播音创作的语言艺术性,使得播读者更需要通过节奏的把握来使得整部作品生动、具体、和谐、完整。

(一) 节奏的定义

"在播音中,节奏应该是由整个文本生发出来的、创作主体思想感情的波澜起伏所造成的抑扬顿挫、轻重缓急的声音形式的回环往复。"[1]从这个定义中我们可以归纳出以下几个要点:

第一,把握节奏的关键是进行声音形式的对比、变化。

第二,节奏表现的来源是文本和播读者的思想感情,并不是随意地去造成一种对比、变化。

第三,节奏是立足在宏观角度的整体控制,正如文本写作者的谋篇布局一样,播读者要在创作初期就理清整体意识、创作思想、设计方法。

第四,节奏的关键词是"抑扬顿挫、轻重缓急"。

(二) 节奏的基本类型

1. 轻快型

多扬少抑,多轻少重,语节少而词的密度大。基本语气、基本转换都偏于轻快,重点句、段更为明显。

例文:

真好!朋友送我一对珍珠鸟。放在一个简易的竹条编成的笼子里,笼内还有一卷干草,那是小鸟儿舒适又温暖的巢。[2]

2. 凝重型

语势较平稳,音强而着力,多抑少扬,语节多而词疏。基本语气、基本转换都显得凝

---

[1] 张颂.播音创作基础[M].4版.北京:中国传媒大学出版社,2022:110.
[2] 冯骥才.冯骥才散文[M].太原:山西人民出版社,2022:62.

重,重点句、段更为明显。

例文:

真的猛士,敢于直面惨淡的人生,敢于正视淋漓的鲜血。这是怎样的哀痛者和幸福者?然而造化又常常为庸人设计,以时间的流驶,来洗涤旧迹,仅使留下淡红的血色和微漠的悲哀。在这淡红的血色和微漠的悲哀中,又给人暂得偷生,维持着这似人非人的世界。我不知道这样的世界何时是一个尽头!①

3. 低沉型

语势多为落潮类,句尾落点多显沉重,音节多长,声音偏暗。基本语气、基本转换,都带有沉重的感受,重点句、段尤甚。

例文:

双腿瘫痪后,我的脾气变得暴怒无常。望着望着天上北归的雁阵,我会突然把面前的玻璃砸碎;听着听着李谷一甜美的歌声,我会猛地把手边的东西摔向四周的墙壁。这时,母亲就悄悄地躲出去,在我看不见的地方偷偷地听着我的动静。②

4. 高亢型

语势多为起潮势,峰峰紧连,扬而更扬,势不可当。基本语气、基本转换都趋于高昂或爽朗。重点句、段更为突出。

例文:

海燕在叫喊着,飞翔着,像黑色的闪电,箭一般地穿过乌云,翅膀掠起波浪的飞沫。

看吧,它飞舞着,像个精灵——高傲的、黑色的暴风雨的精灵——它在大笑,它又在号叫……它笑那些乌云,它因为欢乐而号叫!③

5. 舒缓型

语势多扬而少坠,声较高而不着力,语节内较疏但不多顿,气流长而声清。基本语气、基本转换都较为舒展,重点句、段更明显。

例文:

它是温润的玉,它是晶莹的冰,它是山水之间的青翠。这是中国历代文人雅士对这种瓷器的赞美。它就是秘色瓷。这是今天故宫博物院收藏到的,最早为皇宫专用的瓷器。在将近数百年的时间里,关于这种瓷器,有很多神秘的传说。关于它是否存在,关于

---

① 鲁迅.故乡:鲁迅精读[M].杭州:浙江文艺出版社,2021:210.
② 史铁生.史铁生散文[M].北京:人民文学出版社,2013:1.
③ 普希金,高尔基.假如生活欺骗了你 海燕[M].戈宝权,译.北京:人民文学出版社,2023:150.

它的来历和名称,曾经众说纷纭无有定论。①

6. 紧张型

多扬少抑,多重少轻,语节内密度大,气较促,音较短。基本语气、基本转换都较为急促、紧张。重点句、段更突出。

例文：

那个大虫又饥又渴,把两只爪在地下略按一按,和身望上一扑,从半空里撺将下来。武松被那一惊,酒都做冷汗出了。说时迟,那时快。武松见大虫扑来,只一闪,闪在大虫背后。那大虫背后看人最难,便把前爪搭在地下,把腰胯一掀,掀将起来。武松只一躲,躲在一边。大虫见掀他不着,吼一声,却似半天里起个霹雳,震得那山冈也动;把这铁棒也似虎尾倒竖起来,只一剪,武松却又闪在一边。②

(三) 节奏的作用

首先,通过节奏的把握,播读者能够更好地呈现出稿件中描写的事物及思想感情的状态,从而更容易让人感同身受,实现传播目的。其次,通过节奏的把握,播读者能够让整部播音作品呈现出一种形式上的结构美感,去除枯燥乏味感,能够让受众产生期待心理,从而提升传播效果。

例文：

最后一只藏羚羊③

彭 波

夕阳西下,晚霞轻柔地洒在可可西里的土地上,宁静而贫瘠的土地仿佛又多了几分生机。

我呆呆地矗立在寒风中,影子拉得很远很远,脚下,是我刚刚死去的妻子和女儿,她们已被踩踏得面目全非。四周满是我部族的尸体,他们的皮全部被扒光。空气中充满了血腥,地上血流成河,在夕阳的照耀下,愈加显得惨烈。

我,这场大屠杀中唯一的幸存者,便成了可可西里最后的一只藏羚羊。

(以上为低沉型节奏)

就在几年前,我们藏羚羊还是一个拥有着二十万之多的种族,那时,我们几个部族一起在荒无人烟的高原上驰骋,烟尘蔽日,黄土满天,场面极为壮观。每逢产子时节,妻子们便要和丈夫告别,成群结队地去到北方。当几千只母藏羚同时产下小藏羚时,整个大

---

① 《故宫》第六集故宫藏瓷[EB/OL].(2010-03-19)[2023-03-25]. https://tv.cctv.com/2010/03/19/VIDE1355591546356734.shtml? spm=C55924871139.PY8jbb3G6NT9.0.0.
② 施耐庵,罗贯中.水浒传(上)[M].北京:人民文学出版社,2022:238.
③ 根据朗诵版有所改编。

地都泛出了血光。当她们带着孩子再次返回南方后,我们的部族便又增添了生机与希望。我曾为我是一只藏羚羊而感到无比自豪。我们生活在遥远的可可西里,那里气候恶劣,土地贫瘠,但我们却拥有着惊人的耐力。什么水草丰茂的地方,对于我们没有任何的吸引力。我们常常悠然地卧在雪中,或是在猛烈的冰雹下嬉闹。那时的可可西里啊,无疑是世外桃源,这梦一般的世界曾经是那么的美好。

(以上为轻快型节奏)

然而,当第一声枪响穿透了可可西里的黎明,我的梦也被击得粉碎。当一辆辆吉普在高原上飞驰时,我的无数同伴也好奇地紧随其后,要和它比个高低,追逐嘛,这是我们常玩的游戏……但这一次,他们却只猜对了开头,却猜不着这结局。一支支乌黑的枪举了起来,对准了我的同伴……

那一刻,我的种族的大杀戮便开始了,静谧的可可西里被枪声毁掉了。

我清楚地记得,就在那个夏天,几千只母藏羚羊结队到北方,却永远留在了那里。她们本想带着孩子,准备返回南方骨肉团聚,但迎接她们的却是人类一杆杆的猎枪。一时间,产子的圣地变成了血腥的屠宰场,她们的尸体几百只几百只地铺在了一起,她们的皮被完全剥去,有的甚至是被活活剥下。孩子们虽然没有遭到杀戮,但也没能逃过这一劫,在回家的途中饿死了。于是,几千个母亲和几千个孩子就这样被人类残忍地杀害了。

我开始后悔我是一只藏羚羊。我们其实并不美丽,只是这身皮毛价值连城。但就是这身皮毛,给我们带来了杀身之祸。几年来,不知多少兄弟姐妹都惨死在人类的枪下。他们的皮都是被完全剥去的,鲜血淋淋的肉啊露在了外面。可可西里已不再是美丽的少女,而是恐怖的墓地。十几万只藏羚羊长眠在这里……

为了活命,这个夏末,我们这个唯一幸存的部族和其他几个部族的幸存者开始迁徙,几千只藏羚羊浩浩荡荡地向北方前进。途中,我由于身体不适掉了队,刚在外面休息了一会儿。这个时候远处传来了密集的枪声,我绝望地闭上了双眼。

我俯下身子舔着我的爱妻,她的眼睛还是那么大、那么明亮,只是充满了惊恐,我又去亲吻我的小女儿,她的眼中也只是好奇和惊诧。毕竟,她还小,不明白发生的这一切我甚至能够想象,当面对人类的猎枪,她甚至还想跑过去玩耍。然而,却倒在了血泊中。女儿啊,你是至死也不会明白,其实我也不明白,为什么人类在自己的亲人死去时可以悲痛欲绝,却能够坦然地杀死别人,难道他们开枪时没有一丝犹豫吗?他们动手剥皮时没有一点怜悯吗?当他们的亲人惨遭杀戮时,他们无力还击,他们又会怎么样呢?

(以上为凝重型节奏)

这时,一丝声响在身后响起,我慢慢转过身,眼前是乌黑的枪口……在惨淡的夕阳下,在同伴的尸体中,我竟露出了一丝惨淡的笑容。

无知的人类啊,你们究竟要愚昧到几时。你们毁灭了我们,其实正是在毁灭你们自己。你们今天可以踏在我们的尸体上,总有一天,你们的尸体将会被自己践踏!尽管开枪吧,开枪吧!你们唯一的贡献便是在已灭绝的动物名单上又增添了一笔,你们把毁灭人类的日期又提前了一天……

（以上为紧张型节奏）

枪响了，我大睁着双眼倒在了地上，嘴角仍挂着笑容，眼角却滴下一滴浑浊的泪……望着夕阳，我仿佛又看到了我的妻子和女儿，还有那梦中的可可西里。几万只藏羚羊在高原上奔跑。烟尘蔽日，黄土满天，夕阳照在他们的皮毛上，泛着金光……

（以上为舒缓型节奏）

播读者根据稿件所描写的内容及其中的思想感情展开节奏波动。一开始，可以低沉型节奏带入，营造出一种悲凉的气氛。而其后回忆藏羚羊在高原上的美好生活的片段，则可用轻快型节奏表现，从而为主题的表达营造"反衬"效果。中间一部分，播读者要运用凝重型节奏来表达，彰显整篇朗诵作品的悲剧色彩。当猎人走近时，则需要运用紧张型节奏，让受众的心也跟着提了起来。最后，死去的藏羚羊用生命最后的时间回忆着美好的过往，播读者则可以用舒缓型节奏，让受众在"乐"中见"悲"，在"美好"中感"凄凉"，升华主题。

> 一部完整的播音作品，必须具备节奏意识，才能让播音作品富有"生命"。请欣赏金北平朗诵的《最后一只藏羚羊》
>
> 《最后一只藏羚羊》
> （彭波朗诵）

▶▶▶ 本章小结

在技巧方面，我们需要强调以下几点：(1)技巧是建立在大量技能训练基础上的"熟能生巧"。没有量的积累，技巧运用很难纯熟，就会导致在播音创作过程之中还要去"想技巧"，而很难真正地投入播音创作中去。(2)技巧必须最终以"无形"的状态，融入播读者的表达习惯当中，让人感觉不到是在"用技巧"。播读者不能有"炫技"的思想，不能认为技巧纯熟、精妙的展现就是播音创作。(3)无论是"声音形态调整技巧"还是"声音运动控制技巧"，技巧最终是以一个整体的状态综合运用到播音创作中，不宜割裂开来单独运用。(4)表现方法体现了播读者的创作能力，方法建立在技巧之上，技巧是方法实现的手段。

思考题

1. 如何"忘掉"技巧？
2. 怎样理解"弱声"表达重音？
3. 如果逻辑上的停顿需要和情感上的停顿需要出现矛盾，先照顾哪个方面？

4. 解析你认为语流好的人。

5. 谈谈"语气"与"节奏"之间的关系。

6. 如何把握语气的程度？

7. 谈谈节奏的"宏观性"。

本书理论体系结构图

PART 02

下 编 实践训练

第六章　备稿训练

播音创作的源头是稿件,播读者对稿件的准确、充分、深刻的把握,是播音创作的基础。随着工作经验的积累和自我训练的实施,基本功和技巧的纯熟以及方法的自如,播读者总是会不断提高创作水平。然而,若想在创作水平上有境界的提升,则需要提高文化素养和积累阅历。这些会体现在其对稿件的准备能力上。播读者对稿件的准备,既要从宏观入手,做好全局部署;又要从微观入手,做好细节设计。

第一节　基调的确立

基调,是基于文稿内容特点而确立的基本的有声语言表达特征。基调是一种比较宏观的特性,基调确立在全篇的表达上起到提纲挈领的作用。

一、抓主题

主题是一篇稿件的灵魂,是思想感情的内核。抓稿件的主题,切忌空泛,播读者一定要从播音创作的角度入手,提炼出能够影响播音创作表达状态的主题。这样,主题的确立就能帮助播读者建立起一条情感脉络。

例文:

背　影[1]
朱自清

我与父亲不相见已二年余了,我最不能忘记的是他的背影。那年冬天,祖母死了,父亲的差使也交卸了,正是祸不单行的日子,我从北京到徐州,打算跟着父亲奔丧回家。到徐州见着父亲,看见满院狼藉的东西,又想起祖母,不禁簌簌地流下眼泪。父亲说:"事已如此,不必难过,好在天无绝人之路!"

---

[1] 朱自清.背影[M].北京:台海出版社,2020:102-104.

回家变卖典质，父亲还了亏空；又借钱办了丧事。这些日子，家中光景很是惨淡，一半为了丧事，一半为了父亲赋闲。丧事完毕，父亲要到南京谋事，我也要回北京念书，我们便同行。

　　到南京时，有朋友约去游逛，勾留了一日；第二日上午便须渡江到浦口，下午上车北去。父亲因为事忙，本已说定不送我，叫旅馆里一个熟识的茶房陪我同去。他再三嘱咐茶房，甚是仔细。但他终于不放心，怕茶房不妥帖；颇踌躇了一会。其实我那年已二十岁，北京已来往过两三次，是没有甚么要紧的了。他踌躇了一会，终于决定还是自己送我去。我两三回劝他不必去；他只说："不要紧，他们去不好！"

　　我们过了江，进了车站。我买票，他忙着照看行李。行李太多了，得向脚夫行些小费，才可过去。他便又忙着和他们讲价钱。我那时真是聪明过分，总觉他说话不大漂亮，非自己插嘴不可。但他终于讲定了价钱；就送我上车。他给我拣定了靠车门的一张椅子；我将他给我做的紫毛大衣铺好座位。他嘱我路上小心，夜里警醒些，不要受凉。又嘱托茶房好好照应我。我心里暗笑他的迂，他们只认得钱，托他们只是白托！而且我这样大年纪的人，难道还不能料理自己么？唉，我现在想想，那时真是太聪明了！

　　我说道："爸爸，你走吧。"他望车外看了看，说："我买几个橘子去。你就在此地，不要走动。"我看那边月台的栅栏外有几个卖东西的等着顾客。走到那边月台，须穿过铁道，须跳下去又爬上去。父亲是一个胖子，走过去自然要费事些。我本来要去的，他不肯，只好让他去。我看见他戴着黑布小帽，穿着黑布大马褂，深青布棉袍，蹒跚地走到铁道边，慢慢探身下去，尚不大难。可是他穿过铁道，要爬上那边月台，就不容易了。他用两手攀着上面，两脚再向上缩；他肥胖的身子向左微倾，显出努力的样子。这时我看见他的背影，我的泪很快地流下来了。我赶紧拭干了泪，怕他看见，也怕别人看见。我再向外看时，他已抱了朱红的橘子往回走了。过铁道时，他先将橘子散放在地上，自己慢慢爬下，再抱起橘子走。到这边时，我赶紧去搀他。他和我走到车上，将橘子一股脑儿放在我的皮大衣上。于是扑扑衣上的泥土，心里很轻松似的，过一会说："我走了；到那边来信！"我望着他走出去。他走了几步，回过头看见我，说："进去吧，里边没人。"等他的背影混入来来往往的人里，再找不着了，我便进来坐下，我的眼泪又来了。

　　近几年来，父亲和我都是东奔西走，家中光景是一日不如一日。他少年出外谋生，独力支持，做了许多大事。那知老境却如此颓唐！他触目伤怀，自然情不能自已。情郁于中，自然要发之于外；家庭琐屑便往往触他之怒。他待我渐渐不同往日。但最近两年的不见，他终于忘却我的不好，只是惦记着我，惦记着我的儿子。我北来后，他写了一信给我，信中说道："我身体平安，惟膀子疼痛利害，举箸提笔，诸多不便，大约大去之期不远矣。"我读到此处，在晶莹的泪光中，又看见那肥胖的，青布棉袍，黑布马褂的背影。唉！我不知何时再能与他相见！

　　朱自清的《背影》情感朴质，笔触细腻。概括这篇稿件的主题，其实每个人的想法都不尽相同。主题可以是"父爱无言",也可以是"父子离愁"。播读者也可以加入个人对父亲的情感来确定一个能让自己产生情感共鸣的主题。这样,无论播读出来的效果是"淡淡的愁思"还是"无尽的怀念",都能实现创作效果。

二、抓背景

在稿件的准备过程中,从背景入手,我们能获得更多的"抓手"。反之,脱离了背景因素,播音创作的基调呈现效果往往会显得不够"立体"。因此,我们从写作背景、作者背景、内容背景、播出背景入手,为播音创作提供更丰富的依据。

例文:

我的心[①]

巴　金

近来不知道什么缘故这颗心痛得更厉害了。

我要向我的母亲说:妈妈,请你把我这颗心收回去罢,我不要它了。记得你当初把这颗心交给我的时候,你对我说过:"你的爸爸一辈子拿了它待人,爱人,他和平安宁地过了一生。他临死把这颗心交给我,要我将来在你长成的时候交给你,他说,承受这颗心的人将永远正直,幸福,而且和平安宁地度过他的一生。现在你长成了,那么你就承受了这颗心,带着我的祝福。到广大的世界中去罢。"这几年来我怀着这颗心走遍了世界,走遍了人心的沙漠,所得到的只是痛苦,痛苦的创痕。正直在哪里?幸福在哪里?和平在哪里?这一切可怕的景象,哪一天才会看不见?这一切可怕的声音,哪一天才会听不到?这样的悲剧,哪一天才不会再演?一切都像箭一般地射到我的心上。我的心上已经布满了痛苦的创痕。因此我的心痛得更厉害了。

我不要这颗心了。有了它,我不能够闭目为盲;有了它,我不能够塞耳为聋;有了它,我不能吞炭为哑;有了它,我不能够在人群的痛苦中找寻我的幸福;有了它,我不能够和平地生活在这个世界;有了它,我再也不能够生活下去了。妈妈,请你饶了我罢,这颗心我实在不要,不能够要了。

我夜夜在哭,因为我的心实在痛得忍受不住了。它看不得人间的惨剧,听不得人间的哀号,受不得人间的凌辱。它每一次跟着我游历了人心的沙漠,带了遍体的伤痕归来,我就用我的眼泪洗净了它的血迹。然而它的伤痕刚刚好一点,新的创痕又来了。有一次似乎它也向我要求了:"你放我走罢,我实在不愿意活了。请你放了我,让我把自己炸毁,世间再没有比看见别人的痛苦而不能帮助的事更痛苦的了。你既然爱我,为何又要苦苦地留着我?留着我来受这种刺心刻骨的痛苦?"我要放走它,我决心让它走。然而它却被你的祝福拴在我的胸膛内了。

[①] 巴金.巴金选集下[M].北京:人民文学出版社,2005:13-15.

我多时以来就下决心放弃一切。让人们去竞争，去残杀；让人们来虐待我，凌辱我。我只愿有一时的安息。可是我的心不肯这样，它要使我看，听，说：看我所怕看的，听我所怕听的，说人所不愿听的。于是我又向它要求道："心啊，你去罢，不要苦苦地恋着我了。有了你，无论如何我不能够活在这样的世界上了。请你为了我的幸福的缘故，撇开我罢。"它没有回答。因为它如今知道，既然它已被你的祝福系在我的胸膛上，那么也只能由你的诅咒而分开。妈妈，请你诅咒我罢，请你允许我放走这颗心去罢，让它去毁灭罢，因为它不能活在这样的世界上，而有了它，我也不能够活在这个世界上了。

我有了这颗心以来，我追求光明，追求人间的爱，追求我理想中的英雄。到而今我的爱被人出卖，我的幻想完全破灭，剩下来的依然是黑暗和孤独。受惯了人们的凌辱，看惯了人间的惨剧。现在，一切都受够了。可是这一切总不能毁坏我的心，弄掉我的心，因为没有得到母亲的诅咒，这颗心是不会离开我的。所以为了你的孩子的幸福的缘故，请你诅咒我罢，请你收回这颗心罢。

"在这样大的血泪的海中，一个人一颗心算得什么？能做什么？妈妈，请你诅咒我罢，请你收回这颗心罢。我不要它了。"

可是我的母亲已经死了多年了。

通过翻阅资料，我们可以找寻到《我的心》的背景。

第一，写作背景。《我的心》创作于1929年。当时的中国，蒋介石为清除异己、确立独裁地位，一方面延续军阀之间的战争，另一方面对革命力量进行"围剿"。在这样混乱的局势下，整个社会仍然处于苦难、迷茫之中。

第二，作者背景。巴金当年25岁，是具有进步思想、心系民族命运的青年，在这样的大时代背景下，忧愤的情感、内心的挣扎跃然纸上。巴金在这个时期平白率真、热烈酣畅的作品风格特征在《我的心》中体现得非常明显。

第三，内容背景。稿件中并没有出现具体的历史事件或历史标记，是直抒胸臆的一篇散文，其内容背景与写作背景相融合。

第四，播出背景。这样一篇经典散文，不管在什么时候播读、朗诵，都不会"过时"。时至今日，我们仍然可以在朗诵这篇作品的过程中考问自己的内心，是否坚守着最初的信仰、是否坚守着对真善美的追求。在面对黑暗时，当我们感到无奈、胆怯，我们的心是否仍然会感觉到痛？

基于上述背景资料，我们在表达这部作品时，就会在基调中体现出压抑中的挣扎。

请欣赏李立宏、王凯、张一萌分别朗诵的《我的心》。

通过对比分析可以发现，三位朗诵者的呈现效果虽然不尽相同，但基调上基本一致。

《我的心》(李立宏、王凯、张一萌朗诵)

三、抓体裁

各种体裁的不同会影响播音创作的表达样态：诗歌的音韵美与节律性、散文的意蕴美与写意性、小说的写实感与生动性、杂文的逻辑感与思辨性……不同体裁的特征，通过内容的呈现，最终会直接作用在有声语言的样态上。在播音创作中，播读者不必给体裁打上特定声音形式的"标签"，但应该从体裁的整体特征入手，确定基本的语言表达特征，从而帮助确定基调。

我们可通过表 6-1 了解不同体裁的基本语言表达特征。

表 6-1　不同体裁的基本语言表达特征

体裁	案例	基本语言表达特征
古诗词	《早发白帝城》李白 《一剪梅》李清照	格律特征带来鲜明的韵律感，既播读者要体现体裁特征带来的浓厚的韵律美，又要根据所表达的内容调和其中的"写实"和"写意"。
古典散文	《赤壁赋》苏轼	骈散结合，以骈为主体，具有鲜明的韵律美感，播读者既要体现美感，又不能失去"叙说感"。
现代诗	《一棵开花的树》席慕蓉	固定、对称的格律被打破，也就使得节奏上较之古体诗歌、散文更为自由，因"韵脚字"的存在，播读者仍要体现其较为明显的韵律美，但在表达上更倾向于自然的叙说。当然，有些现代诗仍体现出了一定的对称性，播读者一般不必刻意体现。
现代散文	《我与地坛》史铁生	语体自由，韵律美体现于作者的行文笔法。播读者在表达上应顺应整体特征，不拘一格、风貌多样。叙说感较为鲜明。
杂文	《记念刘和珍君》鲁迅	多用以表现思想观点，具有强烈的逻辑意味，行文严谨、结构缜密，韵律体现非必然需求。语言面貌多体现思辨性、说理性，具有强烈的认同感。
小说	《活着》余华	播音创作所研究的主要是小说中的情节描写——那些具有明显的"讲故事"特征的内容。语言表达上的生动性较为强烈，能体现出鲜明的"画面感"，让人身临其境。同时，口语特征较为明显，播读者应追求生活化表达。

第二节　结构的布局

播读者对一篇播音作品进行结构布局，能体现出播音作品的层次感、体现出思想感情的运动性。

一、描写内容角度的结构布局

从描写内容角度进行结构布局，是指播读者将稿件中所描写的场景、情节，以场景的转换、情节的推进为线索，进行层次划分，从而布局结构。

例文：

海上的日出[1]

巴 金

为了看日出，我常常早起。那时天还没有大亮，四周非常清静，船上只有机器的响声。

天空还是一片浅蓝，颜色很浅。转眼间天边出现了一道红霞，慢慢地在扩大它的范围，加强它的亮光。我知道太阳要从天边升起来了，便不转眼地望着那里。//

果然过了一会儿，在那个地方出现了太阳的小半边脸，红是真红，却没有亮光。这个太阳好像负着重荷似的一步一步，慢慢地努力上升，到了最后，终于冲破了云霞，完全跳出了海面，颜色红得非常可爱。一刹那间，这个深红的圆东西，忽然发出了夺目的亮光，射得人眼睛发痛，它旁边的云片也突然有了光彩。//

有时太阳走进了云堆中，它的光线却从云里射下来，直射到水面上。这时候要分辨出哪里是水，哪里是天，倒也不容易，因为我就只看见一片灿烂的亮光。

有时天边有黑云，而且云片很厚，太阳出来，人眼还看不见。然而太阳在黑云里放射的光芒，透过黑云的重围，替黑云镶了一道发光的金边。后来太阳才慢慢地冲出重围，出现在天空，甚至把黑云也染成了紫色或者红色。这时候发亮的不仅是太阳、云和海水，连我自己也成了明亮的了。//

这不是很伟大的奇观么？//

巴金的《海上的日出》中，场景明显呈现了日出前、日出过程、日出后三部分。除最后一句"这不是很伟大的奇观么？"总结感受外，播读者将之前的内容分为三个层次，就是按场景进行布局。在这个基础上，有声语言的表达产生相应的变化，层层推进，也就让受众感受到了海上日出的壮美景色和观赏者的心情变化。

例文：

我的很重的心忽而轻松了，身体也似乎舒展到说不出的大。/一出门，便望见月下的平桥内泊着一只白篷的航船，大家跳下船，双喜拔前篙，阿发拔后篙，年幼的都陪我坐在舱中，较大的聚在船尾。母亲送出来吩咐"要小心"的时候，我们已经点开船，在桥石上一磕，退后几尺，即又上前出了桥。/于是架起两枝橹，一枝两人，一里一换，有说笑的，有嚷的，夹着潺潺的船头激水的声音，在左右都是碧绿的豆麦田地的河流中，飞一般径向赵庄前进了。

（鲁迅《社戏》[2]）

上文出自鲁迅的《社戏》，母亲答应了"我"可以和小伙伴们去看社戏后，"我"和小伙

---

[1] 巴金.巴金选集 下[M].北京:人民文学出版社,2005:8.
[2] 鲁迅.鲁迅全集 第一卷[M].广州:花城出版社,2021:249.

伴们乘船出发。依照情节的推进,该段落分为三个层次:出发前、登船过程、启程。三部分情节不仅描写的内容不同,也体现了"我"从期待到惊奇、兴奋,再到畅快淋漓的心理变化。播读者依照此布局播读,既能让受众感受到情节发展的生动,又能体味到心情的变化。

二、逻辑框架角度的结构布局

有些稿件虽然没有场景、情节的描写,但是在会沿着明显的逻辑框架表述、论证观点。我们便可以从逻辑上入手谋篇布局、体现有声语言的层次感。

例文:

设"熊孩子专用车厢"？孟非这次脑洞有点大[①]

朱昌俊

①"熊孩子"越来越成为一个"讨人嫌"的群体。近日,著名主持人孟非就因坐高铁被吵而发了一篇针对"熊孩子"的微博,并针对国外已经有女性专用车厢的现实,建议中国高铁设"熊孩子专用车厢"。此微博一发出便引起了广大网友的热议,有支持者,也有反对和批评的声音。目前该微博已被删除。

但孟非的吐槽确实挺容易引起共鸣,相信不少人都有被"熊孩子"打扰的郁闷经历。但设置"熊孩子专用车厢"恐怕还真不是个好主意。//

②首先,到底如何定义"熊孩子"？如果所有孩子都要被强制进入所谓"专用车厢",照此逻辑,是否还需要"熊孩子专用餐厅""专门班级"？不管如何,靠隔离某个人群来营造一个舒适的公共空间,都非上策。何况,作为未成年人,"熊孩子"之"熊"具有很强的可塑性,其背后说到底还是大人的问题。

从绿皮火车到高铁再到飞机,人们对旅途环境的要求也在提高。绿皮火车时代,小孩哭闹,往往并不会招致旁人太多反感,很多人甚至将之视为坐绿皮车必须接受的"代价"。但在高铁和飞机上,人们对于环境要求的心理阈值大为提升,对他人打扰行为的忍耐度也就降低。这就要求每位乘客,都得接受新的乘车礼仪。尤其是那些带小孩出行的大人,须特别注意安抚小孩的情绪,约束其行为,避免影响他人。

小孩在公共空间的表现问题,越来越引发关注,背后其实是大众旅游时代的到来这一大社会背景。该现象的普遍化,也意味着,相应的"公共训练"和公共文明的发育势必不足,这与大众旅游时代所出现的种种不文明行为,其实是同类问题。不难想见,不少大人本身对于公共场所礼仪就缺乏足够的自省自觉,而孩子进入公共空间后,家庭教育的缺失便很可能被放大,涌现一些"熊孩子"就是大概率事件。

[①] 朱昌俊.设"熊孩子专用车厢"？孟非这次脑洞有点大[EB/OL].(2017-10-09)[2023-03-25].https://mp.weixin.qq.com/s/uHRVNHODX5FMqvrNDcuyvA.

不过乐观看,当带孩子出行的现象日益普及,更多家长意识到公共行为与私下行为的界限,社会整体的文明水位及相应的对家庭教育的重视程度,应都会逐步提升。上个月,就有媒体报道,一位宁波妈妈因为担心孩子乘飞机哭闹,给同机乘客发了耳塞和糖果,广受好评。这说明,公共礼仪的进步,也是个习得的过程,对此不必过于悲观。/

另外,一些公共场所也可设置更多的文明提醒。比如,现今多数高铁动车上的广播一般会提醒带小孩的旅客,注意看管好小孩,不要让孩子在车内跑跳、玩耍,以免发生危险。但这种提醒多指向小孩的个人安全,却忽视了"不打扰他人"这一方面,其实是可以更明确点出来的。还有网友建议,在座位上粘贴一些文明标识,提醒带小孩的父母的一些"注意事项",也未尝不是一种公共场所礼仪教育。//

③公共场所被"熊孩子"不加节制的吵闹所影响,确实不是滋味。为人父母更不该只拿"他只是个孩子"来为孩子对他人的不当影响及自身教育的缺失作辩护。

但有两点仍需要提醒。一是越来越多的关涉到小孩不文明行为的事件,都被贴上"熊孩子"标签,甚至某种程度上形成一种群体性的"厌孩症",完全忽视小孩群体本身的"天性",做出过度的舆论讨伐,是有失客观理性的;二是在一个公共场所礼仪和公共文明素养整体偏弱的社会,孩子的问题终究只是"大人问题"的一个缩影,每名成年人都该反躬自省——自己的公共礼仪表现,能打几分?

上面这篇评论的逻辑思路特别鲜明:第一部分引出问题,第二部分分析问题,第三部分提出观点。以此逻辑思路,播读者将稿件分为三个层次,论述就有了清晰的结构。同样,在第二部分中,"首先"和"另外"成了并列结构的标识,播读者在播读中也要形成"说完一个再说一个"的层次感,受众也就在播读者的引导下,从两个角度进行思考了。

三、情感变化角度的结构布局

人的情感虽然非常复杂,但大多数情况也是有迹可循的心理过程,尤其是稿件中的情感表述,是经过加工、提炼的。因此,我们便可以从情感的变化入手,对一段内容进行结构布局。

例文:

①薛绍,今天不是你的祭日,也不是你的生日,今天什么日子都不是,只是我想你了……你在做什么?是在和慧娘同歌《长相守》吗?打扰你们了……/②我很寂寞,受不了身边没有你的日子,我再也不是那个娇憨任性的女孩子,再也不会为一张令人心动的脸而倾其所有。我不知这是好事,还是坏事,但我却真切地怀念我初次见到你的感觉,就像怀念我曾经拥有的一笔精彩的财富……我和你在一起的日子是痛苦的,但是优美。你教会了我感情,忠诚。我现在的全部期望就在来世。/③我做了个梦,梦见我们来世又一次相遇,还是那样戴着那张面具,这一次是你,你追求我,你找到了我的父母向我求婚。

我们在大明宫里拥抱,你的手臂是那样有力,眼睛是那样热情……/④请转告父母大人,我没有能力保全他们的生命。请求他们在天之灵诅咒我——诅咒我这个只能用权力害人而无法救人的公主,我的愧疚和悔恨将终身伴随着我,直到同对你的记忆融为一体……叶儿很好,请你放心,也请慧娘放心,我会细心爱护他,以补偿我们一家对你们欠下的感情的债务。

(电视剧《大明宫词》片段)

在电视剧《大明宫词》中,太平公主于上元节偶遇薛绍,一见钟情,并请求武则天将薛绍赐给自己为驸马。武则天出于对女儿的爱,竟然赐死薛绍的发妻慧娘,并向太平公主隐瞒了一切。薛家用尽全力保护了薛绍和慧娘的爱子——叶儿。薛绍在与太平公主经历了一段并不美满的婚姻后,因无法原谅自己竟然真的爱上了太平公主而自尽。

上文则是太平公主在薛绍死后一次祭奠中的独白。在表达这样一段独白时,我们可以沿着上文划分的情感脉络进行布局:第一,表达对薛绍的怀念,阴阳两隔的无奈。第二,回忆起与其在一起时的种种感觉,既凄苦又美好。第三,梦中美好的幻想,是如泡影般的快乐。第四,回到现实,深深的悔恨与自责只能化作一个承诺。

以这样的情感变化为依据进行有声语言表达,播读者就能够带动受众的情感波澜起伏,使受众受到感染、产生共鸣。

第三节　细节的把握

稿件的内容有主次之分,那些主要的部分往往就是能彰显主题思想、产生传播效果的细节。次要的部分也并非无用,而是对主要部分起到铺垫、推动的作用。

一、稿件中主次内容的选择判断

(一)以彰显主题的内容为主要部分

一般来讲,文字内容总是围绕主题来写作的,我们要选择其中以彰显主题为目的的内容作为主要部分来着重表达。这样才能使整部播音作品思路清晰、目的明确,从而让受众对主题有所感悟,达成传播目的。否则,处处强调就会让受众感受模糊、不明要旨。

例文:

以"强实名制"彻底铲除黄牛倒票[①]

"周杰伦演唱会前黄牛集体退票"的话题冲上热搜,这回黄牛栽了。这也是近期推出

[①] 以"强实名制"彻底铲除黄牛倒票[EB/OL].(2023-10-13)[2023-12-23]. https://www.thepaper.cn/newsDetail_forward_24921011.

的"强实名制"与黄牛倒票的硬碰撞。

10月12日—15日，周杰伦的演唱会在上海连唱四天，演出门票却一票难求。很多黄牛会用海量身份信息堆叠+机器代抢等方式，尽可能去抢到票，企图高价转售，一度黄牛票被炒到上万元。但是，在12日上午，黄牛开始集体退票。原来"强实名制"之下票倒不出去了，重仓压力之下黄牛们只好骂骂咧咧"割肉"离场，网友们直呼"干得漂亮"。

"强实名制"要求购票者与观演人必须一致，每张身份证仅可购买每场演出的一张门票，门票不可转赠，并且还要实施入场时的刷脸验证。这充分利用了我国先进的数字信息技术、互联网基础设施，治理黄牛的老大难问题，为文娱产业复苏护航。

今年以来，全国各地的热门演唱会、音乐节活跃，出现了可喜的井喷行情，同时很多热门演出购票出现"买票难""手慢无"的局面，黄牛囤积居奇、兴风作浪也加剧了购票紧张，甚至个别演出门票票价被炒到万元以上。公众对于黄牛倒票意见极大，公愤极大。

今年9月，文化和旅游部、公安部联合印发通知，明确大型演出活动实行实名购票和实名入场制度，并要求"演出举办单位面向市场公开销售的门票数量不得低于核准观众数量的85%"。文化和旅游部党组书记、部长胡和平还特别强调，"要全面加强演出票务管理，维护良好票务秩序，切实保障消费者合法权益"。

黄牛倒票问题由来已久，一直被视为演出市场的毒瘤，严重败坏文化市场的氛围，挫伤文娱消费的积极性，长期以来就是《治安管理处罚法》所明确规定的违法行为。但是，之前对这种违法缺乏可靠、有力的治理手段，而"强实名制"的推出，彰显了国家彻底解决黄牛倒票问题的决心，它覆盖了演出票的购买、入场、退票等各环节，全面压缩了黄牛生意的生存空间。

在国家推出"强实名制"之后，一些黄牛仍然心存侥幸，以为不可能真正执行到位。之前，个别演出会的主办方在开票之初信誓旦旦提出"强实名制"，然后又悄悄把票务规则修改成了"可以转赠一次"，结果向黄牛倒票开了方便之门。

<u>但是，上海这次的周杰伦演唱会，全面贯彻了国家"强实名制"的要求，不给黄牛倒票留下任何空间，取得了非常好的效果，可算是中国文娱市场票务治理的里程碑事件：只要坚持"强实名制"，黄牛倒票就会彻底消失，关键是要协同配合、齐抓共管、严守底线，不给黄牛的灰色生意任何机会，不让不法分子有任何可乘之机。</u>

黄牛倒票这个老大难问题，只要下决心，有法必依，执法必严，用好现代数字信息技术，不是解决不了的。

上文的主题的是"强实名制"。那么，全篇都须围绕这个核心进行论述。因此，每个自然段凸显主题、直接表述"强实名制"相关内容的部分就是重点。同样，纵观全篇，最能体现"强实名制"实施策略的倒数第二段就是稿件的重点。

当然，非重点部分并非脱离了主题，其功能在于辅助重点部分呈现主题。

(二) 以写作"重笔"之处为重点

作者在写一篇文字作品时，总会为了彰显主题、刻画人物、推动情节、呈现环境、抒情立意等,对某一部分内容下"重笔",这些"重笔"之处往往体现了作者最富写作风格的表达效果,而成为一篇作品的华彩之处。播读者在进行有声语言表达时,抓住这些重点部分的特征,也会使得播音作品呈现出强烈的表达效果。

例文:

次日天未明,刘姥姥便起来梳洗了,又将板儿教训了几句。那板儿才五六岁的孩子,一无所知,听见带他进城逛去,便喜的无不应承。于是刘姥姥带他进城,找至荣宁街。

来至荣府大门石狮子前,只见簇簇轿马,刘姥姥便不敢过去,且掸了掸衣服,又教了板儿几句话,然后蹭到角门前。只见几个挺胸叠肚指手画脚的人,坐在大板凳上,说东谈西呢。刘姥姥只得蹭上来说:"太爷们纳福。"众人打量了他一会,便问"那里来的?"刘姥姥陪笑道:"我找太太的陪房周大爷的,烦那位太爷替我请他老出来。"

(曹雪芹《红楼梦》①)

刘姥姥进大观园,是《红楼梦》中非常精彩的描写。刘姥姥虽也算是远房长辈,但自知家道贫贱,所以上门之前先"掸了掸"衣服,让自己体面一些,而向前的动作都只能用"蹭",一下子就让谨小慎微的心理跃然纸上,和几个贾府下人"挺胸叠肚指手画脚"的模样形成鲜明对比。播读时,这些重笔之处,便是让表达鲜活生动的重要抓手。

二、稿件中主次内容的表达与区分

确定了稿件的主次内容,播读者就要用"对比"的方法将二者区分,从而达到表达效果。

我们可以从以下几个方面对主次部分进行区分表达:

第一,主要部分的语气色彩更加强烈,次要部分的语气色彩略淡化。

第二,主要部分的节奏表现更加凸显,次要部分的节奏略平和。

第三,主要部分的表达状态更加紧张,次要部分的表达状态略松弛。

例文:

一个文官的死②

契诃夫

①在一个挺好的傍晚,有一个也挺好的庶务官,名叫伊万·德米特里奇·切尔维亚科夫,坐在戏院正厅第二排,举起望远镜,看《哥纳维勒的钟》。他一面看戏,一面感到心

---

① 曹雪芹.红楼梦[M].北京:人民文学出版社,2013:93-94.
② 契诃夫.契诃夫短篇小说选[M].汝龙,译.北京:人民文学出版社,2015:8-10.

旷神怡。可是忽然间……在小说里常常可以遇到这个"可是忽然间"。作者们是对的:生活里充满多少意外的事啊! 可是忽然间,他的脸皱起来,眼珠往上翻,呼吸停住……他取下眼睛上的望远镜,低下头去,于是……啊嚏!!! 诸位看得明白,他打了个喷嚏。不管是谁,也不管是在什么地方,打喷嚏总归是不犯禁的。农民固然打喷嚏,警察局长也一样打喷嚏,就连三品文官偶尔也要打喷嚏。大家都打喷嚏。切尔维亚科夫一点也不慌,拿出小手绢来擦了擦脸,照有礼貌的人的样子往四下里瞧一眼,看看他的喷嚏搅扰别人没有。可是这一看不要紧,他心慌了。他看见坐在他前边,也就是正厅第一排的一个小老头正用手套使劲擦他的秃顶和脖子,嘴里嘟嘟哝哝。切尔维亚科夫认出小老头是在交通部任职的文职将军布里兹扎洛夫。

②"我把唾沫星子喷在他身上了!"切尔维亚科夫暗想,"他不是我的上司,是别处的长官,可是这仍然有点不合适。应当赔个罪才是。"

切尔维亚科夫就嗽一下喉咙,把身子向前探出去,凑着将军的耳根小声说:

"对不起,大人,我把唾沫星子溅在您身上了……我是出于无心……"

"没关系,没关系……"

"请您看在上帝面上原谅我。我本来……我不是有意这样!"

"哎,您好好坐着,劳驾! 让我听戏!"

切尔维亚科夫心慌意乱,傻头傻脑地微笑,开始看舞台上。他在看戏,可是他再也感觉不到心旷神怡了。他开始惶惶不安,定不下心来。到休息时间,他走到布里兹扎洛夫跟前,在他身旁走了一会儿,压下胆怯的心情,叽叽咕咕说:

"我把唾沫星子溅在您身上了,大人……请您原谅……我本来……不是要……"

"哎,够了……我已经忘了,您却说个没完!"将军说,不耐烦地撇了撇下嘴唇。

"他忘了,可是他眼睛里有一道凶光啊,"切尔维亚科夫暗想,怀疑地瞧着将军,"他连话都不想说。应当对他解释一下,说我完全是无意的……说这是自然的规律,要不然他就会认为我是有意啐他了。现在他不这么想,可是过后他会这么想的!"

③切尔维亚科夫回到家里,就把他的失态告诉他的妻子。他觉得妻子对待所发生的这件事似乎过于轻率。她先是吓一跳,可是后来听明白布里兹托洛夫是"在别处工作"的,就放心了。

"不过你还是去一趟,赔个不是的好,"她说,"他会认为你在大庭广众之下举动不得体!"

"说的就是啊! 我已经赔过不是了,可是不知怎么,他那样子有点古怪……他连一句合情合理的话也没说。不过那时候也没有工夫细谈。"

④第二天,切尔维亚科夫穿上新制服,理了发,到布里兹扎洛夫那儿去解释……他走进将军的接待室,看见那儿有很多人请托各种事情,将军本人夹在他们当中,开始听取各种请求。将军问过几个请托事情的人以后,就抬起眼睛看着切尔维亚科夫。

"昨天,大人,要是您记得的话,在'乐园'里,"庶务官开始报告说,"我打了个喷嚏,而且……无意中溅您一身唾沫星子……请您原……"

"简直是胡闹……上帝才知道是怎么回事！您有什么事要我效劳吗？"将军扭过脸去对下一个请托事情的人说。

"他话都不愿意说！"切尔维亚科夫暗想，脸色发白，"这是说，他生气了……不行，这种事不能就这样丢开了事……我要对他解释一下……"

等到将军同最后一个请托事情的人谈完话，举步往内室走去，切尔维亚科夫就走过去跟在他身后，叽叽咕咕说：

"大人！倘使我斗胆搅扰大人，那我可以说，纯粹是出于懊悔的心情！……这不是故意的，您要知道才好！"

将军做出一副要哭的脸相，摇了摇手。

"您简直是在开玩笑，先生！"他说着，走进内室去，关上身后的门。

"这怎么会是开玩笑呢？"切尔维亚科夫暗想，"根本连一点开玩笑的意思也没有啊！他是将军，可是竟然不懂！既是这样，我也不想再给这个摆架子的人赔罪了！去他的！我给他写封信就是，反正我不想来了！真的，我不想来了！"

⑤切尔维亚科夫这样想着，走回家去。那封给将军的信，他却没有写成。他想了又想，怎么也想不出这封信该怎样写才对。他只好第二天亲自去解释。

⑥"我昨天来打搅大人，"他等到将军抬起问询的眼睛瞧着他，就叽叽咕咕说，"并不是像您所说的那样为了开玩笑。我是来道歉的，因为我打喷嚏，溅了您一身唾沫星子……至于开玩笑，我想都没想过。我敢开玩笑吗？如果我们居然开玩笑，那么结果我们对大人物就……没一点敬意了……"

"滚出去！！"将军脸色发青，周身打抖，突然大叫一声。

"什么？"切尔维亚科夫低声问道，吓得愣住了。

"滚出去！！"将军顿着脚，又说一遍。

⑦切尔维亚科夫肚子里似乎有个什么东西掉下去了。他什么也看不见，什么也听不见，退到门口，走出去，到了街上，慢腾腾地走着……他信步走到家里，没脱掉制服，往长沙发上一躺，就此……死了。

整篇小说的重点部分，一定是伊万·德米特里奇·切尔维亚科夫几次向将军解释的滑稽场面，因此小说中的②④⑥部分就是播读的主要部分。播读者的语气应更为生动，人物的行动语言须刻画得更为突出，播讲状态也应更加"紧张"。

需要说明的是，这里所说的"紧张"不是指情节紧凑，更不是心情慌乱。这里的"紧张"指的是播读者处于更为强烈、集中的心理状态之中。

而①③⑤部分就承担了铺垫和过渡的作用，相对而言色彩略淡，播读者在表达上应更为松弛，给受众以心理调整的时间。这样的播读听起来效果更为突出并且张弛有度。

第四节 实训稿件

训练稿件一

白马湖[①]
朱自清

今天是个下雨的日子。这使我想起了白马湖;因为我第一回到白马湖,正是微风飘萧的春日。

白马湖在甬绍铁道的驿亭站,是个极小极小的乡下地方。在北方说起这个名字,管保一百个人一百个人不知道。但那却是一个不坏的地方。这名字先就是一个不坏的名字。据说从前(宋时?)有个姓周的骑白马入湖仙去,所以有这个名字。这个故事也是一个不坏的故事。假使你乐意搜集,或也可编成一本小书,交北新书局印去。

白马湖并非圆圆的或方方的一个湖,如你所想到的,这是曲曲折折大大小小许多湖的总名。湖水清极了,如你所能想到的,一点儿不含糊像镜子。沿铁路的水,再没有比这里清的,这是公论。遇到旱年的夏季,别处湖里都长了草,这里却还是一清如故。白马湖最大的,也是最好的一个,便是我们住过的屋的门前那一个。那个湖不算小,但湖口让两面的山包抄住了。外面只见微微的碧波而已,想不到有那么大的一片。湖的尽里头,有一个三四十户人家的村落,叫做西徐岙,因为姓徐的多。这村落与外面本是不相通的,村里人要出来得撑船。后来春晖中学在湖边造了房子,这才造了两座玲珑的小木桥,筑起一道煤屑路,直通到驿亭车站。那是窄窄的一条人行路,蜿蜒曲折的,路上虽常不见人,走起来却不见寂寞。——尤其在微雨的春天,一个初到的来客,他左顾右盼,是只有觉得热闹的。

春晖中学在湖的最胜处,我们住过的屋也相去不远,是半西式。湖光山色从门里从墙头进来,到我们窗前、桌上。我们几家接连着;丐翁的家最讲究。屋里有名人字画,有古瓷,有铜佛,院子里满种着花。屋子里的陈设又常常变换,给人新鲜的受用。他有这样好的屋子,又是好客如命,我们便不时地上他家里喝老酒。丐翁夫人的烹调也极好,每回总是满满的盘碗拿出来,空空的收回去。白马湖最好的时候是黄昏。湖上的山笼着一层青色的薄雾,在水里映着参差的模糊的影子。水光微微地暗淡,像是一面古铜镜。轻风吹来,有一两缕波纹,但随即平静了。天上偶见几只归鸟,我们看着它们越飞越远,直到不见为止。这个时候便是我们喝酒的时候。我们说话很少;上了灯话才多些,但大家都已微有醉意。是该回家的时候了。若有月光也许还得徘徊一会;若是黑夜,便在暗里摸索醉着回去。

[①] 朱自清.背影[M].北京:台海出版社,2020:151-153.

白马湖的春日自然最好。山是青得要滴下来,水是满满的、软软的。小马路的两边,一株间一株地种着小桃与杨柳。小桃上各缀着几朵重瓣的红花,像夜空的疏星。杨柳在暖风里不住地摇曳。在这路上走着,时而听见锐而长的火车的笛声是别有风味的。在春天,不论是晴是雨,是月夜是黑夜,白马湖都好。——雨中田里菜花的颜色最早鲜艳;黑夜虽什么不见,但可静静地受用春天的力量。夏夜也有好处,有月时可以在湖里划小船,四面满是青霭。船上望别的村庄,像是蜃楼海市,浮在水上,迷离惝恍的;有时听见人声或犬吠,大有世外之感。若没有月呢,便在田野里看萤火。那萤火不是一星半点的,如你们在城中所见;那是成千成百的萤火。一片儿飞出来,像金线网似的,又像耍着许多火绳似的。只有一层使我愤恨。那里水田多,蚊子太多,而且几乎全闪闪烁烁是疟蚊子。我们一家都染了疟疾,至今三四年了,还有未断根的。蚊子多足以减少露坐夜谈或划船夜游的兴致,这未免是美中不足了。

离开白马湖是三年前的一个冬日。前一晚"别筵"上,有丐翁与云君。我不能忘记丐翁,那是一个真挚豪爽的朋友。但我也不能忘记云君,我应该这样说,那是一个可爱的——孩子。

七月十四日,北平

训练稿件二

社 戏①（节选）

鲁 迅

我们鲁镇的习惯,本来是凡有出嫁的女儿,倘自己还未当家,夏间便大抵回到母家去消夏。那时我的祖母虽然还康健,但母亲也已分担了些家务,所以夏期便不能多日的归省了,只得在扫墓完毕之后,抽空去住几天,这时我便每年跟了我的母亲住在外祖母的家里。那地方叫平桥村,是一个离海边不远,极偏僻的,临河的小村庄;住户不满三十家,都种田,打鱼,只有一家很小的杂货店。但在我是乐土:因为我在这里不但得到优待,又可以免念"秩秩斯干幽幽南山"了。

和我一同玩的是许多小朋友,因为有了远客,他们也都从父母那里得了减少工作的许可,伴我来游戏。在小村里,一家的客,几乎也就是公共的。我们年纪都相仿,但论起行辈来,却至少是叔子,有几个还是太公,因为他们合村都同姓,是本家。然而我们是朋友,即使偶尔吵闹起来,打了太公,一村的老老少少,也决没有一个会想出"犯上"这两个字来,而他们也百分之九十九不识字。

我们每天的事情大概是掘蚯蚓,掘来穿在铜丝做的小钩上,伏在河沿上去钓虾。虾是水世界里的呆子,决不惮用了自己的两个钳捧着钩尖送到嘴里去的,所以不半天便可

---

① 鲁迅.鲁迅全集 第一卷[M].广州:花城出版社,2021:248-253.

以钓到一大碗。这虾照例是归我吃的。其次便是一同去放牛，但或者因为高等动物了的缘故罢，黄牛水牛都欺生，敢于欺侮我，因此我也总不敢走近身，只好远远地跟着，站着。这时候，小朋友们便不再原谅我会读"秩秩斯干"，却全都嘲笑起来了。

至于我在那里所第一盼望的，却在到赵庄去看戏。赵庄是离平桥村五里的较大的村庄；平桥村太小，自己演不起戏，每年总付给赵庄多少钱，算作合做的。当时我并不想到他们为什么年年要演戏。现在想，那或者是春赛，是社戏了。

就在我十一二岁时候的这一年，这日期也看看等到了。不料这一年真可惜，在早上就叫不到船。平桥村只有一只早出晚归的航船是大船，决没有留用的道理。其余的都是小船，不合用；央人到邻村去问，也没有，早都给别人定下了。外祖母很气恼，怪家里的人不早定，絮叨起来。母亲便宽慰伊，说我们鲁镇的戏比小村里的好得多，一年看几回，今天就算了。只有我急得要哭，母亲却竭力的嘱咐我，说万不能装模装样，怕又招外祖母生气，又不准和别人一同去，说是怕外祖母要担心。

总之，是完了。到下午，我的朋友都去了，戏已经开场了，我似乎听到锣鼓的声音，而且知道他们在戏台下买豆浆喝。

这一天我不钓虾，东西也少吃。母亲很为难，没有法子想。到晚饭时候，外祖母也终于觉察了，并且说我应当不高兴，他们太怠慢，是待客的礼数里从来所没有的。吃饭之后，看过戏的少年们也都聚拢来了，高高兴兴的来讲戏。只有我不开口；他们都叹息而且表同情。忽然间，一个最聪明的双喜大悟似的提议了，他说，"大船？八叔的航船不是回来了么？"十几个别的少年也大悟，立刻撺掇起来，说可以坐了这航船和我一同去。我高兴了。然而外祖母又怕都是孩子们，不可靠；母亲又说是若叫大人一同去，他们白天全有工作，要他熬夜，是不合情理的。在这迟疑之中，双喜可又看出底细来了，便又大声的说道，"我写包票！船又大；迅哥儿向来不乱跑；我们又都是识水性的！"

诚然！这十多个少年，委实没有一个不会凫水的，而且两三个还是弄潮的好手。

外祖母和母亲也相信，便不再驳回，都微笑了。我们立刻一哄的出了门。

我的很重的心忽而轻松了，身体也似乎舒展到说不出的大。一出门，便望见月下的平桥内泊着一只白篷的航船，大家跳下船，双喜拔前篙，阿发拔后篙，年幼的都陪我坐在舱中，较大的聚在船尾。母亲送出来吩咐"要小心"的时候，我们已经点开船，在桥石上一磕，退后几尺，即又上前出了桥。于是架起两枝橹，一枝两人，一里一换，有说笑的，有嚷的，夹着潺潺的船头激水的声音，在左右都是碧绿的豆麦田地的河流中，飞一般径向赵庄前进了。

两岸的豆麦和河底的水草所发散出来的清香，夹杂在水气中扑面的吹来；月色便朦胧在这水气里。淡黑的起伏的连山，仿佛是踊跃的铁的兽脊似的，都远远地向船尾跑去了，但我却还以为船慢。他们换了四回手，渐望见依稀的赵庄，而且似乎听到歌吹了，还有几点火，料想便是戏台，但或者也许是渔火。

那声音大概是横笛，宛转，悠扬，使我的心也沉静，然而又自失起来，觉得要和他弥散在含着豆麦蕴藻之香的夜气里。

那火接近了，果然是渔火；我才记得先前望见的也不是赵庄。那是正对船头的一丛松柏林，我去年也曾经去游玩过，还看见破的石马倒在地下，一个石羊蹲在草里呢。过了那林，船便弯进了叉港，于是赵庄便真在眼前了。

最惹眼的是屹立在庄外临河的空地上的一座戏台，模胡在远处的月夜中，和空间几乎分不出界限，我疑心画上见过的仙境，就在这里出现了。这时船走得更快，不多时，在台上显出人物来，红红绿绿的动，近台的河里一望乌黑的是看戏的人家的船篷。

"近台没有什么空了，我们远远的看罢。"阿发说。

这时船慢了，不久就到，果然近不得台旁，大家只能下了篙，比那正对戏台的神棚还要远。其实我们这白篷的航船，本也不愿意和乌篷的船在一处，而况没有空地呢……

在停船的匆忙中，看见台上有一个黑的长胡子的背上插着四张旗，捏着长枪，和一群赤膊的人正打仗。双喜说，那就是有名的铁头老生，能连翻八十四个筋斗，他日里亲自数过的。

我们便都挤在船头上看打仗，但那铁头老生却又并不翻筋斗，只有几个赤膊的人翻，翻了一阵，都进去了，接着走出一个小旦来，咿咿呀呀的唱，双喜说，"晚上看客少，铁头老生也懈了，谁肯显本领给白地看呢？"我相信这话对，因为其时台下已经不很有人，乡下人为了明天的工作，熬不得夜，早都睡觉去了，疏疏朗朗的站着的不过是几十个本村和邻村的闲汉。乌篷船里的那些土财主的家眷固然在，然而他们也不在乎看戏，多半是专到戏台下来吃糕饼、水果和瓜子的。所以简直可以算白地。

然而我的意思却也并不在乎看翻筋斗。我最愿意看的是一个人蒙了白布，两手在头上捧着一支棒似的蛇头的蛇精，其次是套了黄布衣跳老虎。但是等了许多时都不见，小旦虽然进去了，立刻又出来了一个很老的小生。我有些疲倦了，托桂生买豆浆去。他去了一刻，回来说，"没有。卖豆浆的聋子也回去了。日里倒有，我还喝了两碗呢。现在去舀一瓢水来给你喝罢。"

我不喝水，支撑着仍然看，也说不出见了些什么，只觉得戏子的脸都渐渐的有些稀奇了，那五官渐不分明，似乎融成一片的再没有什么高低。年纪小的几个多打呵欠了，大的也各管自己谈话。忽而一个红衫的小丑被绑在台柱子上，给一个花白胡子的用马鞭打起来了，大家才又振作精神的笑着看。在这一夜里，我以为这实在要算是最好的一折。

然而老旦终于出台了。老旦本来是我所最怕的东西，尤其是怕他坐下了唱。这时候，看见大家也都很扫兴，才知道他们的意见是和我一致的。那老旦当初还只是踱来踱去的唱，后来竟在中间的一把交椅上坐下了。我很担心；双喜他们却就破口喃喃的骂。我忍耐的等着，许多工夫，只见那老旦将手一抬，我以为就要站起来了，不料他却又慢慢的放下在原地方，仍旧唱。全船里几个人不住的吁气，其余的也打起哈欠来。双喜终于熬不住了，说道，怕他会唱到天明还不完，还是我们走的好罢。大家立刻都赞成，和开船时候一样踊跃，三四人径奔船尾，拔了篙，点退几丈，回转船头，驾起橹，骂着老旦，又向那松柏林前进了。

月还没有落,仿佛看戏也并不很久似的,而一离赵庄,月光又显得格外的皎洁。回望戏台在灯火光中,却又如初来未到时候一般,又漂渺得像一座仙山楼阁,满被红霞罩着了。吹到耳边来的又是横笛,很悠扬;我疑心老旦已经进去了,但也不好意思说再回去看。

不多久,松柏林早在船后了,船行也并不慢,但周围的黑暗只是浓,可知已经到了深夜。他们一面议论着戏子,或骂,或笑,一面加紧的摇船。这一次船头的激水声更其响亮了,那航船,就像一条大白鱼背着一群孩子在浪花里蹿,连夜渔的几个老渔父,也停了艇子看着喝采起来。

离平桥村还有一里模样,船行却慢了,摇船的都说很疲乏,因为太用力,而且许久没有东西吃。这回想出来的是桂生,说是罗汉豆正旺相,柴火又现成,我们可以偷一点来煮吃的。大家都赞成,立刻近岸停了船;岸上的田里,乌油油的便都是结实的罗汉豆。

"阿阿,阿发,这边是你家的,这边是老六一家的,我们偷那一边的呢?"双喜先跳下去了,在岸上说。

我们也都跳上岸。阿发一面跳,一面说道,"且慢,让我来看一看罢。"他于是往来的摸了一回,直起身来说道,"偷我们的罢,我们的大得多呢。"一声答应,大家便散开在阿发家的豆田里,各摘了一大捧,抛入船舱中。双喜以为再多偷,倘给阿发的娘知道是要哭骂的,于是各人便到六一公公的田里又各偷了一大捧。

我们中间几个年长的仍然慢慢的摇着船,几个到后舱去生火,年幼的和我都剥豆。不久豆熟了,便任凭航船浮在水面上,都围起来用手撮着吃。吃完豆,又开船,一面洗器具,豆荚豆壳全抛在河水里,什么痕迹也没有了。双喜所虑的是用了八公公船上的盐和柴,这老头子很细心,一定要知道,会骂的。然而大家议论之后,归结是不怕。他如果骂,我们便要他归还去年在岸边拾去的一枝枯柏树,而且当面叫他"八癞子"。

"都回来了!哪里会错。我原说过写包票的!"双喜在船头上忽而大声的说。

我向船头一望,前面已经是平桥。桥脚上站着一个人,却是我的母亲,双喜便是对伊说着话。我走出前舱去,船也就进了平桥了,停了船,我们纷纷都上岸。母亲颇有些生气,说是过了三更了,怎么回来得这样迟,但也就高兴了,笑着邀大家去吃炒米。

大家都说已经吃了点心,又渴睡,不如及早睡得好,各自回去了。

第二天,我向午才起来,并没有听到什么关系八公公盐柴事件的纠葛,下午仍然去钓虾。

"双喜,你们这班小鬼,昨天偷了我的豆了罢?又不肯好好的摘,踏坏了不少。"我抬头看时,是六一公公棹着小船,卖了豆回来了,船肚里还有剩下的一堆豆。

"是的。我们请客。我们当初还不要你的呢。你看,你把我的虾吓跑了!"双喜说。

六一公公看见我,便停了楫,笑道,"请客?——这是应该的。"于是对我说,"迅哥儿,昨天的戏可好么?"

我点一点头,说道,"好。"

"豆可中吃呢?"

我又点一点头,说道,"很好。"

不料六一公公竟非常感激起来,将大拇指一翘,得意的说道,"这真是大市镇里出来的读过书的人才识货!我的豆种是粒粒挑选过的,乡下人不识好歹,还说我的豆比不上别人的呢。我今天也要送些给我们的姑奶奶尝尝去……"他于是打着楫子过去了。

待到母亲叫我回去吃晚饭的时候,桌上便有一大碗煮熟了的罗汉豆,就是六一公公送给母亲和我吃的。听说他还对母亲极口夸奖我,说"小小年纪便有见识,将来一定要中状元。姑奶奶,你的福气是可以写包票的了。"但我吃了豆,却并没有昨夜的豆那么好。

真的,一直到现在,我实在再没有吃到那夜似的好豆,——也不再看到那夜似的好戏了。

训练稿件三

北京的春节[①]

老 舍

按照北京的老规矩,过农历的新年(春节),差不多在腊月的初旬就开头了。"腊七腊八,冻死寒鸦",这是一年里最冷的时候。可是,到了严冬,不久便是春天,所以人们并不因为寒冷而减少过年与迎春的热情。在腊八那天,人家里,寺观里,都熬腊八粥。这种特制的粥是为祭祖祭神的,可是细一想,它倒是农业社会的一种自傲的表现——这种粥是用所有的各种的米,各种的豆,与各种的干果(杏仁、核桃仁、瓜子、荔枝肉、莲子、花生米、葡萄干、菱角米……)熬成的。这不是粥,而是小型的农业展览会。

腊八这天还要泡腊八蒜。把蒜瓣在这天放到高醋里,封起来,为过年吃饺子用的。到年底,蒜泡得色如翡翠,而醋也有了些辣味,色味双美,使人要多吃几个饺子。在北京,过年时,家家吃饺子。

从腊八起,铺户中就加紧的上年货,街上加多了货摊子——卖春联的、卖年画的、卖蜜供的、卖水仙花的等等都是只在这一季节才会出现的。这些赶年的摊子都教儿童们的心跳得特别快一些。在胡同里,吆喝的声音也比平时更多更复杂起来,其中也有仅在腊月才出现的,像卖宪书的、松枝的、薏仁米的、年糕的等等。

在有皇帝的时候,学童们到腊月十九日就不上学了,放年假一月。儿童们准备过年,差不多第一件事是买杂拌儿。这是用各种干果(花生、胶枣、榛子、栗子等)与蜜饯搀和成的,普通的带皮,高级的没有皮——例如:普通的用带皮的榛子,高级的用榛瓢儿。儿童们喜吃这些零七八碎儿,即使没有饺子吃,也必须买杂拌儿。他们的第二件大事是买爆竹,特别是男孩子们。恐怕第三件事才是买玩意儿——风筝、空竹、口琴等——和年画儿。

[①] 老舍. 老舍散文[M]. 杭州:浙江文艺出版社,2019:133-138.

儿童们忙乱，大人们也紧张。他们须预备过年吃的使的喝的一切。他们也必须给儿童赶快做新鞋新衣，好在新年时显出万象更新的气象。

二十三日过小年，差不多就是过新年的"彩排"。在旧社会里，这天晚上家家祭灶王，从一擦黑儿鞭炮就响起来，随着炮声把灶王的纸像焚化，美其名叫送灶王上天。在前几天，街上就有多少多少卖麦芽糖与江米糖的，糖形或为长方块或为大小瓜形。按旧日的说法：有糖粘住灶王的嘴，他到了天上就不会向玉皇报告家庭中的坏事了。现在，还有卖糖的，但是只由大家享用，并不再粘灶王的嘴了。

过了二十三，大家就更忙起来，新年眨眼就到了啊。在除夕以前，家家必须把春联贴好，必须大扫除一次，名曰扫房。必须把肉、鸡、鱼、青菜、年糕什么的都预备充足，至少足够吃用一个星期的——按老习惯，铺户多数关五天门，到正月初六才开张。假若不预备下几天的吃食，临时不容易补充。还有，旧社会里的老妈妈论，讲究在除夕把一切该切出来的东西都切出来，省得在正月初一到初五再动刀，动刀剪是不吉利的。这含有迷信的意思，不过它也表现了我们确是爱和平的人，在一岁之首连切菜刀都不愿动一动。

除夕真热闹。家家赶作年菜，到处是酒肉的香味。老少男女都穿起新衣，门外贴好红红的对联，屋里贴好各色的年画，哪一家都灯火通宵，不许间断，炮声日夜不绝。在外边作事的人，除非万不得已，必定赶回家来，吃团圆饭，祭祖。这一夜，除了很小的孩子，没有什么人睡觉，而都要守岁。

元旦的光景与除夕截然不同：除夕，街上挤满了人；元旦，铺户都上着板子，门前堆着昨夜燃放的爆竹纸皮，全城都在休息。

男人们在午前就出动，到亲戚家、朋友家去拜年。女人们在家中接待客人。同时，城内城外有许多寺院开放，任人游览，小贩们在庙外摆摊，卖茶、食品和各种玩具。北城外的大钟寺、西城外的白云观、南城的火神庙（厂甸）是最有名的。可是，开庙最初的两三天，并不十分热闹，因为人们还正忙着彼此贺年，无暇及此。到了初五六，庙会开始风光起来，小孩们特别热心去逛，为的是到城外看看野景，可以骑毛驴，还能买到那些新年特有的玩具。白云观外的广场上有赛轿车赛马的；在老年间，据说还有赛骆驼的。这些比赛并不争取谁第一谁第二，而是在观众面前表演骡马与骑者的美好姿态与技能。

多数的铺户在初六开张，又放鞭炮，从天亮到清早，全城的炮声不绝。虽然开了张，可是除了卖吃食与其他重要日用品的铺子，大家并不很忙，铺中的伙计们还可以轮流着去逛庙、逛天桥和听戏。

元宵（汤圆）上市，新年的高潮到了——元宵节（从正月十三到十七）。除夕是热闹的，可是没有月光；元宵节呢，恰好是明月当空。元旦是体面的，家家门前贴着鲜红的春联，人们穿着新衣裳，可是它还不够美。元宵节，处处悬灯结彩，整条的大街像是办喜事，火炽而美丽。有名的老铺都要挂出几百盏灯来，有的一律是玻璃的，有的清一色是牛角的，有的都是纱灯；有的各形各色，有的通通彩绘全部《红楼梦》或《水浒传》故事。这，在当年，也就是一种广告；灯一悬起，任何人都可以进到铺中参观；晚间灯中都点上烛，观者就更多。这广告可不庸俗。干果店在灯节还要作一批杂拌儿生意,所以每每独出心裁的,制成各样的冰灯,或用麦苗作成一两条碧绿的长龙,把顾客招来。

除了悬灯,广场上还放花盒。在城隍庙里并且燃起火判,火舌由判官的泥像的口、耳、鼻、眼中伸吐出来。公园里放起天灯,像巨星似的飞到天空。

男男女女都出来踏月、看灯、看焰火;街上的人拥挤不动。在旧社会里,女人们轻易不出门,她们可以在灯节里得到些自由。

小孩子们买各种花炮燃放,即使不跑到街上去淘气,在家中照样能有声有光的玩耍。家中也有灯:走马灯——原始的电影——宫灯、各形各色的纸灯,还有纱灯,里面有小铃,到时候就叮叮的响。大家还必须吃汤圆呀。这的确是美好快乐的日子。

一眨眼,到了残灯末庙,学生该去上学,大人又去照常作事,新年在正月十九结束了。腊月和正月,在农村社会里正是大家最闲在的时候,而猪牛羊等也正长成,所以大家要杀猪宰羊,酬劳一年的辛苦。过了灯节,天气转暖,大家就又去忙着干活了。北京虽是城市,可是它也跟着农村社会一齐过年,而且过得分外热闹。

在旧社会里,过年是与迷信分不开的。腊八粥,关东糖,除夕的饺子,都须先去供佛,而后人们再享用。除夕要接神;大年初二要祭财神,吃元宝汤(馄饨),而且有的人要到财神庙去借纸元宝,抢烧头股香。正月初八要给老人们顺星、祈寿。因此那时候最大的一笔浪费是买香蜡纸马的钱。现在,大家都不迷信了,也就省下这笔开销,用到有用的地方去。特别值得提到的是现在的儿童只快活的过年,而不受那迷信的熏染,他们只有快乐,而没有恐惧——怕神怕鬼。也许,现在过年没有以前那么热闹了,可是多么清醒健康呢。以前,人们过年是托神鬼的庇佑,现在是大家劳动终岁,大家也应当快乐的过年。

训练稿件四

死　水①

闻一多

这是一沟绝望的死水,
清风吹不起半点漪沦。
不如多扔些破铜烂铁,
爽性泼你的剩菜残羹。

也许铜的要绿成翡翠,
铁罐上锈出几瓣桃花;
再让油腻织一层罗绮,
霉菌给他蒸出些云霞。

---

① 谢冕.中国百年诗歌选[M].济南:山东文艺出版社,2022:435.

让死水酵成一沟绿酒,
漂满了珍珠似的白沫;
小珠们笑声变成大珠,
又被偷酒的花蚊咬破。

那么一沟绝望的死水,
也就夸得上几分鲜明。
如果青蛙耐不住寂寞,
又算死水叫出了歌声。

这是一沟绝望的死水,
这里断不是美的所在,
不如让给丑恶来开垦,
看它造出个什么世界。

训练稿件五

随感录四十一①

鲁 迅

从一封匿名信里看见一句话,是"数麻石片"(原注江苏方言),大约是没有本领便不必提倡改革,不如去数石片的好的意思。因此又记起了本志通信栏内所载四川方言的"洗煤炭"。想来别省方言中,相类的话还多;守着这专劝人自暴自弃的格言的人,也怕并不少。

凡中国人说一句话,做一件事,倘与传来的积习有若干抵触,须一个斤斗便告成功,才有立足的处所;而且被恭维得烙铁一般热。否则免不了标新立异的罪名,不许说话;或者竟成了大逆不道,为天地所不容。这一种人,从前本可以夷到九族,连累邻居;现在却不过是几封匿名信罢了。但意志略略薄弱的人便不免因此萎缩,不知不觉的也入了"数麻石片"党。

所以现在的中国,社会上毫无改革,学术上没有发明,美术上也没有创作;至于多人继续的研究,前仆后继的探险,那更不必提了。国人的事业,大抵是专谋时式的成功的经营,以及对于一切的冷笑。

但冷笑的人,虽然反对改革,却又未必有保守的能力:即如文字一面,白话固然看不上眼,古文也不甚提得起笔。照他的学说,本该去"数麻石片"了;他却又不然,只是莫名其妙的冷笑。

中国的人,大抵在如此空气里成功,在如此空气里萎缩腐败,以至老死。

---

① 鲁迅.鲁迅全集 第二卷[M].南京:江苏凤凰文艺出版社,2020:21-22.

我想,人、猿同源的学说,大约可以毫无疑义了。但我不懂,何以从前的古猴子,不都努力变人,却到现在还留着子孙,变把戏给人看。还是那时竟没有一匹想站起来学说人话呢?还是虽然有了几匹,却终被猴子社会攻击他标新立异,都咬死了;所以终于不能进化呢?

尼采式的超人,虽然太觉渺茫,但就世界现有人种的事实看来,却可以确信将来总有尤为高尚尤近圆满的人类出现。到那时候,类人猿上面,怕要添出"类猿人"这一个名词。

所以我时常害怕,愿中国青年都摆脱冷气,只是向上走,不必听自暴自弃者流的话。能做事的做事,能发声的发声。有一分热,发一分光,就令萤火一般,也可以在黑暗里发一点光,不必等候炬火。

此后如竟没有炬火:我便是唯一的光。倘若有了炬火,出了太阳,我们自然心悦诚服的消失,不但毫无不平,而且还要随喜赞美这炬火或太阳;因为他照了人类,连我都在内。

我又愿中国青年都只是向上走,不必理会这冷笑和暗箭。尼采说:

"真的,人是一个浊流。应该是海了,能容这浊流使他干净。"

"咄,我教你们超人:这便是海,在他这里,能容下你们的大侮蔑。"(《札拉图如是说》的《序言》第三节)

纵令不过一洼浅水,也可以学学大海;横竖都是水,可以相通。几粒石子,任他们暗地里掷来;几滴秽水,任他们从背后泼来就是了。

这还算不到"大侮蔑"——因为大侮蔑也须有胆力。

训练稿件六

"限童令"能否终结"星二代"一夜成名神话?[①]

段菁菁　史竞男　彭卓

从《爸爸去哪儿》开始,国内明星亲子真人秀节目数量增多,越来越多的"星二代"在电视屏幕上一夜爆红,拍广告、做代言、出席商业活动……在名利双收的背后,有隐私曝光的尴尬,有被过度消费的苦恼,还有被资本"绑架"的无奈。

日前,国家新闻出版广电总局出台《关于进一步加强电视上星综合频道节目管理的通知》,明确要求严格控制未成年人参与真人秀节目,防止包装造"星",一夜成名。"限童令"能否为未成年人撑起一把保护伞,让真人秀节目回归正常轨道?

自亲子类真人秀备受观众宠爱之后,"星二代"似乎一夜之间被集结在了镁光灯中央。在"明星"光环的加持下,这些尚未成年的孩子获得的不仅仅是成名的荣耀,还有成长的烦恼。

探究近年来"星二代"霸屏现象,业内人士分析,早些年,明星们更加注重对子女的隐私保护,较少在公众面前暴露孩子的信息,但随着明星亲子类真人秀节目开创性地在屏

[①] 段菁菁,史竞男,彭卓."限童令"能否终结"星二代"一夜成名的神话?[EB/OL].(2016-04-17)[2023-03-25].https://news.china.com/domesticgd/10000159/20160417/22452719_all.html.

幕上展现明星子女的生活状况,极大满足了观众的好奇心,出现了跟风现象。

"大多数观众本着对明星父母们的窥视心理收看节目,却无意间被节目中的萌娃所吸引,从而对其产生认同、向往的情感。"对于亲子类真人秀的火爆,山东师范大学传播学院马晓妍分析,节目中的儿童形象成为带有观众情感印记的消费符号,随着"星二代"曝光度的增加,逐渐成为公众"围观"的对象。

然而,成名无疑是把双刃剑,过早地进入公众的视线,虽然获得了名利,但孩子们无意识的言行和隐私却被曝光,甚至遭受非议。如有的被指"太成熟、心机重",有的被指"霸道、蛮横"……这种贴标签式的评价,会严重影响孩子的正常生活乃至身心健康。

不仅如此,面对汹涌而来的社会舆论,"星二代"逐渐了解到怎样才会博得关注,怎样才会赢得掌声,其心理也在这一过程中被逐渐异化。

在《爸爸去哪儿》中,有的孩子在第一次面对摄像机镜头时有着强烈的抵触情绪,但几期过后便晓得要穿白西装"耍帅";3岁的小孩拿着狗尾巴草分发给摄影师,说:"谁给我拍得好,我给谁奖励。"

儿童心理咨询师侯丽霞表示,家长对孩子的培养要根据孩子的特质决定,看孩子是否适合并且喜欢走什么路。"如果父母对孩子的期望正好与孩子的特点相符合,对孩子来说就是好事,而如果仅仅是父母单方面的意愿,就可能对孩子的身心不利。"

从20世纪90年代开始,伴随着电视台"上星"、有线电视的大面积普及,综艺节目方兴未艾并快速发展,在新世纪更是迎来了前所未有的繁荣。特别是在当前的广电格局中,综艺节目正在超过电视剧,成为荧幕上的新宠儿。

自湖南卫视引进了韩国亲子类真人秀《爸爸去哪儿》后,国内掀起一股儿童参与真人秀节目的热潮,《爸爸回来了》《我不是明星》《人生第一次》等类似节目热播,满屏真人秀看似是明星之间的比拼和竞技,其背后却是一场利用粉丝经济的资本大战。

"《爸爸去哪儿》将我们带入了'投资巨大、烧钱比拼'的时代。"中国传媒大学凤凰学院亚洲电视研发中心总监吴闻博说,一些明星选手片酬可比1到2部小成本电影。

著名演员葛优接受媒体采访时也表示,真人秀的市场威力令他吃惊,薪酬确实高,比拍电影挣钱又多又快,但为了市场和收视率,会对艺人过度消费。

随着真人秀对明星吞吐量日益增大,明星身价也直线上升。有业内人士透露,目前综艺节目的一线明星身价几乎都达千万元,电视台和制作公司都称自己是"为明星们打工"。在这种情况下,为了追求收视和利润,节目做宣传时也会利用明星子女的曝光"博眼球"进行炒作。

"星二代"霸屏也让"星爸星妈"看到了"凭子贵"的另一种可能。原本名不见经传的一位参与者,因会带孩子、会做饭的形象深入人心,身价在两个月间飙升近百倍;有的"星二代"与父母一同现身一档综艺节目时,出场费已是父母的总和……

"在消费主义语境下,观众通过消费以实现明星经济价值与形象符号价值的结合,至此儿童成为明星,也成为被消费的商品。"马晓妍说。

国家新闻出版广电总局的"限童令"无疑给明星亲子真人秀浇了一盆冷水,"星二代"霸屏时代或将由此终结。

其实,给跟风严重的明星亲子真人秀降火的呼声早已不绝于耳。2015年7月,国家新闻出版广电总局发出《关于加强真人秀节目管理的通知》,要求真人秀节目关注普通群众,避免过度明星化,摒弃"靠明星博收视"的错误认识,纠正单纯依赖明星的倾向,不能把节目变成拼明星和炫富的场所,不能助长高片酬、高成本的不良风气;同时提出,真人秀节目应注意加强对未成年人的保护,尽量减少未成年人参与,对少数有未成年人参与的节目要坚决杜绝商业化、成人化和过度娱乐化的不良倾向以及侵犯未成年人权益的现象。在政策引导下,真人秀节目数量明显减少。

同年9月起实施的新《广告法》也作出明确规定:"不得利用不满十周岁的未成年人作为广告代言人。"

总局新闻发言人表示,将通过黄金时段节目备案、各类评奖评优等管理机制进行引导调控,对于优秀的真人秀节目大力扶持,对于缺少价值和意义的真人秀节目加以抑制。

对此,乐正传媒研发咨询总监彭侃认为,新闻出版广电总局的政策一般是针对数量比较多、市场风气不正的节目做出限制。"显然,明星大肆借助真人秀培育星二代并不在鼓励范围内。"

专家指出,"限童令"并非要限制"星二代"的未来发展,也并非取消孩子成长的平台,而是为了确保孩子拥有正确的价值引导。"限童令"既是对名人子女的保护,也是对电视机前的儿童的保护。

从事综艺节目投资的叶榕投资创始人黄历表示,从长远来看,真人秀节目"限童令"会对综艺节目起到正确的引导及匡扶作用,也为尚未成年的孩子撑起了一把"保护伞"。

不少业内人士认为,真人秀节目在追求高收视率的同时,还应搭载更多价值内容,注入更深远的精神内涵和社会意义。

"中国电视节目未来的发展应以社会价值为导向,电视节目应成长为文化产品,从而推动整个产业的发展和创新。"吴闻博说。

▶▶▶ 本章小结

稿件的准备,并不是简单地"读懂",而是要为"有声语言化"做好全面的准备。内容的分析、资料的搜集等都是为了播读者最终的创作任务积累素材。备稿,不是单向地接受,而是一次和作者的"对话"。

思考题

1. 你认为备稿过程中哪个部分对你的帮助最大?
2. 你认为备稿的最佳顺序是什么?为什么?
3. 播音员经过备稿,对作品产生了和作者不一样的认知和感受,这样可以吗?为什么?

第七章　形象感受表达训练

播读者必须真实地感受稿件中描写的内容，才能引发真实的情感状态，从而让有声语言形象、生动，能够感染人。否则，播读者只从文字理解的层面，用一些"概念性"语言表达技巧来组织播音创作，就会让人感觉到刻板、单调、粗糙。同时，这里所说的"形象"也不仅仅是"视像"，想象的内容绝不仅仅是"画面"，而是来自全方位的、身临其境的整体感受。

第一节　形象感受的获得——想象

播读者必须依靠丰富的想象力来对稿件进行立体的感受，从而让播音过程中思想感情的运动呈现出一种"顺水推舟"的状态，而不是一系列技巧、方法的组合。

一、想象的真实性与合理性

稿件"投射在脑海中的影像"越真实、具体，就越能引发人们产生真实的思想感情运动。想象解决的就是这一问题。播读者一定要在稿件内容的基础上展开想象，从播音创作的需要入手，真实地感受稿件内容的存在，并符合事物一般规律。这样，形之于声后的真实感才能感动受众。

例文：

"文革"后期，我们村来了一支工作队，队员二十多人，全是县茂腔剧团的演员。我们村情况比较复杂，在县里都挂了号，工作队下来，是要帮我们揭开阶级斗争的盖子。自从工作队进村之后，村子里欢天喜地，好像过年一样，因为这些队员里，几乎包括了县茂腔剧团的全部名角。譬如青衣宋丽花，花旦邓桂秀，老旦焦闻英，老生高人滋，小生薛尔名，武生张金龙……都是如雷贯耳的人物，平日里可望而不可即，如今就在我们眼前，与我们同吃同住同劳动，我们的幸福和兴奋，无法子用语言形容。

（莫言《茂腔与戏迷》[①]）

[①] 美丽如初：10 年精短散文 100 篇[M]．天津：百花文艺出版社，2001：242．

上文并没有对茂腔剧团的几名演员进行人物形象描写,因为在这个故事中,几个人物的长相并不重要。但对于播读者来说,要想激发自己情感状态的真实感,就要通过想象让几个人物活灵活现地呈现在自己的脑海中。我们可以通过每个演员的角色类型组织想象:宋丽花端庄秀丽、邓桂秀伶俐俏皮、焦围英富态慈祥、高人滋老成稳重、薛尔名阳光帅气、张金龙魁梧刚毅……在有了总体的概念后,播读者最好找到自己真实见过的形象——一个熟悉的人、一个符合这种形象的演员——来"扮演"你想象中的这个人物,这样就能让播读时的真实感加强。

二、想象的丰富性与细腻性

对细节的把握是艺术创作成功的关键,播读者能够从丰富的细节想象入手,并能全面地把握细节中的各个部分、环节,就能给有声语言表达提供大量创作依据。在组织起丰富、细腻的想象的同时,播读者将其通过丰富的技巧、多样的方法表现出来,就能给受众带来更为生动的体验,从而强化传播效果。所谓"引人入胜",往往就是一个又一个细节的巧妙处理,使得受众不自觉地进入创作者所营造出的"境界"。

例文:

我说道,"爸爸,你走吧。"他望车外看了看,说,"我买几个橘子去。你就在此地,不要走动。"我看那边月台的栅栏外有几个卖东西的等着顾客。走到那边月台,须穿过铁道,须跳下去又爬上去。父亲是一个胖子,走过去自然要费事些。我本来要去的,他不肯,只好让他去。我看见他戴着黑布小帽,穿着黑布大马褂,深青布棉袍,蹒跚地走到铁道边,慢慢探身下去,尚不大难。可是他穿过铁道,要爬上那边月台,就不容易了。他用两手攀着上面,两脚再向上缩;他肥胖的身子向左微倾,显出努力的样子。这时我看见他的背影,我的泪很快地流下来了。我赶紧拭干了泪,怕他看见,也怕别人看见。我再向外看时,他已抱了朱红的橘子望回走了。过铁道时,他先将橘子散放在地上,自己慢慢爬下,再抱起橘子走。到这边时,我赶紧去搀他。他和我走到车上,将橘子一股脑儿放在我的皮大衣上。于是扑扑衣上的泥土,心里很轻松似的,过一会说,"我走了;到那边来信!"我望着他走出去。他走了几步,回过头看见我,说,"进去吧,里边没人。"等他的背影混入来来往往的人里,再找不着了,我便进来坐下,我的眼泪又来了。

(朱自清《背影》①)

上文是朱自清《背影》中描写非常传神的一段,之所以传神,就是因为通过对父亲体态和动作的描写,真实、细腻、生动地表达出作者对父亲老去的伤感。

文字是概括的符号,读者的感动来源于自身经验基础上对文字生动描写产生的共鸣。而播读者不仅要感受到,还必须在脑海中组建起大量细节想象,从而引发自己的情

---

① 朱自清.背影[M].北京:台海出版社,2020:102-104.

感状态。我们可以想象,父亲的黑色小帽有些戴歪了,棉袍上沾了尘土;父亲在蹒跚地走过去的过程中,不小心踢到一块石头,却来不及停下来揉揉脚;爬上月台时,父亲甚至不止做了一次努力……我们还可以想象稿件中没有写到的内容:周围嘈杂的人声,让"我"感觉到更加孤独,甚至可以想到一首符合这种情思的音乐。一切能帮助自己产生情感共鸣的想象都是积极的。

第二节 形象感受的表达

如前文所述,我们播音创作中所说的"形象",并不单指"视像",而是对稿件中所描述的事物的综合、整体、全面的感受。形象感受包含两个部分:直观感觉和心理知觉。

直观感觉包括视觉、听觉、触觉、味觉、嗅觉。

心理知觉包括时间知觉、空间知觉、运动知觉。

所有从感觉、知觉所获得的感受,都能用有声语言技巧表达出来。

例文:

春[①]

朱自清

盼望着,盼望着,东风来了,春天的脚步近了。

一切都像刚睡醒的样子,欣欣然张开了眼。山朗润起来了,水涨起来了,太阳的脸红起来了。

小草偷偷地从土里钻出来,嫩嫩的,绿绿的。园子里,田野里,瞧去,一大片一大片满是的。坐着,躺着,打两个滚,踢几脚球,赛几趟跑,捉几回迷藏。风轻悄悄的,草软绵绵的。

桃树、杏树、梨树,你不让我,我不让你,都开满了花赶趟儿。红的像火,粉的像霞,白的像雪。花里带着甜味儿,闭了眼,树上仿佛已经满是桃儿、杏儿、梨儿。花下成千成百的蜜蜂嗡嗡地闹着,大小的蝴蝶飞来飞去。野花遍地是:杂样儿,有名字的,没名字的,散在草丛里,像眼睛,像星星,还眨呀眨的。

"吹面不寒杨柳风",不错的,像母亲的手抚摸着你。风里带来些新翻的泥土的气息,混着青草味儿,还有各种花的香,都在微微润湿的空气里酝酿。鸟儿将窠巢安在繁花嫩叶当中,高兴起来了,呼朋引伴地卖弄清脆的喉咙,唱出宛转的曲子,与轻风流水应和着。牛背上牧童的短笛,这时候也成天嘹亮地响。

雨是最寻常的,一下就是两三天。可别恼。看,像牛毛,像花针,像细丝,密密地斜织着,人家屋顶上全笼着一层薄烟。树叶子却绿得发亮,小草也青得逼你的眼。傍晚时候,

---

[①] 朱自清.朱自清散文选集[M].杭州:浙江少年儿童出版社,2022:128-129.

上灯了,一点点黄晕的光,烘托出一片安静而和平的夜。乡下去,小路上,石桥边,有撑起伞慢慢走着的人;还有地里工作的农夫,披着蓑,戴着笠的。他们的房屋,稀稀疏疏的,在雨里静默着。

天上风筝渐渐多了,地上孩子也多了。城里乡下,家家户户,老老小小,他们也赶趟儿似的,一个个都出来了。舒活舒活筋骨,抖擞抖擞精神,各做各的一份事去。"一年之计在于春",刚起头儿,有的是工夫,有的是希望。

春天像刚落地的娃娃,从头到脚都是新的,他生长着。

春天像小姑娘,花枝招展的,笑着,走着。

春天像健壮的青年,有铁一般的胳膊和腰脚,他领着我们上前去。

朱自清的《春》对于景物的描写生动、传神,如果播读者能让其中的描写对受众的感觉、知觉产生刺激,形成感受,就能让这篇作品朗诵起来充满感染力,如表7-1所示。

表7-1 《春》的播读声音技巧

感受类型	稿件内容	声音形态调整技巧	声音运动控制技巧
视觉	山朗润起来了,水涨起来了,太阳的脸红起来了。	根据景物变换声音。	语速整体较慢。 用停顿时间的不同来区别看到各景物的反应。
听觉	鸟儿将窠巢安在繁花嫩叶当中,高兴起来了,呼朋引伴地卖弄清脆的喉咙,唱出宛转的曲子,与轻风流水应和着。	用声明亮,弱声处理。	整体较快。 停顿较少,连贯感强。
触觉	"吹面不寒杨柳风",不错,像母亲的手抚摸着你。	气虚声弱。	整体较慢。 "母亲的手"后可用明显停顿表现出沉醉于其中的感受。
味觉	花里带着甜味儿……	用声位置靠前。	整体中速。 可在"甜味"前加停顿,体现判断过程。
嗅觉	风里带来些新翻的泥土的气息,混着青草味儿,还有各种花的香,都在微微润湿的空气里酝酿。	气虚声暗。	整体较慢。 停顿缓急不一,体现出对气味判断不清的心理节奏。
空间知觉	园子里,田野里,瞧去,一大片一大片满是的。	用声逐渐散开,口腔开度逐渐加大,声音逐渐放远。	速度由快到慢。 "瞧去"后略加停顿,以体现空间变换的心理判断过程。
运动知觉	坐着,躺着,打两个滚,踢几脚球,赛几趟跑,捉几回迷藏。	用声呈现高低、强弱、虚实、明暗变化。	变速。 运动节奏感决定了不同部分的语速。
时间知觉	盼望着,盼望着,东风来了,春天的脚步近了。	用声呈现虚实、明暗变化。	变速。由慢到快,体现出时间逐步临近。 "东风来了"前可加以停顿,体现由等待到来的时间过程。

从表 7-1 我们可以看出，我们通过有声语言能够表现出我们对事物的感知，因此，我们平时要加强技巧训练，使得基本功逐渐扎实。这样，我们就可以在播音创作过程中全身心地感受稿件，投入内容表达之中，而不必再去想技巧。

第三节 实训稿件

训练稿件一

火烧云①

萧 红

晚饭过后，火烧云上来了，霞光照得小孩子的脸红红的。大白狗变成红的了，红公鸡变成金的了，黑母鸡变成紫檀色的了。喂猪的老头儿在墙根靠着，笑盈盈地看着他的两头小白猪变成小金猪了。他刚想说："你们也变了……"旁边走来个乘凉的人对他说："您老人家必要高寿，您老是金胡子了。"

天上的云从西边一直烧到东边，红彤彤的，好像是天空着了火。

这地方的火烧云变化极多，一会儿红彤彤的，一会儿金灿灿的，一会儿半紫半黄，一会儿半灰半百合色。葡萄灰、梨黄、茄子紫，这些颜色天空都有，还有些说也说不出来、见也没见过的颜色。

一会儿，天空出现一匹马，马头向南，马尾向西。马是跪着的，像等人骑上它的背，它才站起来似的。过了两三秒钟，那匹马大起来了，腿伸开了，脖子也长了，尾巴可不见了。看的人正在寻找马尾巴，那匹马变模糊了。

忽然又来了一条大狗。那条狗十分凶猛，在向前跑，后边似乎还跟着好几条小狗。跑着跑着，小狗不知哪里去了，大狗也不见了。

接着又来了一头大狮子，跟庙门前的石头狮子一模一样，也那么大，也那样蹲着，很威武很镇静地蹲着。可是一转眼就变了，再也找不着了。

一时恍恍惚惚的，天空里又像这个又像那个，其实什么也不像，什么也看不清了。必须低下头，揉一揉眼睛，沉静一会儿再看。可是天空偏偏不等待那些爱好它的孩子。一会儿工夫，火烧云下去了。

训练稿件二

战士，我是你的枪

李克萌

战士，

我，

---

① 语文四年级上册[M]．北京：人民教育出版社，2004：14-16．

是你的枪。
我的身躯粗糙、破旧。
我的身躯布满了疤痕和创伤……
开始,我卧在你的臂弯里是那么幸福,
在炊烟中、在月光下,
你对我是那么爱惜。
一遍遍地擦拭,
让我的身体散发出幽暗的光芒。
这种光泽,是我的骄傲。
每当这个时候,你就像一个父亲,
要打扮他即将大婚的儿郎。
但不知道为什么?
那一天的到来,
你却让我如此惊慌。
我看到,山脚下,一面膏药一样的旗子。
我听到,剧烈的撞击在擂动你的心脏。
我嗅到,你的身体里,喷射出血的气味。
我触摸到,你岿然不动的躯体里,正要迸发无穷的力量!
一声号令!
我听到所有的同伴在齐声呐喊!
是的!这是我们的欢歌!
随着你粗糙的手指,扣动我身上的扳机,
我发出第一声长啸,从口中喷射出耀眼的火光!
我的第一颗子弹精准地钻进敌人的胸膛!
我终于明白了!你曾无数次地把我捧在胸前,
捧得那么稳,无视我并不算轻的重量。
你曾无数次地透过我的身躯凝视前方,
仿佛你的前方有一只狡猾的饿狼。
你曾一边轻轻地扣动扳机,一边口中啪啪作响。
声音虽小,但我也听到了,那是在敲响敌人的丧钟!
那是渴望胜利的欢唱!
欢唱!欢唱!
让我尽情欢唱吧!
我在同伴的歌声里,听到了太多的愤懑!
这些声音,来自南京、来自上海、来自卢沟桥、来自松花江!

然而,仅有五发子弹,
任凭你的枪法如何精准,
也无法把疯狂的野兽阻挡。
我明白,与对面的日寇相比,
我和我的兄弟们算不上精良。
有不少老兄是跟随你们长征到陕北,早已显得老迈,
体内的膛线,都快磨光。
但是,有位老兄告诉我,
枪的生命力不在我们冰冷的体内,
而在于握着它的人的意志是否坚定、斗志是否昂扬!
子弹没了!刺刀也能刺穿敌人的胸膛!
刺刀拼掉了!就是用枪托,也要把侵略者砸回太平洋!
战士!我是你的枪!
那么!就让我和你一样!
用我们的躯体去把敌人阻挡!
即使粉身碎骨,也要告诉敌人!
祖国山河!寸土不让!
战士!我是你的枪!
现在,你躺在我的身旁。
你那粗糙的大手依然把我抓得很紧,
我感受到你对我的不舍,
即便,是你让我遍体鳞伤。
到现在,我也不知道你的名字,
只听到大家叫你,班长。
我的身体,失去了光泽。
但我高兴啊!
因为,现在的我跟你很像!
你身上的道道伤疤,就是你的勋章!
我身上的条条裂痕,就是我的荣光!
一个年轻的战士走过来,
为你合上了双眼,
用尽全身的力气,才把你的手指掰开,把我捧在了他的手上。
他一边哭,一边喊着,班长!班长!
战士!
别哭!

战士!

现在,

我,是你的枪!

训练稿件三

史太郎夜走华阴县 鲁提辖拳打镇关西①(节选)

施耐庵　罗贯中

　　三人上到潘家酒楼上,拣个济楚阁儿里坐下。鲁提辖坐了主位,李忠对席,史进下首坐了。酒保唱了喏,认得是鲁提辖,便道:"提辖官人,打多少酒?"鲁达道:"先打四角酒来。"一面铺下菜蔬果品案酒,又问道:"官人,吃甚下饭?"鲁达道:"问甚么!但有,只顾卖来,一发算钱还你。这厮只顾来聒噪!"酒保下去,随即烫酒上来,但是下口肉食,只顾将来,摆一桌子。三个酒至数杯,正说些闲话,较量些枪法,说得入港,只听得隔壁阁子里有人哽哽咽咽啼哭。鲁达焦躁,便把碟儿盏儿都丢在楼板上。酒保听得,慌忙上来看时,见鲁提辖气愤愤地。酒保抄手道:"官人要甚东西,分付卖来。"鲁达道:"洒家要甚么!你也须认的洒家,却怎地教甚么人在间壁吱吱的哭,搅俺弟兄们吃酒。洒家须不曾少了你酒钱!"酒保道:"官人息怒,小人怎敢教人啼哭,打搅官人吃酒。这个哭的,是绰酒座儿唱的父子两人。不知官人们在此吃酒,一时间自苦了啼哭。"鲁提辖道:"可是作怪,你与我唤得他来。"酒保去叫,不多时,只见两个到来。前面一个十八九岁的妇人,背后一个五六十岁的老儿,手里拿串拍板,都来到面前。看那妇人,虽无十分的容貌,也有些动人的颜色。但见:

　　蓬松云髻,插一枝青玉簪儿;袅娜纤腰,系六幅红罗裙子。素白旧衫笼雪体,淡黄软袜衬弓鞋。蛾眉紧蹙,汪汪泪眼落珍珠;粉面低垂,细细香肌消玉雪。若非雨病云愁,定是怀忧积恨。大体还他肌骨好,不搽脂粉也风流。

　　那妇人拭着泪眼,向前来深深的道了三个万福。那老儿也都相见了。鲁达问道:"你两个是那里人家?为甚啼哭?"那妇人便道:"官人不知,容奴告禀。奴家是东京人氏,因同父母来这渭州投奔亲眷,不想搬移南京去了。母亲在客店里染病身故,子父二人流落在此生受。此间有个财主,叫做镇关西郑大官人,因见奴家,便使强媒硬保,要奴作妾。谁想写了三千贯文书,虚钱实契,要了奴家身体。未及三个月,他家大娘子好生利害,将奴赶打出来,不容完聚。着落店主人家,追要原典身钱三千贯。父亲懦弱,和他争执不的,他又钱有势。当初不曾得他一文,如今那讨钱来还他。没计奈何,父亲自小教得奴家些小曲儿,来这里酒楼上赶座子。每日但得些钱来,将大半还他;留些少子父们盘缠。这两日酒客稀少,违了他钱限,怕他来讨时,受他羞耻。子父们想起这苦楚来,无处告诉,因此啼哭。不想误触犯了官人,望乞恕罪,高抬贵手。"鲁提辖又问道:"你姓甚么?在那

---

① 施耐庵,罗贯中.水浒传(上)[M].成都:四川少年儿童出版社,2021:34-38.

个客店里歇?那个镇关西郑大官人在那里住?"老儿答道:"老汉姓金,排行第二。孩儿小字翠莲。郑大官人便是此间状元桥下卖肉的郑屠,绰号镇关西。老汉父子两个,只在前面东门里鲁家客店安下。"鲁达听了道:"呸!俺只道那个郑大官人,却原来是杀猪的郑屠。这个腌臜泼才,投托着俺小种经略相公门下,做个肉铺户,却原来这等欺负人。"回头看着李忠、史进道:"你两个且在这里,等洒家去打死了那厮便来。"史进、李忠抱住劝道:"哥哥息怒,明日却理会。"两个三回五次劝得他住。

鲁达又道:"老儿,你来,洒家与你些盘缠,明日便回东京去如何?"父子两个告道:"若是能勾得回乡去时,便是重生父母,再长爷娘。只是店主人家如何肯放?郑大官人须着落他要钱。"鲁提辖道:"这个不妨事,俺自有道理。"便去身边摸出五两来银子,放在桌上,看着史进道:"洒家今日不曾多带得些出来,你有银子借些与俺,洒家明日便送还你。"史进道:"直甚么,要哥哥还。"去包裹里取出一锭十两银子放在桌上。鲁达看着李忠道:"你也借些出来与洒家。"李忠去身边摸出二两来银子。鲁提辖看了,见少,便道:"也是个不爽利的人。"鲁达只把十五两银子与了金老,分付道:"你父子两个将去做盘缠,一面收拾行李,俺明日清早来发付你两个起身,看那个店主敢留你!"金老并女儿拜谢去了。

鲁达把这二两银子丢还李忠。三人再吃了两角酒,下楼来叫道:"主人家,酒钱洒家明日送来还你。"主人家连声应道:"提辖只顾自去,但吃不妨,只怕提辖不来赊。"三个人出了潘家酒肆,到街上分手,史进、李忠各自投客店去了。只说鲁提辖回到经略府前下处,到房里,晚饭也不吃,气愤愤地睡了。主人家又不敢问他。

再说金老得了这一十五两银子,回到店中,安顿了女儿,先去城外远处觅下一辆车儿,回来收拾了行李,还了房宿钱,算清了柴米钱,只等来日天明。当夜无事。次早五更起来,子父两个先打火做饭,吃罢,收拾了。天色微明,只见鲁提辖大踏步走入店里来,高声叫道:"店小二,那里是金老歇处?"小二哥道:"金公,提辖在此寻你。"金老开了房门,便道:"提辖官人里面请坐。"鲁达道:"坐甚么?你去便去,等甚么!"金老引了女儿,挑了担儿,作谢提辖,便待出门。店小二拦住道:"金公,那里去?"鲁达问道:"他少你房钱?"小二道:"小人房钱昨夜都算还了。须欠郑大官人典身钱,着落在小人身上看管他哩。"鲁提辖道:"郑屠的钱,洒家自还他。你放这老儿还乡去。"那店小二那里肯放。鲁达大怒,叉开五指,去那小二脸上只一掌,打得那店小二口中吐血,再复一拳,打下当门两个牙齿。小二扒将起来,一道烟走了。店主人哪里敢出来拦他。金老父子两个,忙忙离了店中,出城自去寻昨日觅下的车儿去了。

且说鲁达寻思,恐怕店小二赶去拦截他。且向店里撷条凳子,坐了两个时辰。约莫金公去的远了,方才起身,径投状元桥来。

且说郑屠开着两间门面,两副肉案,悬挂着三五片猪肉。郑屠正在门前柜身内坐定,看那十来个刀手卖肉。鲁达走到面前,叫声:"郑屠!"郑屠看时,见是鲁提辖,慌忙出柜身来唱喏道:"提辖恕罪。"便叫副手撷条凳子来:"提辖请坐。"鲁达坐下道:"奉着经略相公钧旨,要十斤精肉,切做臊子,不要见半点肥的在上头。"郑屠道:"使头,你们快选好的切十斤去。"鲁提辖道:"不要那等腌臜厮们动手,你自与我切。"郑屠道:"说得是,小人自切便了。"自去肉案上拣下十斤精肉,细细切做臊子。那店小二把手帕包了头,正来郑屠家报说金老之事,却见鲁提辖坐在肉案门边,不敢拢来,只得远远的立住在房檐下望。这郑屠整整的自切了半个时辰,用荷叶包了,道:"提辖,教人送去?"鲁达道:"送甚么!且住,再要十斤都是肥的,不要见些精的在上面,也要切做臊子。"郑屠道:"却才精的,怕府里要裹馄饨,肥的臊子何用?"鲁达睁着眼道:"相公钧旨分付洒家,谁敢问他。"郑屠道:"是。合用的东西,小人切便了。"又选了十斤实膘的肥肉,也细细的切做臊子,把荷叶来包了。整弄了一早晨,却得饭罢时候。那店小二那里敢过来,连那正要买肉的主顾也不敢拢来。郑屠道:"着人与提辖拿了,送将府里去。"鲁达道:"再要十斤寸金软骨,也要细细地剁做臊子,不要见些肉在上面。"郑屠笑道:"却不是特地来消遣我。"鲁达听罢,跳起身来,拿着那两包臊子在手里,睁眼看着郑屠道:"洒家特地要消遣你!"把两包臊子劈面打将去,却似下了一阵的肉雨。郑屠大怒,两条忿气从脚底下直冲到顶门,心头那一把无明业火,焰腾腾的按捺不住,从肉案上抢了一把剔骨尖刀,托地跳将下来。鲁提辖早拔步在当街上。众邻舍并十来个火家,那个敢向前来劝,两边过路的人都立住了脚,和那店小二也惊的呆了。

　　郑屠右手拿刀,左手便来要揪鲁达,被这鲁提辖就势按住左手,赶将入去,望小腹上只一脚,腾地踢倒在当街上。鲁达再入一步,踏住胸脯,提着那醋钵儿大小拳头,看着这郑屠道:"洒家始投老种经略相公,做到关西五路廉访使,也不枉了叫做镇关西。你是个卖肉的操刀屠户,狗一般的人,也叫做镇关西!你如何强骗了金翠莲?"扑的只一拳,正打在鼻子上,打得鲜血迸流,鼻子歪在半边,却便似开了个油酱铺,咸的、酸的、辣的,一发都滚出来。郑屠挣不起来,那把尖刀也丢在一边,口里只叫:"打得好!"鲁达骂道:"直娘贼,还敢应口!"提起拳头来就眼眶际眉梢只一拳,打得眼棱缝裂,乌珠迸出,也似开了个彩帛铺的,红的、黑的、绛的,都滚将出来。两边看的人俱怕鲁提辖,谁敢向前来劝?郑屠当不过讨饶。鲁达喝道:"咄!你是个破落户,若是和俺硬到底,洒家倒饶了你。你如何对俺讨饶,洒家却不饶你!"又只一拳,太阳上正着,却似做了一个全堂水陆的道场,磬儿、钹儿、铙儿一齐响。鲁达看时,只见郑屠挺在地下,口里只有出的气,没了入的气,动弹不得。鲁提辖假意道:"你这厮诈死,洒家再打。"只见面皮渐渐的变了,鲁达寻思道:"俺只指望痛打这厮一顿,不想三拳真个打死了他。洒家须吃官司,又没人送饭,不如及早撒开。"拔步便走,回头指着郑屠尸道:"你诈死,洒家和你慢慢理会。"一头骂,一头大踏步去了。街坊邻舍并郑屠的火家,谁敢向前来拦他。

　　鲁提辖回到下处,急急卷了些衣服盘缠,细软银两,但是旧衣粗重都弃了。提了一条齐眉短棒,奔出南门,一道烟走了。

训练稿件四

取 钱[①]

老 舍

我告诉你,二哥,中国人是伟大的。就拿银行说吧,二哥,中国最小的银行也比外国的好,不冤你。你看,二哥,昨儿个我还在银行里睡了一大觉。这个我告诉你,二哥,在外国银行里就做不到。

那年我上外国,你不是说我随了洋鬼子吗?二哥,你真有先见之明。还是拿银行说吧,我亲眼得见,洋鬼子再学一百年也赶不上中国人。洋鬼子不够派儿。好比这么说吧,二哥,我在外国拿着张十镑钱的支票去兑现钱。一进银行的门,就是柜台,柜台上没有亮亮的黄铜栏杆,也没有大小的铜牌。二哥你看,这和油盐店有什么分别?不够派儿。再说人吧,柜台里站着好几个,都那么光梳头、净洗脸的,脸上还笑着;这多下贱!把支票交给他们谁也行,谁也是先问你早安或午安;太不够派儿了!拿过支票就那么看一眼,紧跟着就问:"怎么拿?先生!"还是笑着。哪道买卖人呢?!叫"先生"还不够,必得还笑,洋鬼子脾气!我就说了,二哥:"四个一镑的单张,五镑的一张,一镑零的;零的要票子和钱两样。"要按理说,二哥,十镑钱要这一套啰哩啰嗦,你讨厌不,假若二哥你是银行的伙计?你猜怎么样,二哥,洋鬼子笑得更下贱了,好像这样麻烦是应当应分。喝,登时从柜台下面抽出簿子来,刷刷的就写;写完,又一伸手,钱是钱,票子是票子,没有一眨眼的工夫,都给我数出来了;紧跟着便是:"请点一点,先生!"又是一个"先生",下贱,不懂得买卖规矩!点完了钱,我反倒愣住了,好像忘了点什么。对了,我并没忘了什么,是奇怪洋鬼子干事——况且是堂堂的大银行——为什么这样快?赶丧哪?真他妈的!

二哥,还是中国的银行,多么有派儿!我不是说昨儿个去取钱吗?早八点就去了,因为现在天儿热,银行八点就开门;抓个早儿,省得大晌午的劳动人家;咱们事事都得留个心眼,人家有个伺候得着与伺候不着,不是吗?到了银行,人家真开了门,我就心里说,二哥:大热的天,说什么时候开门就什么时候开门,真叫不容易。其实人家要愣不开一天,不是谁也管不了吗?一边赞叹,我一边就往里走。喝,大电扇忽忽的吹着,人家已经都各按部位坐得稳稳当当,吸着烟卷,按着铃要茶水,太好了,活像一群皇上,太够派儿了。我一看,就不好意思过去,大热的天,不叫人家多歇会儿,未免有点不知好歹。可是我到底过去了,二哥,因为怕人家把我撵出去;人家看我像没事的,还不撵出来么?人家是银行,又不是茶馆,可以随便出入。我就过去了,极慢的把支票放在柜台上。没人搭理我,当然的。有一位看了我一眼,我很高兴;大热的天,看我一眼,不容易。二哥,我一过去就预备好了:先用左腿金鸡独立的站着,为是站乏了好换腿。左腿立了有十分钟,我很高兴我的腿确是有了劲。支持到十二分钟我不能不换腿了,于是就来个右金鸡独立。右腿也不弱,我更高兴了,嗨,爽性来个猴啃桃吧,我就头朝下,顺着柜台倒站了几分钟。翻过身

[①] 老舍. 老舍散文[M]. 杭州:浙江文艺出版社,2019:200-205.

来,大家还没动静,我又翻了十来个跟头,打了些旋风脚。刚站稳了,过来一位;心里说:我还没练两套拳呢;这么快?那位先生敢情是过来吐口痰,我补上了两套拳。拳练完了,我出了点汗,很痛快。又站了会儿,一边喘气,一边欣赏大家的派头——真稳!很想给他们喝个彩。八点四十分,过来一位,脸上要下雨,眉毛上满是黑云,看了我一眼。我很难过,大热的天,来给人家添麻烦。他看了支票一眼,又看了我一眼,好像断定我和支票像亲哥儿俩不像。我很想把脑门子上签个字。他连大气没出把支票拿了走,扔给我一面小铜牌。我直说:"不忙,不忙!今天要不合适,我明天再来;明天立秋。"我是真怕把他气死,大热的天。他还是没理我,真够派儿,使我肃然起敬!

拿着铜牌,我坐在椅子上,往放钱的那边看了一下。放钱的先生——一位像屈原的中年人——刚按铃要鸡丝面。我一想:工友传达到厨房,厨子还得上街买鸡,凑巧了鸡也许还没长成个儿;即使顺当的买着鸡,面也许还没磨好。说不定,这碗鸡丝面得等三天三夜。放钱的先生当然在吃面之前决不会放钱;大热的天,腹里没食怎能办事。我觉得太对不起人了,二哥!心中一懊悔,我有点发困,靠着椅子就睡了。睡得挺好,没蚊子也没臭虫,到底是银行里!一闭眼就睡了五十多分钟;我的身体,二哥,是不错了!吃得饱,睡得着!偷偷的往放钱的先生那边一看,(不好意思正眼看,大热的天,赶劳人是不对的!)鸡丝面还没来呢。我很替他着急,肚子怪饿的,坐着多么难受。他可是真够派儿,肚子那么饿还不动声色,没法不佩服他了,二哥。

大概有十点左右吧,鸡丝面来了!"大概",因为我不肯看壁上的钟——大热的天,表示出催促人家的意思简直不够朋友。况且我才等了两点钟,算得了什么。我偷偷的看人家吃面。他吃得可不慢。我觉得对不起人。为兑我这张支票再逼得人家噎死,不人道!二哥,咱们都是善心人哪。他吃完了面,按铃要手巾把,然后点上火纸,咕噜开小水烟袋。我这才放心,他不至于噎死了。他又吸了半点多钟水烟。这时候,二哥。等取钱的已有了六七位,我们彼此对看,眼中都带出对不起人的神气。我要是开银行,二哥,开市的那天就先枪毙俩取钱的,省得日后麻烦。大热的天,取哪门子钱?!不知好歹!

十点半,放钱的先生立起来伸了伸腰。然后捧着小水烟袋和同事的低声闲谈起来。我替他抱不平,二哥,大热的天,十时半还得在行里闲谈,多么不自由!凭他的派儿,至少该上青岛避两月暑去;还在行里,还得闲谈,哼!

十一点,他回来,放下水烟袋,出去了;大概是去出恭。十一点半才回来。大热的天,二哥,人家得出半点钟的恭,多不容易!再说,十一点半,他居然拿起笔来写账,看支票。我直要过去劝告他不必着急。大热的天,为几个取钱的得点病才合不着。到了十二点,我决定回家,明天再来。我刚要走,放钱的先生喊:"一号!"我真不愿过去,这个人使我失望!才等了四点钟就放钱,派儿不到家!可是,他到底没使我失望!我一过去,他没说什么,只指了指支票的背面。原来我忘了在背后签字,他没等我拔下自来水笔来,说了句:"明天再说吧。"这才是我所希望的!本来吗,人家是一点关门;我补签上字,再等四点钟,不就是下午四点了吗?大热的天,二哥,人家能到时候不关门?我收起支票来,想说几句极合适的客气话,可是他喊了"二号";我不能再耽误人家的工夫,决定回家好好的写封道歉的信!二哥,你得开开眼去,太够派儿!

训练稿件五

琵琶行①

白居易

浔阳江头夜送客,枫叶荻花秋瑟瑟。
主人下马客在船,举酒欲饮无管弦。
醉不成欢惨将别,别时茫茫江浸月。
忽闻水上琵琶声,主人忘归客不发。
寻声暗问弹者谁,琵琶声停欲语迟。
移船相近邀相见,添酒回灯重开宴。
千呼万唤始出来,犹抱琵琶半遮面。
转轴拨弦三两声,未成曲调先有情。
弦弦掩抑声声思,似诉平生不得志。
低眉信手续续弹,说尽心中无限事。
轻拢慢捻抹复挑,初为《霓裳》后《六幺》。
大弦嘈嘈如急雨,小弦切切如私语。
嘈嘈切切错杂弹,大珠小珠落玉盘。
间关莺语花底滑,幽咽泉流冰下难。
冰泉冷涩弦凝绝,凝绝不通声暂歇。
别有幽愁暗恨生,此时无声胜有声。
银瓶乍破水浆迸,铁骑突出刀枪鸣。
曲终收拨当心画,四弦一声如裂帛。
东船西舫悄无言,唯见江心秋月白。
沉吟放拨插弦中,整顿衣裳起敛容。
自言本是京城女,家在虾蟆陵下住。
十三学得琵琶成,名属教坊第一部。
曲罢曾教善才服,妆成每被秋娘妒。
五陵年少争缠头,一曲红绡不知数。
钿头银篦击节碎,血色罗裙翻酒污。
今年欢笑复明年,秋月春风等闲度。
弟走从军阿姨死,暮去朝来颜色故。

---

① 蘅塘退士.唐诗三百首新注[M].上海:上海古籍出版社,2016:130-132.

门前冷落车马稀,老大嫁作商人妇。
商人重利轻别离,前月浮梁买茶去。
去来江口守空船,绕船月明江水寒。
夜深忽梦少年事,梦啼妆泪红阑干。
我闻琵琶已叹息,又闻此语重唧唧。
同是天涯沦落人,相逢何必曾相识。
我从去年辞帝京,谪居卧病浔阳城。
浔阳地僻无音乐,终岁不闻丝竹声。
住近湓城地低湿,黄芦苦竹绕宅生。
其间旦暮闻何物,杜鹃啼血猿哀鸣。
春江花朝秋月夜,往往取酒还独倾。
岂无山歌与村笛,呕哑嘲哳难为听。
今夜闻君琵琶语,如听仙乐耳暂明。
莫辞更坐弹一曲,为君翻作《琵琶行》。
感我此言良久立,却坐促弦弦转急。
凄凄不似向前声,满座重闻皆掩泣。
座中泣下谁最多?江州司马青衫湿。

训练稿件六

离 婚①(节选)

老 舍

张大哥是一切人的大哥。你总以为他的父亲也得管他叫大哥;他的"大哥"味儿就这么足。

张大哥一生所要完成的神圣使命:作媒人和反对离婚。在他的眼中,凡为姑娘者必有个相当的丈夫,凡为小伙子者必有个合适的夫人。这相当的人物都在哪里呢?张大哥的全身整个儿是显微镜兼天平。在显微镜下发现了一位姑娘,脸上有几个麻子;他立刻就会在人海之中找到一位男人,说话有点结巴,或是眼睛有点近视。在天平上,麻子与近视眼恰好两相抵销,上等婚姻。近视眼容易忽略了麻子,而麻小姐当然不肯催促丈夫去配眼镜,马上进行双方——假如有必要——交换相片,只许成功,不准失败。

自然张大哥的天平不能就这么简单。年龄,长相,家道,性格,八字,也都须细细测量过的;终身大事岂可马马虎虎!因此,亲友间有不经张大哥为媒而结婚者,他只派张大嫂去道喜,他自己决不去参观婚礼——看着伤心。这决不是出于嫉妒,而是善意的觉得这样的结婚,即使过得去,也不能是上等婚;在张大哥的天平上是没有半点将就凑合的。

---

① 老舍.正红旗下 离婚[M].天津:天津人民出版社,2018:93-95.

离婚,据张大哥看,没有别的原因,完全因为媒人的天平不准。经他介绍而成家的还没有一个闹过离婚的,连提过这个意思的也没有。小两口打架吵嘴什么的是另一回事。一夜夫妻百日恩,不打不爱,抓破了鼻子打青了眼,和离婚还差着一万多里地,远得很呢。

至于自由结婚,哼,和离婚是一件事的两端——根本没上过天平。这类的喜事,连张大嫂也不去致贺,只派人去送一对喜联——虽然写的与挽联不同,也差不很多。

介绍婚姻是创造,消灭离婚是艺术批评。张大哥虽然没这么明说,可是确有这番意思。媒人的天平不准是离婚的主因,所以打算大事化小,小事化无,必须重新用他的天平估量一回,细细加以分析,然后设法把双方重量不等之处加上些砝码,便能一天云雾散,没事一大堆,家庭免于离散,律师只得干瞪眼——张大哥的朋友中没有挂律师牌子的。只有创造家配批评艺术,只有真正的媒人会消灭离婚。张大哥往往是打倒原来的媒人,进而为要到法厅去的夫妇的调停者;及至言归于好之后,夫妻便否认第一次的介绍人,而以张大哥为地道的大媒,一辈子感谢不尽。这样,他由批评者的地位仍回到创造家的宝座上去。

大叔和大哥最适宜作媒人。张大哥与媒人是同一意义。"张大哥来了",这一声出去,无论在哪个家庭里,姑娘们便红着脸躲到僻静地方去听自己的心跳。没儿没女的家庭——除了有丧事——见不着他的足迹。他来过一次,而在十天之内没有再来,那一家里必会有一半个枕头被哭湿了的。他的势力是操纵着人们的心灵。就是家中有四五十岁老姑娘的也欢迎他来,即使婚事无望,可是每来一次,总有人把已发灰的生命略加上些玫瑰色儿。

张大哥是个博学的人,自幼便出经入史,似乎也读过《结婚的爱》。他必须读书,好证明自己的意见怎样妥当。他长着一对阴阳眼:左眼的上皮特别长,永远把眼珠囚禁着一半;右眼没有特色,一向是照常办公。这只左眼便是极细密的小筛子。右眼所读所见的一切,都要经过这半闭的左目筛过一番——那被囚禁的半个眼珠是向内看着自己的心的。这样,无论读什么,他自己的意见总是最妥善的;那与他意见不合之处,已随时被左眼给筛下去了。

这个小筛子是天赐的珍宝。张大哥只对天生来的优越有点骄傲,此外他是谦卑和蔼的化身。凡事经小筛子一筛,永不会走到极端上去;走极端是使生命失去平衡,而要平地摔跟头的。张大哥最不喜欢摔跟头。他的衣裳,帽子,手套,烟斗,手杖,全是摩登人用过半年多,而顽固老还要再思索三两个月才敢用的时候的样式与风格。就好比一座社会的骆驼桥,张大哥的服装打扮是叫车马行人一看便放慢些脚步,可又不是完全停住不走。

"听张大哥的,没错!"凡是张家亲友要办喜事的少有不这么说的。彩汽车里另放一座小轿,是张大哥的发明。用彩汽车迎娶,已是公认为可以行得通的事。不过,大姑娘一辈子没坐过花轿,大小是个缺点。况且坐汽车须在门外下车,闲杂人等不干不净的都等着看新人,也不合体统,还不提什么吉祥不吉祥。汽车里另放小轿,没有再好的办法,张大哥的主意。汽车到了门口,啪,四个人搬出一顶轿犀!闲杂人等只有干瞪眼;除非自己去结婚,无从看见新娘子的面目。这顺手就是一种爱的教育,一种暗示。只有一次,在夏天,新娘子是由轿屉倒出来的,因为已经热昏过去。所以现在就是在秋天,彩汽车上顶总备好两个电扇,还是张大哥的发明;不经一事,不长一智。

训练稿件七

皇帝的新装①

安徒生

许多年前,有一位皇帝,为了要穿得漂亮,他不惜把他所有的钱都花掉。他既不关心他的军队,也不喜欢去看戏,也不喜欢乘着马车去游公园——除非是为了去炫耀一下他的新衣服。他每一天每一点钟都要换一套衣服。人们提到他的时候总是说:"皇上在更衣室里。"

有一天,他居住的那个大城市里,来了两个骗子。他们自称是织工,说他们能够织出人类所能想到的最美丽的布。这种布不仅色彩和图案都分外地美观,而且缝出来的衣服还有一种奇怪的特性:任何不称职的或者愚蠢得不可救药的人,都看不见这衣服。

"那真是理想的衣服!"皇帝心里想,"我穿了这样的衣服,就可以看出在我的王国里哪些人对于自己的职位不相称;我就可以辨别出哪些是聪明人,哪些是傻子。是的,我要叫他们马上为我织出这样的布来!"于是他付了许多现款给这两个骗子,好使他们马上开始工作。

他们摆出两架织布机,装作是在工作的样子,可是他们的织布机上连一点东西的影子也没有。他们急迫地请求发给他们一些最细的生丝和最好的金子。他们把这些东西都装进自己的腰包,只在那两架空织布机上忙忙碌碌,一直搞到深夜。

"我倒很想知道,他们的衣料究竟织得怎样了。"皇帝想。不过,当他想起凡是愚蠢或不称职的人就看不见这布的时候,他心里的确感到有些不大自然。他相信自己是无须害怕的。虽然如此,他仍然觉得,先派一个人去看看工作的进展情形比较妥当。全城的人都听说这织品有一种多么神奇的力量,所以大家也都渴望借这机会来测验一下:他们的邻人究竟有多么笨,或者有多么傻。

"我要派我诚实的老大臣到织工那儿去。"皇帝想,"他最能看出这布料是什么样子,因为他这个人很有理智,同时就称职这点说来,谁也不及他。"

这位善良的老大臣来到那两个骗子的屋子里,看见他们正在空织布机上忙碌地工作着。

"愿上帝可怜我吧!"老大臣想,他把眼睛睁得特别大,"我什么东西也没有看见!"但是他没敢把这句话说出口来。

那两个骗子请求他走近一点,同时指着那两架空织布机问他花纹是不是很美丽,色彩是不是很漂亮。可怜的老大臣眼睛越睁越大,可是他仍然看不见什么东西,因为的确

---

① 语文七年级上[M].北京:语文出版社,2017:59-62.

没有什么东西可看。

"我的老天爷！"他想，"难道我是愚蠢的吗？我从来没有怀疑过自己。这一点决不能让任何人知道。难道我是不称职吗？不成！我决不能让人知道我看不见布料。"

"嗳，您一点意见也没有吗？"一个正在织布的骗子说。

"哎呀，美极了！真是美妙极了！"老大臣一边说，一边从他的眼镜里仔细地看，"多么美的花纹！多么美的色彩！是的，我将要呈报皇上，我对这布料非常满意。"

"嗯，我们听了非常高兴。"两个骗子齐声说。于是他们就把色彩和稀有的花纹描述了一番，还加上了些名词。老大臣注意地听着，以便回到皇帝那儿去的时候，可以照样背出来。事实上他也这样做了。

这两个骗子又要了更多的钱，更多的生丝和金子，说是为了织布的需要。他们把这些东西全装进了腰包。

过了不久，皇帝又派了另外一位诚实的官员去看工作的进展。这位官员的运气并不比头一位大臣好：他看了又看，但是那两架空织布机上什么也没有，他什么东西也看不出来。

"您看这段布美不美？"两个骗子问。他们指着，描述着一些美丽的花纹——事实上它们并不存在。

"我并不愚蠢呀！"这位官员想，"这大概是我不配有现在这样好的官职吧？这也真够滑稽，但是我决不能让人看出来！"因此，他就把他完全没有看见的布称赞了一番，同时对他们保证说，他对这些美丽的颜色和巧妙的花纹感到很满意。"是的，那真是太美了。"他对皇帝说。

城里所有的人都在谈论着这美丽的布料。

当布料还在织布机上的时候，皇帝就很想亲自去看它一次。他选了一群特别圈定的随员——其中包括已经去看过的那两位诚实的大臣。然后他就到那两个狡猾的骗子所在的地方去。这两个家伙正在以全副精力织布，但是一根线的影子也看不见。

"您看这布华丽不华丽？"那两位诚实的官员说，"陛下请看：多么美的花纹！多么美的色彩！"他们指着那架空织布机，因为他们相信别人一定看得见布料的。

"这是怎么一回事呢？"皇帝心里想，"我什么也没有看见！这可骇人听闻了。难道我是一个愚蠢的人吗？难道我不够资格当一个皇帝吗？这可是我遇见的一件最可怕的事情。""哎呀，真是美极了！"皇帝说，"我十二分地满意！"

于是他就点头表示出他的满意。他仔细地看着织布机，因为他不愿意说出他什么也没有看到。跟着他来的全体随员也仔细地看了又看，可是他们也没比别人看到更多的东西。不过，像皇帝一样，他们也说："哎呀，真是美极了！"他们向皇帝建议，用这种新的、美丽的布料做成衣服，穿着这衣服去参加快要举行的游行大典。"这布是华丽的！精致的！无双的！"每人都随声附和着。每人都有说不出的快乐。皇帝赐给骗子每人一个爵士的头衔和一枚可以挂在扣眼上的勋章，同时还封他们为"御聘织师"。

第二天早上，游行大典就要举行了。在头一天晚上，两个骗子整夜都没有睡，点起十六支以上的蜡烛。人们可以看到他们是在赶夜工，要把皇帝的新衣完成。他们装作是在把布料从织布机上取下来。他们用两把大剪刀在空中裁了一阵子，同时用没有穿线的针缝了一通。最后，他们齐声说："请看！新衣服缝好了！"

皇帝带着他的一群最高贵的骑士亲自来了。两个骗子每人举起一只手，好像拿着一件什么东西似的。他们说："请看吧，这是裤子，这是袍子，这是外衣。""这衣服轻柔得像蜘蛛网一样，穿的人会觉得好像身上没有什么东西似的，这正是这些衣服的优点。"

"一点也不错。"所有的骑士都说。可是他们什么也看不见，因为什么东西也没有。

"现在请皇上脱下衣服，"两个骗子说，"好让我们在这个大镜子面前为您换上新衣。"

皇帝把他所有的衣服都脱下来了。两个骗子装作一件一件地把他们刚才缝好的新衣服交给他。他们在他的腰周围弄了一阵子，好像是为他系上一件什么东西似的——这就是后裙。皇帝在镜子面前转了转身子，扭了扭腰肢。

"上帝，这衣服多么合身啊！裁得多么好看啊！"大家都说，"多么美的花纹！多么美的色彩！这真是一套贵重的衣服！"

"大家都在外面等待，准备好了华盖，以便举在陛下头上去参加游行大典！"典礼官说。

"对，我已经穿好了。"皇帝说，"这衣服合我的身吗？"于是他又在镜子面前把身子转动了一下，因为他要使大家看出他在认真地观看他美丽的新装。

那些托后裙的内臣都把手在地上东摸西摸，好像他们正在拾取衣裙似的。他们开步走，手中托着空气——他们不敢让人瞧出他们实在什么东西也没看见。

这样，皇帝就在那个富丽的华盖下游行起来了。站在街上和窗子里的人都说："乖乖！皇上的新装真是漂亮！他上衣下面的后裙是多么美丽！这件衣服真合他的身材！"谁也不愿意让人知道自己什么东西也看不见，因为这样就会显示自己不称职，或是太愚蠢。皇帝所有的衣服从来没有获得过这样的称赞。

"可是他什么衣服也没有穿呀！"一个小孩子最后叫了出来。

"上帝哟，你听这个天真的声音！"爸爸说。于是大家把这孩子讲的话私自低声地传播开来。

"他并没有穿什么衣服！有一个小孩子说他并没有穿什么衣服呀！"

"他实在是没有穿什么衣服呀！"最后所有的老百姓都说。皇帝有点儿发抖，因为他似乎觉得老百姓们所讲的话是真的。不过他自己心里却这样想："我必须把这游行大典举行完毕。"因此他摆出一副更骄傲的神气。他的内臣们跟在他后面走，手中托着一条并不存在的后裙。

▶▶▶ 本章小结

无论是播读者进行稿件准备，还是受众听到播音作品，给他们带来最直观印象的总来自事物的"形象"。把握好对想象全方位的感受,并将其准确、生动、灵活地表现出来,是让受众能够被带入播音作品的关键。获得形象感受的关键则是视觉、听觉、触觉、味觉、嗅觉、运动觉、空间觉、时间觉。

思考题

1. 如何处理感受的丰富多样与基调之间的关系?
2. 如果一段描写中出现多种感受该如何处理?
3. 对于一段描写中的感受,表达是否有一定标准?

第八章 情感感受表达训练

真情实感是播音创作过程中最能被受众感受到的表达,是播读者与受众进行信息沟通时最直接的"桥梁"。在播音创作中,播读者要准确、深刻地体验稿件中的情感,再结合自身的经历、阅历获得恰切的感受,并形之于声,将情感信息传达给受众,形成感染力。

第一节 情感感受的获得——体验

获得稿件中的情感感受,包含两个步骤:一是从稿件的文字中判断出情感的状态;二是结合自身获得相应的"同位感",产生相应的心理刺激。要把一种情感感受表达得真实、生动、细腻,则需要注意两点:一是把抽象的情感描写内容具体化;二是把陌生内容中的情感寄托于自身熟悉的体验。

一、抽象情感的具体化

有些稿件内容中所蕴含的情感往往不通过具体的人和事物进行彰显,而是通过大量象征手法或具有文学性的心理描述进行表现。播读者不难概括出稿件中所要表达的情感,却容易陷入对某一种情感类型宽泛的表现,这样容易听起来有"气势"、有"气氛",但难以"入心"。

例文:

祖国啊,我亲爱的祖国[①]

舒 婷

我是你河边上破旧的老水车,
数百年来纺着疲惫的歌;
我是你额上熏黑的矿灯,

[①] 中国作家协会诗刊社.中国新诗百年志 作品卷 下[M].北京:中国工人出版社,2017:5-7.

照你在历史的隧洞里蜗行摸索；
我是干瘪的稻穗；是失修的路基；
是淤滩上的驳船
把纤绳深深
勒进你的肩膊，
——祖国啊！

我是贫困，
我是悲哀。
我是你祖祖辈辈
痛苦的希望啊，
是"飞天"袖间
千百年未落到地面的花朵；
——祖国啊！

我是你簇新的理想
刚从神话的蛛网里挣脱；
我是你雪被下古莲的胚芽；
我是你挂着眼泪的笑涡；
我是新刷出的雪白的起跑线；
是绯红的黎明
正在喷薄；
—— 祖国啊！

我是你的十亿分之一，
是你九百六十万平方的总和；
你以伤痕累累的乳房
喂养了
迷惘的我、深思的我、沸腾的我；
那就从我的血肉之躯上
去取得
你的富饶、你的荣光、你的自由；
——祖国啊，
我亲爱的祖国！

舒婷的《祖国啊，我亲爱的祖国》一诗包含了真挚、热烈的爱国情感，朗诵者往往简单地抓住爱国这个基调，将其与高亢、激昂的声音形式简单连接，这样的表达往往会产生形式大于内容的效果。

爱国,是每一个人心中挥之不去的情感,但又因年龄、经历等方面的差异不尽相同。舒婷这首诗创作于十一届三中全会之后,那是在中国大变革的开端,人们向着美好的未来敞开怀抱,因此,在全诗中,我们体会到的感情是浓烈的、昂扬向上的。但在字里行间,作者并没有直接去表现那个时代的种种符号,而是运用象征手法来表达情感。而我们在朗诵这部作品时,就可以找到一个最能让自己产生浓烈、昂扬向上的情感的事件、场景,也可以通过一部影视剧、一首歌来让自己产生相应的心理状态。

你可以回想香港回归、申奥成功的激动时刻,也可以在脑海中浮现孙楠演唱的《红旗飘飘》激荡的旋律,还可以通过重温《建国大业》来获得这种情感。

> 作者在写作过程中,都不自觉地期待这一作品具有长久的生命力。经典作品往往不局限在一个时代的某个时间节点,而是能让不同时代的人在思想与情感上都获得共鸣。这样的作品就留给播读者极大的创作空间,播读者用当时的文字表达此时的情感,同样让受众在当下获得共鸣。
>
> 请欣赏詹泽朗诵的《祖国啊,我亲爱的祖国》。

《祖国啊,我亲爱的祖国》(詹泽朗诵)

二、陌生情感的熟悉化

在播音创作的稿件中,很多内容来自我们并不熟悉的领域。一方面,我们要博览群书,善于观察生活,积累创作经验;另一方面,我们也要掌握一定的方法、技巧来应对陌生的内容。

首先,播音员应该具备好奇的心理、钻研的精神,对未知领域充满探知欲望,又能够对某一方面的内容进行自我学习和钻研,这应该是播音员具备的职业素养。另外,谈到方法、技巧,我们不能停留在如何运用自己的声音上,其实方法、技巧也包含大量"心理诱导"方法,借助这些方法,播读者让自己产生播音创作所需要的情感状态,从而进行表达。

遇到一篇稿件,明明知道要表达的是一种什么类型的情感,但稿件内容与自己的生活相距太远,这时就可以找到自己生活经历中与之相类似的经验进行诱导。这时,脑海中浮现的可能是另外一幅场景,但所表现出来的情感状态是符合稿件表达需要的。

例文:

延安唱歌,成为一种风气。部队里唱歌,学校里唱歌,工厂、农村、机关里也唱歌。每逢开会,各路队伍都是踏着歌走来,踏着歌回去。往往开会以前唱歌,休息的时候还是唱歌。没有歌声的集会几乎是没有的。列宁评价十九世纪七十年代德国工人歌咏团,说他们是"在法兰克福一家小酒馆的一间黑暗的、充满了油烟的里屋集会,房子里是用脂油做的蜡烛照明的"。在黑暗的时代里,唱唱歌该是多么困难啊。在延安,大家是在解放了的自由的土地上,为什么不随时随地集体地、大声地歌唱呢?每次唱歌,都有唱有和,互相鼓舞着唱,互相竞赛着唱。有时简直形成歌的河流,歌的海洋,歌声一波未平,一波又起,接唱,联唱,轮唱,使你辨不清头尾,摸不到边际。那才叫尽情地歌唱哩!

唱歌的时候,一队有一个指挥,指挥多半是多才多艺的,既能使自己的队伍唱得整齐有力,唱得精彩,又有办法激励别的队伍唱了再唱,唱得尽兴。最喜欢千人、万人的大会上,一个指挥用伸出的右手向前一指,唱一首歌的头一个音节定定调,全场就可以用同一种声音唱起来。一首歌唱完,指挥用两臂有力地一收,歌声便戛然停止。这样简直把唱歌变成了一种思想、一种语言,甚至一种号令。千人万人能被歌声团结起来、组织起来,踏着统一的步伐前进,听着统一号令战斗。

(吴伯箫《歌声》)[①]

上文所描写的是延安时期军民团结一心,用歌声鼓舞斗志,用歌声表达对美好未来无尽向往的场景。很多播读者既没有在延安黄土高原上的环境体验,又没有在革命斗争年代的体验。那么,我们就可以结合自身熟悉的经历进行"移情",比如一场大型晚会尾声演员与观众的齐声合唱、一场演唱会现场歌手与听众的合唱、军训时不同方阵之间的"拉歌"等,都可以作为一种"情感素材"加入播音创作中,这样才能让播音作品听起来具备真实、充沛的情感。

第二节 情感感受的表达

情感感受可以表现为具体的声音形式,但前提是一定要激发起自身真实的情感状态,否则就会变成用声音形式去表现一种情感。看似相近的两种表述,却是两种截然相反的创作观——一种是建立在情感基础上进行表达,是正确的创作观;另一种是用形式来营造情感状态,是错误的创作观。

我们要非常清楚地分辨两种状态:一是日常的练习状态,我们可以通过大量练习来让自己越来越熟练地建立起情感与声音的对应关系,从而让播音创作过程中的声音表现成为情感流露的自然结果;二是播音创作状态,我们要激发出内心的真情实感,让整个播音作品成为自然、完整、生动的表达,而不是大量声音技巧的堆砌。

把握好这两种状态,分清日常练习与实际播出的不同目的,才能让播音员不仅能

[①] 古耜. 千秋伟业,百年风华[M]. 北京:中国言实出版社,2021:288-289.

够不断地提升自己的播音创作技巧,也能在播音创作过程中做到朴实、真挚,感染受众。

一、情感表达的基本类型

人类有大量具体的情感类型,并且体现在语言上都会立足于声音和呼吸的状态变化,因此,情感的表达主要通过语气变化的方法实现,如表 8-1 所示。

表 8-1 情感类型对应语气

情感	语气	例句
由衷赞扬	气徐声柔	这就是我梦中到过无数次的天山!
憎恨厌恶	气足声硬	我现在不想见到你!
冷漠敷衍	气少声平	就这样,明天下午两点钟,我办公室见。
讥讽嘲弄	气浮声跳	你说你脚底下踩的东西叫鞋?
谄媚讨好	气虚声假	哎哟!乌鸦小姐!您今天穿得可真漂亮啊!
害怕恐惧	气提声凝	就在不远处,一辆大货车正飞速冲了过来!
愤怒斥责	气粗声重	你这样做,对得起老百姓吗?
喜庆热烈	气满声高	在这里,我们给大家拜年啦!
悲壮凝重	气沉声缓	灵车缓缓地在长安街上行进着……
伤心哀痛	气哽声咽	三天三夜,姨娘的眼泪都快流干了。
疑惑猜测	气断声敛	他说他很久没回来了,可这桌子上怎么没有一点灰呢?
紧张急切	气促声短	快!鬼子想从西面突围!
欢畅舒爽	气放声散	我感觉到,这山、这海此刻都是属于我的!
端庄严肃	气匀声稳	中美两国 5 月 19 日在华盛顿就双边经贸磋商发表联合声明。
忧愁无奈	气弱声暗	那天我又独自坐在屋里,看着窗外的树叶"唰唰啦啦"地飘落。
羞愧窘迫	气乱声紧	窃书……不能算偷,窃书,读书人的事,能算偷吗?

人的情感状态是极为丰富、细腻的,表 8-1 的内容只是概括了一些常见的基本类型。稿件往往不仅仅存在一种情感类型,不同的情感在稿件中交织出现。如果说基调是一次播音创作活动整体、基础的创作方向,那么情感基础上生发出来的语气,就是播音创作过程中具体的声音形式的体现。前者是恒定的,而后者是多变的。

例文：

最后一课[1]

都 德

那天早晨上学,我去得很晚,心里很怕韩麦尔先生骂我,况且他说过要问我们分词,可是我连一个字也说不上来。我想就别上学了,到野外去玩玩吧。

天气那么暖和,那么晴朗!

画眉在树林边宛转地唱歌。锯木厂后边草地上,普鲁士士兵正在操练。这些景象,比分词用法有趣多了;可是,我还能管住自己,急忙向学校跑去。

我走过镇公所的时候,看见许多人站在布告牌前边。最近两年来,我们的一切坏消息都是从那里传出来的:败仗啦,征发啦,司令部的各种命令啦。——我也不停步,只在心里思量:"又出了什么事啦?"

铁匠华希特带着他的徒弟也挤在那里看布告,他看见我在广场上跑过,就向我喊:"用不着那么快呀,孩子,反正你到学校总是挺早的!"

我想他在拿我开玩笑,就上气不接下气地赶到韩麦尔先生的小院子里。

平常日子,学校开始上课的时候,总有一阵喧闹,就是在街上也能听到。开课桌啦,关课桌啦,大家怕吵捂着耳朵大声背书啦……还有老师拿着大铁戒尺在桌子上紧敲:"静一点,静一点……"

我本来打算趁那一阵喧闹偷偷地溜到我的座位上去;可是,这一天,一切偏安安静静的,跟星期日的早晨一样。我从开着的窗子望进去,看见同学们都在自己的座位上了;韩麦尔先生呢,踱来踱去,胳膊底下夹着那块怕人的铁戒尺。我只好推开门,当着大家的面走过静悄悄的教室。你们可以想象,我那时脸多么红,心多么慌!

可是,一点儿也没有什么。韩麦尔先生见了我,很温和地说:"快坐好,小弗郎士,我们就要开始上课,不等你了。"

我一纵身跨过板凳就坐下。这时候,我的心稍微平静了一点儿,我才注意到,我们的老师今天穿上了他那件挺漂亮的绿色礼服,打着皱边的领结,戴着那顶绣边的小黑丝帽。这套衣帽,他只在督学来视察或者在发奖的日子才穿戴。而且,整个教室有一种不平常的严肃的气氛。最使我吃惊的是,后边几排一向空着的板凳上坐着好些镇上的人,他们也跟我们一样肃静。其中有郝叟老头儿,戴着他那顶三角帽,有从前的镇长,从前的邮差,还有些旁的人。个个看来都很忧愁。郝叟还带着一本书边破了的初级读本,他把书翻开,摊在膝头上,书上横放着他那副大眼镜。

我看见这些情形,正在诧异,韩麦尔先生已经坐上椅子,像刚才对我说话那样,又柔和又严肃地对我们说:"我的孩子们,这是我最后一次给你们上课了。柏林已经来了命令,阿尔萨斯和洛林的学校只许教德语了。新老师明天就到。今天是你们最后一堂法语

---

[1] 范文瑚.外国文学作品选读[M].成都:四川人民出版社,1978:22-29.

课,我希望你们多多用心学习。"

我听了这几句话,心里万分难过。啊,那些坏家伙,他们贴在镇公所布告牌上的,原来就是这么一回事!

我的最后一堂法语课!

我几乎还不会作文呢!我再也不能学法语了!难道这样就算了吗?我从前没好好学习,旷了课去找鸟窝,到萨尔河上去溜冰……想起这些,我多么懊悔!我这些课本,语法啦,历史啦,刚才我还觉得那么讨厌,带着又那么重,现在都好像是我的老朋友,舍不得跟它们分手了。还有韩麦尔先生也一样。他就要离开了,我再也不能看见他了!想起这些,我忘了他给我的惩罚,忘了我挨的戒尺。

可怜的人!

他穿上那套漂亮的礼服,原来是为了纪念这最后一课!现在我明白了,镇上那些老年人为什么来坐在教室后边。这好像告诉我,他们也懊悔当初没常到学校里来。他们像是用这种方式来感谢我们老师四十年来忠诚的服务,来表示对就要失去的国土的敬意。

我正想着这些的时候,忽然听见老师叫我的名字。轮到我背书了。天啊,如果我能把那条出名难学的分词用法从头到尾说出来,声音响亮,口齿清楚,又没有一点儿错误,那么,任何代价我都愿意拿出来的。可是,开头几个字我就弄糊涂了,我只好站在那里摇摇晃晃,心里挺难受,头也不敢抬起来。我听见韩麦尔先生对我说:

"我也不责备你,小弗郎士,你自己一定够难受的了,这就是了。大家天天都这么想:'算了吧,时间有的是,明天再学也不迟。'现在看看我们的结果吧。唉,总要把学习拖到明天,这正是阿尔萨斯人最大的不幸。现在,那些家伙就有理由对我们说了:'怎么?你们还自己说是法国人呢,你们连自己的语言都不会说,不会写!……'不过,可怜的小弗郎士,也并不是你一个人的过错,我们大家都有许多地方应该责备自己呢。"

"你们的爹妈对你们的学习不够关心。他们为了多赚一点钱,宁可叫你们丢下书本到地里到纱厂里去干活儿。我呢,我难道没有应该责备自己的地方吗?我不是常常让你们丢下功课替我浇花吗?我去钓鱼的时候,不是干脆就放你们一天假吗?……"

接着,韩麦尔先生从这一件事谈到那一件事,谈到法国语言上来了。他说,法国语言是世界上最美的语言——最明白,最精确;又说,我们必须把它记在心里,永远别忘了它,亡了国当了奴隶的人民,只要牢牢记住他们的语言,就好像拿着一把打开监狱大门的钥匙。说到这里,他就翻开书讲语法。真奇怪,今天听讲,我全都懂。他讲得似乎挺容易,挺容易。我觉得我从来没有这样细心听讲过,他也从来没有这样耐心讲解过。这可怜的人好像恨不得把自己知道的东西,在他离开之前全教给我们,一下子塞进我们的脑子里去。

语法课完了,我们又上习字课。那一天,韩麦尔先生发给我们新的字帖,帖上都是美丽的圆体字:"法兰西","阿尔萨斯","法兰西","阿尔萨斯"。这些字帖挂在我们课桌的铁杆上,就好像许多面小国旗在教室里飘扬。个个那么专心,教室里那么安静!只听见钢笔在纸上沙沙地响。有时候一些金甲虫飞进来,但是,谁都不注意它们,连最小的孩子也不分心,他们正在专心画"杠子",好像那也算是法国字。屋顶上鸽子咕咕咕咕地低声叫着,我心里想:"他们该不会强迫这些鸽子也用德国话唱歌吧!"

我每次抬起头来,总看见韩麦尔先生坐在椅子里,一动也不动,瞪着眼看周围的东西,好像要把这教室里的东西都装在眼睛里带走似的。只要想想!四十年来,他一直在这里,窗外是他的小院子,面前是他的学生;只有用了多年的课桌和椅子,擦光了,磨损了;院子里的胡桃树长高了;他亲手栽的紫藤,如今也绕着窗口一直爬到屋顶了。可怜的人啊,现在要他跟这一切分手,叫他怎么不伤心呢?何况又听见他的妹妹在楼上走来走去收拾行李!——他们明天就要永远离开这个地方了。

可是他有足够的勇气把今天的功课坚持到底。习字课完了,他又教了一堂历史。接着又教初级班拼他们的 ba,be,bi,bo,bu。在教室后排座位上,郝叟老头儿已经戴上眼镜,两手捧着他那本初级读本,跟他们一起拼这些字母。他感情激动,连声音都发抖了。听到他古怪的声音,我们又想笑,又难过。啊!这最后一课,我真永远忘不了!

忽然教堂的钟敲了十二下。祈祷的钟声也响了。同时,窗外又传来普鲁士士兵的号声——他们已经收操了。韩麦尔先生站起来,脸色惨白,我觉得他从来没有这么高大。

"我的朋友们啊,"他说,"我——我——"

但是他哽住了,他说不下去了。

他转身朝着黑板,拿起一支粉笔,使出全身的力量,写了几个大字:

"法兰西万岁!"

然后他呆在那儿,头靠着墙壁,话也不说,只向我们做了一个手势:"散学了,——你们走吧。"

这篇法国作家都德的《最后一课》,以主人公小弗郎士的心理活动为行文线索,这为播读者提供了很鲜明的创作依据。因此,虽然这是一篇带有悲壮色彩的、控诉侵略者文化统治的小说,但开头是从小弗郎士考虑要不要逃课的"小心思"开始的,充满了童趣。播读者需要抓住主人公心理,从厌烦到疑惑、从惊讶到悔恨、从悲伤到无奈,主人公是整个小说思想感情的最直接体验者和表述者,播读者循着主人公的叙述,引发情感变化,从而不断变化语气形式,推动播音创作。

二、情感表达的程度把握

在某一情感类型得以确定的基础上,播读者还要根据稿件内容来揣摩表达这种情感的程度,才能准确地表达稿件中的思想感情。对情感分寸的把握能力,体现了播读者播音创作的功力,如表 8-2 所示。

表 8-2　情感表达程度把握示例

你要相信，我是爱你的。				
一般陈述	积极表达	强烈表达	强烈祈使	激烈失控
仅表现了内容	亮明了主观态度	表现出了情绪程度	强调对结果的期许	无法控制地把宣泄作为目的

表 8-2 中，情感程度按箭头方向逐渐增强，在这一程度变化中，声音形式产生相应的变化，基本体现在三个方面。

第一，声音的变化，包括音高、音强等方面。

第二，呼吸的变化，包括气量、频率等方面。

第三，语势的变化，表现为对语势起伏程度的控制。

需要指明的是，强化某一种语气程度，不一定就是强化其声音、呼吸、语势程度，有时恰恰需要弱化其程度来增强其效果。有时，声音、呼吸、语势也并不向同一个方向发展，而是通过各自强弱的配合，来体现特定的情感状态。

例文：

我每天早上早 6 点 45 分醒来，然后刷牙、洗脸、上厕所，到门口的早点摊吃早点，一、三、五包子、稀饭，二、四油条、豆浆。然后在 9 点前来到公司，打开那台电脑就是一天重复、重复再重复的动作……每天晚上倒是不同，因为每天晚上加班的时间都不一样，那直接决定了我回家的时间和内心里控诉这种生活的强烈程度。

播读上文内容，要呈现出比较明显的"冷漠"语气特征，这时候播读者反映在声音形式上的结果是弱化的，如果反之，则完全失去了效果。

例文：

有的人，骑在人民头上，"呵！我多伟大！"

上句明显具有"讽刺"的意味，播读者应把"呵！我多伟大！"一句提高音量，而减少呼吸的气量、减弱语势的起伏，这样就表现出作者对统治者自命不凡、恃强凌弱还要以伟人自居的强烈讽刺。

例文：

筱燕秋回到了化妆间，无声地坐在化妆台前。剧场里响起了喝彩声，化妆间里就越发寂静了。她望着自己，目光像秋夜的月光，汪汪地散了一地。筱燕秋一点都不知道她做了些什么，她像一个走尸，拿起水衣给自己披上了，然后取过肉色底彩，挤在左手的掌心，均匀地、一点一点地往脸上抹，往脖子上抹，往手上抹。化完妆，她请化妆师给她吊眉、包头、上齐眉穗、戴头套，最后她拿起了她的笛子。筱燕秋做这一切的时候是镇定自若的,出奇地安静。但是,她的安静让化妆师不寒而栗,后背上一阵一阵地竖毛孔。化妆师怕极了,惊恐地盯着她。筱燕秋并没有做什么,也没有说什么,只是拉开了门,往门外走。

　　筱燕秋穿着一身薄薄的戏装走进了风雪。她来到剧场的大门口,站在了路灯的下面。筱燕秋看了大雪中的马路一眼,自己给自己数起了板眼,同时舞动起手中的竹笛。她开始了唱,她唱的依旧是二黄慢板转原板转流水转高腔。雪花在飞舞,剧场的门口突然围上来许多人,突然堵住了许多车。人越来越多,车越来越挤,但没有一点声音。围上来的人和车就像是被风吹过来的,就像是雪花那样无声地降落下来的。筱燕秋旁若无人。剧场内爆发出又一阵喝彩声。筱燕秋边舞边唱,这时候有人发现了一些异样,他们从筱燕秋的裤管上看到了液滴在往下淌。液滴在灯光下面是黑色的,它们落在了雪地上,变成了一个又一个黑色窟窿。

(毕飞宇《青衣》①)

　　在上文片段中,筱燕秋在确认了自己告别舞台的命运后,要进行最后一次表演。这一片段中,忧伤与释怀,对自身命运的接受与对舞台的眷恋交织在一处,形成了一种较为复杂的情感状态,这种情感状态又随着行动的推进而不断强化。这就需要播读者从一开始就控制好语气的分量,层层推进,渐渐加强,到最后推向情感抒发的高潮。

第三节　实训稿件

训练稿件一

雨　巷②

戴望舒

撑着油纸伞,独自
彷徨在悠长,悠长
又寂寥的雨巷,
我希望逢着
一个丁香一样地
结着愁怨的姑娘。

她是有
丁香一样的颜色,
丁香一样的芬芳,

---

① 毕飞宇.青衣[M].北京:人民文学出版社,2022:381.
② 戴望舒.戴望舒诗歌精选[M].北京:群言出版社,2022:24-26.

丁香一样的忧愁,
在雨中哀怨,
哀怨又彷徨;

她彷徨在这寂寥的雨巷,
撑着油纸伞
像我一样,
像我一样地
默默彳亍着,
冷漠,凄清,又惆怅。

她静默地走近
走近,又投出
太息一般的眼光,
她飘过
像梦一般地,
像梦一般地凄婉迷茫。

像梦中飘过
一枝丁香地,
我身旁飘过这女郎;
她静默地远了,远了,
到了颓圮的篱墙,
走尽这雨巷。

在雨的哀曲里,
消了她的颜色,
散了她的芬芳,
消散了,甚至她的
太息般的眼光,
丁香般的惆怅。

撑着油纸伞,独自
彷徨在悠长,悠长
又寂寥的雨巷,
我希望飘过
一个丁香一样地
结着愁怨的姑娘。

训练稿件二

你是人间的四月天①

林徽因

我说你是人间的四月天；
笑响点亮了四面风；轻灵
在春的光艳中交舞着变。

你是四月早天里的云烟，
黄昏吹着风的软，星子在
无意中闪，细雨点洒在花前。

那轻，那娉婷，你是，鲜妍
百花的冠冕你戴着，你是
天真，庄严，你是夜夜的月圆。

雪化后那片鹅黄，你像；新鲜
初放芽的绿，你是；柔嫩喜悦
水光浮动着你梦期待中白莲。

你是一树一树的花开，是燕
在梁间呢喃，——你是爱，是暖，
是希望，你是人间的四月天！

训练稿件三

秋天，这秋天②

林徽因

这是秋天，秋天，——
风还该是温软；
太阳仍笑着那微笑，
闪着金银，夸耀
他实在无多了的
最奢侈的早晚！
这里那里，在这秋天，
斑彩错置到各处

---

① 林徽因.如果我的心是一朵莲花[M].北京：人民文学出版社，2022：33-34.
② 林徽因.如果我的心是一朵莲花[M].北京：人民文学出版社，2022：25-29.

山野,和枝叶中间,
像醉了的蝴蝶,或是
珊瑚珠翠,华贵的失散,
缤纷降落到地面上。
这时候心得像歌曲,
由山泉的水光里闪动,
浮出珠沫,溅开
山石的喉嗓唱。
这时候满腔的热情
全是你的,秋天懂得,
秋天懂得那狂放,——
秋天爱的是那不经意
不经意的零乱!

但是秋天,这秋天,
他撑着梦一般的喜筵,
不为的是你的欢欣:
他撒开手,一掬璎珞,
一把落花似的幻变,
还为的是那不定的
悲哀,归根儿蒂结住
在这人生的中心!
一阵萧萧的风,起自
昨夜西窗的外沿,
摇着梧桐树哭。——
起始你怀疑着:
荷叶还没有残败;
小划子停在水流中间;
夏夜的细语,夹着虫鸣,
还信得过仍然偎着
耳朵旁温甜;
但是梧桐叶带来桂花香,
已打到灯盏的光前。
一切都两样了,他闪一闪说,
只要一夜的风,一夜的幻变。

冷雾迷住我的两眼，
在这样的深秋里，
你又同谁争？现实的背面
是不是现实，荒诞的，
果属不可信的虚妄？
疑问抵不住简单的残酷，
再别要悯惜流血的哀惶，
趁一次里，要认清
造物更是摧毁的工匠。
信仰只一细炷香，
那点子亮再经不起西风
沙沙的隔着梧桐树吹！
如果你忘不掉，忘不掉
那同听过的鸟啼；
同看过的花好，信仰
该在过往的中间安睡。……
秋天的骄傲是果实，
不是萌芽，——生命不容你
不献出你积累的馨芳；
交出受过光热的每一层颜色；
点点沥尽你最难堪的酸怆。
这时候，
切不用哭泣；或是呼唤；
更用不着闭上眼祈祷；
（向着将来的将来空等盼）；
只要低低的，在静里，低下去
已困倦的头来承受，——承受
这叶落了的秋天，
听风扯紧了弦索自歌挽：
这秋，这夜，这惨的变换！

二十二年十一月中旬

训练稿件四

再别康桥[①]

徐志摩

轻轻的我走了，
正如我轻轻的来；
我轻轻的招手，
作别西天的云彩。

那河畔的金柳，
是夕阳中的新娘；
波光里的艳影，
在我的心头荡漾。

软泥上的青荇，
油油的在水底招摇；
在康河的柔波里，
我甘心做一条水草！

那榆荫下的一潭，
不是清泉,是天上虹，
揉碎在浮藻间，
沉淀着彩虹似的梦。

寻梦？撑一支长篙，
向青草更青处漫溯，
满载一船星辉，
在星辉斑斓里放歌。

但我不能放歌，
悄悄是别离的笙箫；
夏虫也为我沉默，
沉默是今晚的康桥！

悄悄的我走了，
正如我悄悄的来；
我挥一挥衣袖，

[①] 徐志摩.恋爱到底是什么一回事[M].成都:四川人民出版社,2022:205-206.

不带走一片云彩。

十一月六日 中国海上

训练稿件五

一路欢歌

李克萌

这，是我的老伙计，东风 EQ6700，6600 公斤，23 个座位，大家叫它"小巴"。中专毕业那年，我生活的这个不大不小的城市仿佛到了青春期，飞速地成长起来，公交车也变得特别拥挤。于是，很多人就开起了小巴，招手就停，快到地方，您提前说一声，能停多近就给您停多近，别提多方便了。刚毕业的我就当了一名小巴售票员。

记得第一天上班，我早早地把车里车外收拾得干干净净，司机老张说我像给自己打扫新房似的。结果，第一天就让我遇到麻烦事了，有个大姐，晕车，给吐车上了，当时给我气得呀！捂着鼻子没好气地收拾着。

事后，老张跟我说，小姑娘，干什么活就得遭什么罪，这是做人的本分，人家不遭你这罪，不也没拿你那份钱吗？

对呀！这三百六十行，干哪行就得守哪行的本分。我的本分，就是只要您还在我这车上，您的事就是我的事。小巴的售票员，也能出个李素丽。

但有时候，也真让人气不打一处来，你说那抢座的，就不能互相让让？尤其是故意不给老人、孕妇让座的，那我就不客气了，起来！你还真坐得住！

这在车上，都是要出门的，不管急不急，都想快点到，所以有口角也是难免的，但都是小事，要真遇到大事……哎！就说那次，一个四十多岁的大哥，突然就肚子疼得脸色惨白，那汗珠子成串地往下掉！真把我吓坏了！当时，我没时间多想了……大家伙，对不住了，咱们前面不能停，得先去医院了。老张，前面掉头，去二医院最近……车上没一个人说个"不"字，有的一直扶着那位大哥，有个老阿姨还拿出自己的热水给他喝，有一个大姐拿着随身带的止痛药不知道该不该给他吃……大家都很紧张，有个小伙子也不怕危险，半个身子伸出车外，冲前面路口的交警喊，车上有病人，不能等红灯啦！交警挥手让我们快走，后面的两三个路口的交警没等我们到就得到了消息……不到十分钟，我们就到了医院。

那天，收车了以后，我半天没想走，总想多待一会，感受这个车厢里的温暖。

后来，城市越来越繁华了，公交车越来越多了，那么长的车，开起来还那么稳，夏天有空调，冬天有暖风，有几条线上还有了公交电视……是比我们的小巴舒服多了……

坐小巴的人少了，有的就开始抢客，咋抢？飙车、超载呗！有的一路上门都不关。可是真出过事啊！老张不干，我也不干，可是收入就越来越少了。

终于，市里决定，取缔小巴！

是啊！该淘汰的，总要淘汰的。

最后一天出车,我把我们的老伙计擦得跟新车一样,老张一直不说话。路上,一个大爷说,你们这明天就不跑了,我都不知道咋去人民公园下棋了!大爷,您从家门口坐601到百货大楼下,一拐弯就是。您这身子骨,多走两步没问题。大爷挺高兴的,然后就一直看着车窗外,多少年啦!您跟我一样熟悉窗外的这些路啊!

晚上收车了,我和老张最后给我们的老伙计干干净净地洗了个澡。我们的老伙计,我们的小巴,光荣地下岗了……我们呢?我们还得继续上路!这是我的新伙计,捷达2013款,重量1200公斤,1.6L排量,油气混合动力,您好!请系好安全带,您去哪儿?好嘞!出发!

训练稿件六

复 活[①]

列夫·托尔斯泰

您说什么?要跟我结婚?哈哈……什么,什么?您要不跟我结婚就对不起上帝?哈哈……上帝!哼!公爵先生!我又从您的嘴里听到上帝了,可那是多么残忍的、吃人的上帝啊!我倒记起那天晚上的事了,您要听吗?

我从您姑妈那里听到了您要从前线回来的消息,我是多么地欢喜,多么地高兴啊!我相信您一定会到我们村子里来的。可是您给您的姑妈电报里却说有公事要到彼得堡去。这可把我急坏了,我决心要到车站去见您一面。我怎么能不见您呢?肚子里的孩子已经有好几个月了。我打听到你们的火车是夜里两点到我们这儿的。我等您姑妈等睡着了,就换上一双胶鞋,用围巾蒙着头,提着裙子就赶到车站去了。

那是一个好闷人的晚上啊!大颗大颗的秋雨,下一阵儿停一阵儿。路上一两尺远的地方就看不太清楚,树林子里黑得跟炭炉子似的,平常很熟悉的道也走迷糊了。等我赶到车站,已经响过第二遍铃了。我一跑到车站就赶到头等车那里去。

车厢是雪亮的,桌子上点着手臂粗的蜡烛,天鹅绒的安乐椅上坐着两位军官在打扑克。我一眼就看见了您——那靠着椅背同人家笑着说话的不是我日夜思念的人吗?我一看见您,就用冻僵的手敲那窗子。第三遍铃声又响了,火车就要开了,我急了,一边用手敲着窗子,一边把脸贴在玻璃上,但是我靠着的那节车厢也动起来了!我就一面望着车子里面,一边跟着车子走……正在这个时候我,我看见您站起来了,并且朝着窗子这边走来了,我的心怦怦直跳,我以为您该叫我了,谁知道您是过来放窗帘的。

正在这个时候,列车长推开我跳上车了,我还是沿着月台湿淋淋的地板跟着车子跑,月台跑完了,我就一滑一滑地跳下台阶在平地上跑……风是那样的厉害,我头上的围巾给吹掉了……头等车走了,二等车也走了,三等车也很快地过去了。在那风雨中,我拼命地追呀,追呀……一下子跌倒在泥水里,我坐在那里放声大哭……我想:他走了!待会火

[①] 朗诵水平等级考试纲要[M].上海:上海教育出版社,2007:261-262.此篇文字为根据列夫·托尔斯泰名著《复活》改编的话剧独白。

车来了,我就钻到火车下面去,就什么都结束了……

　　正在我打着这个主意的时候,我肚子里的孩子突突地跳动了起来。我那时候真是好为难啊!死吧,为了肚子里的小东西,我又怎么能死呢?我只好慢慢地站起来,凄凄凉凉地走回去了……哼,不到一个月,我就被你姑妈赶出来了。

　　从那天晚上起,我才认识了你们的上帝,认识了男人!哼!我再也不受上帝的骗了!也不再受你们的骗了!十年前,我做了你快乐的牺牲品,如今,你又想用我来拯救你的灵魂吗?哈哈……公爵老爷!现在,我是一个女犯人了,您用不着到这种地方来,请回去吧!……走开!我讨厌你,讨厌你的脸,你的声音,你的样子,你的眼泪,什么都是假的,什么都是假的。我恨!我恨那时候为什么没有死!

训练稿件七

享福人福深还祷福 痴情女情重愈斟情(节选)①
曹雪芹

　　且说宝玉因见林黛玉又病了,心里放不下,饭也懒去吃,不时来问。林黛玉又怕他有个好歹,因说道:"你只管看你的戏去,在家里作什么?"宝玉因昨日张道士提亲,心中大不受用,今听见林黛玉如此说,心里因想着:"别人不知道我的心还可恕,连他也奚落起我来。"因此心中更比往日的烦恼加了百倍。若是别人跟前,断不能动这肝火,只是林黛玉说了这话,倒比往日别人说这话不同,由不得立刻沉下脸来,说道:"我白认得了你。罢了,罢了!"林黛玉听说,便冷笑了两声道:"我也知道白认得了我,那里像人家有什么配的上呢。"宝玉听了,便向前来直问到脸上:"你这么说,是安心咒我天诛地灭?"林黛玉一时解不过这个话来。宝玉又道:"昨儿还为这个赌了几回咒,今儿你到底又准我一句。我便天诛地灭,你又有什么益处?"林黛玉一闻此言,方想起上日的话来。今日原是自己说错了,又是着急,又是羞愧,便颤颤兢兢的说道:"我要安心咒你,我也天诛地灭。何苦来!我知道,昨日张道士说亲,你怕阻了你的好姻缘,你心里生气,来拿我煞性子。"

　　原来那宝玉自幼生成有一种下流痴病,况从幼时和黛玉耳鬓厮磨,心情相对;及如今稍明时事,又看了那些邪书僻传,凡远亲近友之家所见的那些闺英闱秀,皆未有稍及林黛玉者,所以早存了一段心事,只不好说出来,故每每或喜或怒,变尽法子暗中试探。那林黛玉偏生也是个有些痴病的,也每用假情试探。因你也将真心真意瞒了起来,只用假意,我也将真心真意瞒了起来,只用假意。如此两假相逢,终有一真。其间琐琐碎碎,难保不有口角之争。

　　即如此刻,宝玉的心内想的是:"别人不知我的心,还有可恕,难道你就不想我的心里眼里只有你!你不能为我烦恼,反来以这话奚落堵我。可见我心里一时一刻白有你,你

---

① 曹雪芹.红楼梦[M].北京:人民文学出版社,2013:400-404.

竟心里没我。"心里这意思,只是口里说不出来。那林黛玉心里想着:"你心里自然有我,虽有'金玉相对'之说,你岂是重这邪说不重我的。我便时常提这'金玉',你只管了然自若无闻的,方见得是待我重,而毫无此心了。如何我只一提'金玉'的事,你就着急,可知你心里时时有'金玉',见我一提,你又怕我多心,故意着急,安心哄我。"

看来两个人原本是一个心,但都多生了枝叶,反弄成两个心了。那宝玉心中又想着:"我不管怎么样都好,只要你随意,我便立刻因你死了也情愿。你知也罢,不知也罢,只由我的心,可见你方和我近,不和我远。"那林黛玉心里又想着:"你只管你,你好我自好,你何必为我而自失。殊不知你失我自失。可见是你不叫我近你,有意叫我远你了。"如此看来,却都是求近之心,反弄成疏远之意。如此之话,皆他二人素习所存私心,也难备述。

如今只述他们外面的形容。那宝玉又听见他说"好姻缘"三个字,越发逆了己意,心里干噎,口里说不出话来,便赌气向颈上抓下通灵宝玉,咬牙恨命往地下一摔,道:"什么捞什骨子,我砸了你完事!"偏生那玉坚硬非常,摔了一下,竟文风没动。宝玉见没摔碎,便回身找东西来砸。林黛玉见他如此,早已哭起来,说道:"何苦来,你摔砸那哑巴物件。有砸他的,不如来砸我。"二人闹着,紫鹃雪雁等忙来解劝。后来见宝玉下死砸玉,忙上来夺,又夺不下来,见比往日闹的大了,少不得去叫袭人。袭人忙赶了来,才夺了下来。宝玉冷笑道:"我砸我的东西,与你们什么相干!"

袭人见他脸都气黄了,眼眉都变了,从来没气的这样,便拉着他的手,笑道:"你同妹妹拌嘴,不犯着砸他;倘或砸坏了,叫他心里脸上怎么过的去?"林黛玉一行哭着,一行听了这话说到自己心坎儿上来,可见宝玉连袭人不如,越发伤心大哭起来。心里一烦恼,方才吃的香薷饮解暑汤便承受不住,"哇"的一声都吐了出来。紫鹃忙上来用手帕子接住,登时一口一口的把一块手帕子吐湿。雪雁忙上来捶。紫鹃道:"虽然生气,姑娘到底也该保重着些。才吃了药好些,这会子因和宝二爷拌嘴,又吐出来。倘或犯了病,宝二爷怎么过的去呢?"宝玉听了这话说到自己心坎儿上来,可见黛玉不如一紫鹃。

又见林黛玉脸红头胀,一行啼哭,一行气凑,一行是泪,一行是汗,不胜怯弱。宝玉见了这般,又自己后悔方才不该同他较证,这会子他这样光景,我又替不了他。心里想着,也由不的滴下泪来了。袭人见他两个哭,由不得守着宝玉也心酸起来,又摸着宝玉的手冰凉,待要劝宝玉不哭罢,一则又恐宝玉有什么委曲闷在心里,二则又恐薄了林黛玉。不如大家一哭,就丢开手了,因此也流下泪来。紫鹃一面收拾了吐的药,一面拿扇子替林黛玉轻轻的扇着,见三个人都鸦雀无声,各人哭各人的,也由不得伤心起来,也拿手帕子擦泪。四个人都无言对泣。

一时,袭人勉强笑向宝玉道:"你不看别的,你看看这玉上穿的穗子,也不该同林姑娘拌嘴。"林黛玉听了,也不顾病,赶来夺过去,顺手抓起一把剪子来要剪。袭人紫鹃刚要夺,已经剪了几段。林黛玉哭道:"我也是白效力。他也不希罕,自有别人替他再穿好的去。"袭人忙接了玉道:"何苦来,这是我才多嘴的不是了。"宝玉向林黛玉道:"你只管剪,我横竖不带他,也没什么。"

　　只顾里头闹,谁知那些老婆子们见林黛玉大哭大吐,宝玉又砸玉,不知道要闹到什么田地,倘或连累了他们,便一齐往前头回贾母王夫人知道,好不干连了他们。那贾母王夫人见他们忙忙的作一件正经事来告诉,也都不知有了什么大祸,便一齐进园来瞧他兄妹。急的袭人抱怨紫鹃为什么惊动了老太太、太太;紫鹃又只当是袭人去告诉的,也抱怨袭人。那贾母、王夫人进来,见宝玉也无言,林黛玉也无话,问起来又没为什么事,便将这祸移到袭人紫鹃两个人身上,说"为什么你们不小心服侍,这会子闹起来都不管了!"因此将他二人连骂带说教训了一顿。二人都没话,只得听着。还是贾母带出宝玉去了,方才平服。

训练稿件八

猴吃西瓜①

　　猴王找到了一个大西瓜,可是,怎么吃呢?这个猴啊,是从来也没有吃过西瓜。忽然,他想出了一条妙计,于是,把所有的猴都召集来了。

　　他清了清嗓子:"今天,我找到了一个大西瓜。至于这西瓜的吃法嘛,我当然……当然是知道的。不过,我要考验一下大伙的智慧,看看谁能说出这西瓜的吃法。如果说对了,我可以多赏他一块。如果说错了,我可要惩罚他!"

　　大伙你看看我,我看看你,是谁也没有吃过西瓜。

　　小毛猴眨巴眨巴眼睛,挠了挠腮说:"我知道,吃西瓜是吃瓤!"

　　"不对!小毛猴说得不对!"秃尾巴猴跳了起来:"我小的时候跟我妈去姥姥家,吃过甜瓜,吃甜瓜就是吃皮。我想,这甜瓜也是瓜,西瓜也是瓜,吃西瓜嘛,当然也是吃皮咯。"

　　这时候,大伙争执起来,有的说:"吃西瓜吃皮!"有的说:"吃西瓜吃瓤!"可争了半天,也没争出个结果,于是都不由得把目光集中到一只老猴的身上。这老猴认为出头露面的机会来了,他将了将胡子,打扫了一下嗓子说:"这吃西瓜嘛,当然……当然是吃皮喽。我从小就爱吃西瓜,而且……而且一直都是吃皮的。我想,我之所以老而不死,就是因为吃了这西瓜皮……"

　　大伙都欢呼起来:"对!吃西瓜吃皮!""吃西瓜吃皮!"猴王认为找到了正确答案,他站起身来,上前一步,开言道:"对!大伙说得对!吃西瓜是吃皮。哼!就小毛猴崽子一个人说吃西瓜吃瓤,那就让他一个人吃吧!咱们大伙,都吃西瓜皮!"

　　西瓜一刀两半,小毛猴吃瓤。大伙,是共分西瓜皮……

　　有个猴吃了两口,就捅了捅旁边的说:"哎,我说这可不是滋味啊!""咳,老弟,我常吃西瓜,西瓜嘛,就是这味……"

---

① 宫美玲,杨琨.语言考级教程[M].长春:吉林人民出版社,2007:85-86.

训练稿件九

普罗米修斯①（节选）

埃斯库罗斯

你这晴明的天宇，轻快的和风，你这长河上的流水，大海里万顷波涛的狂笑，你这生养万物的大地和照临下界的太阳啊，我祈祷你们：请看我这一位天神竟遭受了众神的侮辱，请看我怎样受人家虐待，这要经过千万年的挣扎。这便是那天上的新王所给我造下的可耻的囚禁。哎呀呀！我为这眼前的和未来的惨痛而悲叹，这灾难的终点出现在何方？我说什么哪？那一切未来的事我都先知道得很详细，决不会有什么意想不到的灾难会临到我身上。我明知那强力是不容拒抗的，我得要轻易就忍受了这注定的命运。可是我怎么能够默然地忍受这灾难呢？怎能够道出我所受的苦处呢？只因我这不幸的神把天上的权利赐予凡人才这样被权力束缚起来：我曾经把火的泉源盗取了出来，存放在茴香杆内，这圣火变作了人间一切艺术的先师和绝大的资力，我为这一点过错得到这样的惩罚，被人家侮辱，钉在这露天之下。呀！这是什么回音？这是什么香气飘来我面前？这看不见的是天神，是凡人，或是什么仙子？有什么人神跑到这天涯岩上来观看我所受的痛苦或是什么旁的用意呢？你们看我这不幸的天神被人家束缚起来。只因我太爱人类，才变作了宙斯的仇敌，变作了那居住天庭里的真神所厌恶的神。呀！我听见身旁有的声音，这又是什么哪？是飞鸟鼓翼的声音吗？这空气随着羽翼的轻飘而波动起来，不论什么前来都使我心惊！

▶▶▶ 本章小结

情感感受的表达是最为直接的力量，在播音创作的效果中呈现得最为突出。因此，这就要求我们真诚地表达，并把握好分寸。情感，不能是装出来的，当表现形式大于实际的情感状态时，难免会给人矫揉造作之嫌。

思考题

1. 怎样认识作者情感和播读者情感之间的联系？
2. 可以预设受众的情感反应吗？
3. 同一段内容的情感感受是否可以有不同的角度呈现？

---

① 中央戏剧学院台词研究室.舞台影视语言基本技巧[M].北京:文化艺术出版社,2000:312-313.

第九章　逻辑感受表达训练

稿件中，无论是叙事、状物，还是表情、达意，都是在一定的结构当中进行的。组织结构的过程要靠逻辑感受，我们要摸清稿件内容的结构，并通过处理方法体现出不同内容在结构中的作用，让有声语言表达的意义得到准确的体现。

相对于叙述、描写、抒情、议论的写作笔法，文字中的逻辑意味往往更能体现作者的表达目的和写作特征。抓住逻辑感受，往往是播音作品具有鲜明个性的重要条件。

某些初学者的播音作品往往听起来饱含激情，但让人听完以后印象模糊，感受肤浅，这往往就是播读者仅仅注重了文字写出来的内容的表现，忽略了作者暗含在行文中的逻辑线条，因此，作品听起来往往是单一的、平面的、粗放的。

第一节　逻辑感受的获得——分析

语感的获得是在常年播音创作实践过程中对稿件字斟句酌的揣摩、分析基础上建立起来的表达经验及语言习惯。即便是经验丰富的播音员，也不应该以"张口就来"的不备稿播出为自身的艺术追求，初学者更要把备稿作为拿到稿件的第一要务。

前文曾经讲过，有声语言符号是多变的，而记录语言的文字符号是相对单一的，它只记录了语言中所说到的文字，而不会也无法记录文字之间的关系。这就需要播读者通过分析来获得这种逻辑感受，甚至在允许的条件下可以用笔头功夫来做备稿标记。

对逻辑感受内容的分析要做到：以思想感情为基础、以表达需要为目的、以语法知识为参考。

例文：

"侠"字渐消，强盗起了，但也是侠之流，/他们的旗帜是"替天行道"。/他们所反对的是奸臣，不是天子，他们所打劫的是平民，不是将相。∨李逵劫法场时，抡起板斧来排头砍去,而所砍的是∧看客。
▲▲

(鲁迅《流氓的变迁》①)

上文中第一句,把两个"侠"字作为次重音,把"强盗"作为主重音,强调程度的不同,这样在声音上造成的起伏对比,就体现出来了逻辑上的两次转折。而又把"替天行道"的重音施加方法由之前的以强弱对比为主,变为放慢语速,这样在节奏上又区别于前面的重音部分,同时能引导听者听出其中的"反语"意味。

鲁迅在《流氓的变迁》中所批判的就是那些打着"正义"的旗号而满足自己的私欲、野心的"伪侠士"。

因此,在后面的内容里,"奸臣、平民"就没有"天子、将相"的重音程度高,这样才能体现转折逻辑关系,突出语句目的。当然,貌似看起来很有"画面感"的"排头砍去",也要让位给转折后、体现语句目的的"看客"一词。

从结构上来讲,第一句是总体表述观念,后面的句子是实例分析。因此,在"替天行道"后加以明显的层次停顿,能让大家对前面的内容"缓一缓神",然后带着思考进入后面的论证中。否则播读者一口气说下来,受众没有思考空间,也就失去了对作者逻辑结构的感受了。同时,两个"是……不是……"结构的句子中,播读者先在"是"与"不是"之间进行逻辑连接,再在两个句子之间略加停顿形成并列结构,这就利用了语句结构特征,并显出了强烈的逻辑语气,使得态度鲜明地表达出来了。最后一句中,李逵抡起板斧、排头砍去的描述一气呵成,而在"看客"前加以明显的停顿,这种逻辑结构对于结果的凸显,就让"梁山好汉"的真实面目显现出来。

我们可以看出,鲁迅在这段文字中巧妙地连续运用了对比的逻辑关系,让主题得到彰显,播读者把握其中的巧妙逻辑结构,感受其中的意味,将之呈现于受众,就能让受众感受到文中的精妙之处和鲜明的"鲁迅风格"。

第二节　逻辑感受的表达

表达逻辑感受,就是要区分出逻辑结构中的各个部分,以及让各个部分之间产生准确、鲜明的样态对比。

一、区分

例文:

①在脆弱的生命面前,任何不当行为都会刺激轻生者,让其"骑虎难下",∨(递进)

---

① 鲁迅.鲁迅全集 第四卷[M].广州:花城出版社,2021:85.

甚至放大负面心理，抵消救援人员的施救效果。/②特别是现场围观和起哄，∨（因果）会严重干扰救援人员的行动。/③而发布传播轻生者自杀视频，不仅涉嫌侵犯他人隐私，∨（递进）更是对生命的漠视。//④警方对相关肇事者进行拘留表明，社会可以容忍无力施救的旁观者，∨（转折）但法律不会放过那些妨害救助的背后推手。///⑤用法律利剑捍卫社会公序良俗，令人拍手称快！

（姜伟超《法律不会放过妨害救助的起哄者》①）

区分逻辑结构的过程，就是播读者对一段内容进行"层层剥笋"的过程。播读者应先找出最大的层次区分点，再在小的层次中继续寻找更小的层次区分点。

如上文中，第⑤句明显是对前面内容的总结，是一个概括性观点，在第⑤句前，就应该是本段落中最为明显的停顿处，我们从而区分出了"一级逻辑节点"。

而第④句与①②③句又形成了"解说"关系，那么此处就区分出了"二级逻辑节点"。停顿较之④⑤句之间的停顿时长略短。

从而，①②③句之间的递进区分则构成了"三级逻辑节点"，停顿时长更短。

同时，每句内部的逻辑区分也是存在的，其构成的"四级逻辑节点"，仅仅用"顿挫"的方法即可完成。

区分不同层级的"逻辑节点"要靠播读者在长时间的训练下，对停顿时长的精准把控，在微小的区别之间体现出逻辑区分的层次感。更要在"逻辑节点"未到达之前，保证一个逻辑部分的顺承感、完整感。

我们可以通过以下例句，练习主要以声音运动控制技巧来进行区分逻辑层次。

例文：

①哥白尼认为，日月星辰绕地球转动这种学说是错误的。

②阿拉伯一些国家昨天指责美国支持以色列只让部分被驱逐的巴勒斯坦人返回家园的决定，敦促联合国实施其要求以色列让全部巴勒斯坦人返回家园的799号决定。

③朝鲜《民主朝鲜》29日发表评论谴责美韩将在朝鲜西部海域进行大规模联合军演，称这将极大地扰乱东北亚地区的和平与安定。

④联合国安理会通过决议，没收伊拉克在海外的价值约10亿美元的与石油有关的资产，用以赔偿伊拉克入侵科威特时受害者的损失和支付联合国派往伊拉克的武器检查小组的费用。

⑤据一些目击者说，一些"穿军装的人"30号晚开始抢劫一些商店。从30号中午开始，总统卫队的数十名军人开始了激烈的报复行动，因为总统卫队的一名军人29号在洛美市内反多哥总统埃亚德马的反对派势力很强的一个居民区遭到杀害。人们尚不知道军人这次惩罚性行动造成的伤亡损失到底有多大。

---

① 姜伟超.法律不会放过妨害救助的起哄者[N].新华每日电讯，2018-06-28(3).

⑥7月24号,土耳其应对极端组织的策略作出重要调整。当天,土耳其首次出动战机打击了叙利亚境内的极端组织,并且正式允许美国等国使用土耳其境内的因吉尔利克空军基地,来打击在叙利亚和伊拉克境内的极端组织。

⑦德国一家研究所7月30号发表声明说,彗星着陆器"菲莱"在"丘留莫夫-格拉西缅科"彗星表面的尘埃中发现水、一氧化碳和甲烷等多种有机化合物,其中有4种首次在彗星上发现。这些化合物中有不少可参与生成可合成糖等"生命基石"的关键分子。"菲莱"2014年成功登陆目标彗星,但一度因电力不足而休眠。今年6月"菲莱"苏醒,曾多次传回数据。但7月9号后,"菲莱"又不再回传数据。

⑧"互联网+"效应不只体现在电子商务、现代物流等方面,以互联网为核心,迅速发展的大数据、云计算、物联网等新技术,正在更快地融入传统产业。

⑨日前地质专家证实,在北京市门头沟区妙峰山镇斜河涧村白龙沟新发现的大量冰川遗迹,世界范围也属罕见。可以初步判定,这些罕见的冰川遗址形成于250万年前,为第四季冰川。

⑩2008年12月26日以来,中国海军护航编队已安全护送341批、3,968艘中外船舶,成功解救40余艘遭海盗袭击船舶,成功接护和救助8艘遭海盗劫持的船舶,为维护海上交通运输秩序,保障各国船只和人员安全作出了重要贡献,充分展示了负责任大国和威武、文明、胜利之师的良好形象,展示了中国海军维护世界和平、捍卫国家利益、构建和谐海洋的坚强决心。

二、对比

找到了区分逻辑关系中各个部分的"节点"之后,除了运用停顿进行切分之外,播读者也要用声音形式的对比来强化相关字词在语言中地位、作用的差别。

例文:

冰川纪过去了,为什么到处都是冰凌。好望角发现了,为什么死海里千帆相竞?

(北岛《回答》)[①]

上文中的两句构成了并列结构,语气色彩、分量基本相同,形成并列感。而两句内部的"为什么"则提示了转折结构语气特征,从而使得"为什么"所引领的部分在语气色彩上转折为"质问"色彩,并且分量较之前句加强。只有这样处理,播读者才能让逻辑感受得以体现。

我们可以通过以下例句,练习主要以声音形态调整技巧来进行体现逻辑主次。

例文:

①如果说科研工作是探索、发现真理,那么教学工作的一个重要内容应该是说明、

---

① 徐正华.中国新诗百年精选[M].南昌:百花洲文艺出版社,2019:98.

传播真理。

②辩论先务实还是先务虚，先谋生计还是先有爱的追寻，先增加财富还是先提高文明水平，似乎都是无聊的逻辑。

③今后出现食品安全问题，不但要追究制售者的责任，还要追究政府主管部门的责任。北京市食品安全委员会日前正式出台文件，即日起生效。

④据外交部领事司介绍，从7月1日起，凡是在北京符合因公护照申请要求的人员，都可以申领因公电子护照，传统因公护照将逐步淡出"历史舞台"。此前办理的传统护照在有效期内仍可正常使用。

⑤中国科学院《2011中国新型城市化报告》对中国50个城市的上班路上平均花费时间进行了排名，北京以38分钟高居榜首。对比去年数据，各城市普遍减少10分钟以上。

⑥应中国国防部外事办公室邀请，来自36个国家的38名驻华武官今天上午参观了位于北京市怀柔区的国防部维和中心，并听取了国防部关于中国军队维和情况的介绍。这是维和中心落成以来，首次正式迎接驻华武官团的参观。

⑦香港杜莎夫人蜡像馆今天重新开馆，全新的蜡像馆将展出100多位栩栩如生的国际及中国名人蜡像。目前全球共有6家杜莎夫人蜡像馆，香港杜莎夫人蜡像馆是亚洲区内首家永久展馆。

⑧2015年苏迪曼杯羽毛球混合团体赛决赛，中国队3:0轻取日本豪取六连冠。闽将林丹2:0力克上田拓马立下大功，同时也收获了个人第19个世界冠军，成为中国体育史上获得世界冠军最多的夏季项目男选手。

⑨在今天凌晨进行的南非世界杯决赛中，西班牙经过加时赛1:0击败荷兰捧得冠军。赛后，本届世界杯的最佳射手也揭开谜底——攻入五球并有三次助攻的德国小将穆勒荣膺"金靴"。

⑩以色列外长利夫尼日前发表讲话表示，以色列同意建立独立的巴勒斯坦国。为了实现这个目标，以色列准备放弃部分土地，以换取以色列的安全。

第三节　实训稿件

训练稿件一

论雷峰塔的倒掉①
鲁　迅

听说，杭州西湖上的雷峰塔倒掉了，听说而已，我没有亲见。但我却见过未倒的雷峰塔，破破烂烂的映掩于湖光山色之间，落山的太阳照着这些四近的地方，就是"雷峰夕

---

① 鲁迅.鲁迅全集 第一卷[M].广州:花城出版社,2021:88-89.

照",西湖十景之一。"雷峰夕照"的真景我也见过,并不见佳,我以为。

然而一切西湖胜迹的名目之中,我知道得最早的却是这雷峰塔。我的祖母曾经常常对我说,白蛇娘娘就被压在这塔底下。有个叫作许仙的人救了两条蛇,一青一白,后来白蛇便化作女人来报恩,嫁给许仙了;青蛇化作丫鬟,也跟着。一个和尚,法海禅师,得道的禅师,看见许仙脸上有妖气,——凡讨妖怪做老婆的人,脸上就有妖气的,但只有非凡的人才看得出,——便将他藏在金山寺的法座后,白蛇娘娘来寻夫,于是就"水满金山"。我的祖母讲起来还要有趣得多,大约是出于一部弹词叫作《义妖传》里的,但我没有看过这部书,所以也不知道"许仙""法海"究竟是否这样写。总而言之,白蛇娘娘终于中了法海的计策,被装在一个小小的钵盂里了。钵盂埋在地里,上面还造起一座镇压的塔来,这就是雷峰塔。此后似乎事情还很多,如"白状元祭塔"之类,但我现在都忘记了。

那时我惟一的希望,就在这雷峰塔的倒掉。后来我长大了,到杭州,看见这破破烂烂的塔,心里就不舒服。后来我看看书,说杭州人又叫这塔作保叔塔,其实应该写作"保俶塔",是钱王的儿子造的。那么,里面当然没有白蛇娘娘了,然而我心里仍然不舒服,仍然希望他倒掉。

现在,他居然倒掉了,则普天之下的人民,其欣喜为何如?

这是有事实可证的。试到吴越的山间海滨,探听民意去。凡有田夫野老,蚕妇村氓,除了几个脑髓里有点贵恙的之外,可有谁不为白娘娘抱不平,不怪法海太多事的?

和尚本应该只管自己念经。白蛇自迷许仙,许仙自娶妖怪,和别人有什么相干呢?他偏要放下经卷,横来招是搬非,大约是怀着嫉妒罢,——那简直是一定的。

听说,后来玉皇大帝也就怪法海多事,以至荼毒生灵,想要拿办他了。他逃来逃去,终于逃在蟹壳里避祸,不敢再出来,到现在还如此。我对于玉皇大帝所做的事,腹诽的非常多,独于这一件却很满意,因为"水满金山"一案,的确应该由法海负责;他实在办得很不错的。只可惜我那时没有打听这话的出处,或者不在《义妖传》中,却是民间的传说罢。

秋高稻熟时节,吴越间所多的是螃蟹,煮到通红之后,无论取那一只,揭开背壳来,里面就有黄,有膏;倘是雌的,就有石榴子一般鲜红的子。先将这些吃完,即一定露出一个圆锥形的薄膜,再用小刀小心地沿着锥底切下,取出,翻转,使里面向外,只要不破,便变成一个罗汉模样的东西,有头脸,身子,是坐着的,我们那里的小孩子都称他"蟹和尚",就是躲在里面避难的法海。

当初,白蛇娘娘压在塔底下,法海禅师躲在蟹壳里。现在却只有这位老禅师独自静坐了,非到螃蟹断种的那一天为止出不来。莫非他造塔的时候,竟没有想到塔是终究要倒的么?

活该。

训练稿件二

流氓的变迁①
鲁　迅

孔、墨都不满于现状,要加以改革,但那第一步,是在说动人主,而那用以压服人主的家伙,则都是"天"。

孔子之徒为儒,墨子之徒为侠。"儒者,柔也",当然不会危险的。惟侠老实,所以墨者的末流,至于以"死"为终极的目的。到后来,真老实的逐渐死完,止留下取巧的侠,汉的大侠,就已和公侯权贵相馈赠,以备危急时来作护符之用了。

司马迁说:"儒以文乱法,而侠以武犯禁","乱"之和"犯",决不是"叛",不过闹点小乱子而已,而况有权贵如"五侯"者在。

"侠"字渐消,强盗起了,但也是侠之流,他们的旗帜是"替天行道"。他们所反对的是奸臣,不是天子,他们所打劫的是平民,不是将相。李逵劫法场时,抡起板斧来排头砍去,而所砍的是看客。一部《水浒》,说得很分明:因为不反对天子,所以大军一到,便受招安,替国家打别的强盗——不"替天行道"的强盗去了。终于是奴才。

满洲入关,中国渐被压服了,连有"侠气"的人,也不敢再起盗心,不敢指斥奸臣,不敢直接为天子效力,于是跟一个好官员或钦差大臣,给他保镖,替他捕盗,一部《施公案》,也说得很分明,还有《彭公案》《七侠五义》之流,至今没有穷尽。他们出身清白,连先前也并无坏处,虽在钦差之下,究居平民之上,对一方面固然必须听命,对别方面还是大可逞雄,安全之度增多了,奴性也跟着加足。

然而为盗要被官兵所打,捕盗也要被强盗所打,要十分安全的侠客,是觉得都不妥当的,于是有流氓。和尚喝酒他来打,男女通奸他来捉,私娼、私贩他来凌辱,为的是维持风化;乡下人不懂租界章程他来欺侮,为的是看不起无知;剪发女人他来嘲骂,社会改革者他来憎恶,为的是宝爱秩序。但后面是传统的靠山,对手又都非浩荡的强敌,他就在其间横行过去。现在的小说,还没有写出这一种典型的书,惟《九尾龟》中的章秋谷,以为他给妓女吃苦,是因为她要敲人们竹杠,所以给以惩罚之类的叙述,约略近之。

由现状再降下去,大概这一流人将成为文艺书中的主角了,我在等候"革命文学家"张资平"氏"的近作。

训练稿件三

所谓"国学"②
鲁　迅

现在暴发的"国学家"之所谓"国学"是甚么?

---

① 鲁迅.鲁迅全集 第四卷[M].广州:花城出版社,2021:84-85.
② 鲁迅.鲁迅全集 第二卷[M].广州:花城出版社,2021:61-62.

一是商人遗老们翻印了几十部旧书赚钱,二是洋场上的文豪又做了几篇鸳鸯蝴蝶体小说出版。

商人遗老们的印书是书籍的古董化,其置重不在书籍而在古董。遗老有钱,或者也不过聊以自娱罢了,而商人便大吹大擂的借此获利。还有茶商、盐贩,本来是不齿于"士类"的,现在也趁着新旧纷扰的时候,借刻书为名,想挨进遗老、遗少的"士林"里去。他们所刻的书都无民国年月,辨不出是元版是清版,都是古董性质,至少每本两三元,绵连、锦帙,古色古香,学生们是买不起的。这就是他们之所谓"国学"。

然而巧妙的商人可也决不肯放过学生们的钱的,便用坏纸、恶墨别印什么"菁华"、什么"大全"之类来搜括。定价并不大,但和纸、墨一比较却是大价了。至于这些"国学"书的校勘,新学家不行,当然是出于上海的所谓"国学家"的了,然而错字迭出,破句连篇(用的并不是新式圈点),简直是拿少年来开玩笑。这是他们之所谓"国学"。

洋场上的往古所谓文豪,"卿卿我我""蝴蝶鸳鸯"诚然做过一小堆,可是自有洋场以来,从没有人称这些文章为国学,他们自己也并不以"国学家"自命的。现在不知何以,忽而奇想天开,也学了盐贩、茶商,要凭空挨进"国学家"队里去了。然而事实很惨,他们之所谓国学,是"拆白之事各处皆有而以上海一隅为最甚(中略)余于课余之暇不惜浪费笔墨编纂事实作一篇小说以饷阅者想亦阅者所乐闻也"。(原本每句都密圈,今从略,以省排工,阅者谅之。)

"国学"乃如此而已乎?

试去翻一翻历史里的《儒林》和《文苑传》罢,可有一个将旧书当古董的鸿儒,可有一个以拆白饷阅者的文士?

倘说,从今年起,这些就是"国学",那又是"新"例了。你们不是讲"国学"的么?

训练稿件四

论不满现状①

朱自清

那一个时代事实上总有许许多多不满现状的人。现代以前,这些人怎样对付他们的"不满"呢? 在老百姓是怨命,怨世道,怨年头。年头就是时代,世道由于气数,都是机械的必然;主要的还是命,自己的命不好,才生在这个世道里,这个年头上,怪谁呢!命也是机械的必然。这可以说是"怨天",是一种定命论。命定了吃苦头,只好吃苦头,不吃也得吃。读书人固然也怨命,可是强调那"时世日非""人心不古"的慨叹,好像"人心不古"才"时世日非"的。这可以说是"怨天"而兼"尤人",主要的是"尤人"。人心为什么会不古呢? 原故是不行仁政,不施德教,也就是贤者不在位,统治者不好。这是一种唯心的人治论。可是贤者为什么不在位呢? 人们也只会说"天实为之"! 这就又归到定命论了。可

---

① 朱自清.论雅俗共赏[M].成都:四川人民出版社,2017:175-178.

是读书人比老百姓强,他们可以做隐士,啸傲山林,让老百姓养着;固然没有富贵荣华,却不至于吃着老百姓吃的那些苦头。做隐士可以说是不和统治者合作,也可以说是扔下不管。所谓"穷则独善其身",一般就是这个意思。既然"独善其身",自然就管不着别人死活和天下兴亡了。于是老百姓不满现状而忍下去,读书人不满现状而避开去,结局是维持现状,让统治者稳坐江山。

但是读书人也要"达则兼善天下"。从前时代这种"达"就是"得君行道";真能得君行道,当然要多多少少改变那自己不满别人也不满的现状。可是所谓别人,还是些读书人;改变现状要以增加他们的利益为主,老百姓只能沾些光,甚至于只担个名儿。若是太多照顾到老百姓,分了读书人的利益,读书人会得更加不满,起来阻挠改变现状;他们这时候是宁可维持现状的。宋朝王安石变法,引起了大反动,就是个显明的例子。有些读书人虽然不能得君行道,可是一辈子憧憬着有这么一天。到了既穷且老,眼看着不会有这么一天了,他们也要著书立说,希望后世还可以有那么一天,行他们的道,改变改变那不满人意的现状。但是后世太渺茫了,自然还是自己来办的好,那怕只改变一点儿,甚至于只改变自己的地位,也是好的。况且能够著书立说的究竟不太多;著书立说诚然渺茫,还是一条出路,连这个也不能,那一腔子不满向哪儿发泄呢!于是乎有了失志之士或失意之士。这种读书人往往不择手段,只求达到目的。政府不用他们,他们就去依附权门,依附地方政权,依附割据政权,甚至于和反叛政府的人合作;极端的甚至于甘心去做汉奸,像刘豫、张邦昌那些人。这种失意的人往往只看到自己或自己的一群的富贵荣华,没有原则,只求改变,甚至于只求破坏,他们好在浑水里捞鱼。这种人往往少有才,挑拨离间,诡计多端,可是得依附某种权力,才能发生作用;他们只能做俗话说的"军师"。统治者却又讨厌又怕这种人,他们是捣乱鬼!但是可能成为这种人的似乎越来越多,又杀不尽,于是只好给些闲差,给些干薪,来绥靖他们,吊着他们的口味。这叫作"养士",为的正是维持现状,稳坐江山。

然而老百姓的忍耐性,这里面包括韧性和惰性,虽然很大,却也有个限度。"狗急跳墙",何况是人!到了现状坏到怎么吃苦还是活不下去的时候,人心浮动,也就是情绪高涨,老百姓本能的不顾一切的起来了,他们要打破现状。他们不知道怎样改变现状,可是一股子劲先打破了它再说,想着打破了总有希望些。这种局势,规模小的叫"民变",大的就是"造反"。农民是主力,他们有他们自己的领导人。在历史上这种"民变"或"造反"并不少,但是大部分都给暂时的压下去了,统治阶级的史官往往只轻描淡写的带几句,甚至于削去不书,所以看来好像天下常常太平似的。然而汉明两代都是农民打出来的天下,老百姓的力量其实是不可轻视的。不过汉明两代虽然是老百姓自己打出来的,结局却依然是一家一姓稳坐江山;而这家人坐了江山,早就失掉了农民的面目,倒去跟读书人一鼻孔出气。老百姓出了一番力,所得的似乎不多。是打破了现状,可又复原了现状,改变是很少的。至于权臣用篡弑,军阀靠武力,夺了政权,换了朝代,那改变大概是更少了罢。

过去的时代以私人为中心，自己为中心，读书人如此，老百姓也如此。所以老百姓打出来的天下还是归于一家一姓，落到读书人的老套里。从前虽然也常说"众擎易举""众怒难犯"，也常说"爱众""得众"，然而主要的是"一人有庆，万众赖之"的，"天与人归"的政治局势，那"众"其实是"一盘散沙"而已。现在这时代可改变了。不论叫"群众""公众""民众""大众"，这个"众"的确已经表现一种力量；这种力量从前固然也潜在着，但是非常微弱，现在却强大起来，渐渐足以和统治阶级对抗了，而且还要一天比一天强大。大家在内忧外患里增加了知识和经验，知道了"团结就是力量"，他们渐渐在扬弃那机械的定命论，也渐渐在扬弃那唯心的人治论。一方面读书人也渐渐和统治阶级拆伙，变质为知识阶级。他们已经不能够找到一个角落去不闻理乱的隐居避世，又不屑做也幸而已经没有地方去做"军师"。他们又不甘心做那被人"养着"的"士"，而知识分子又已经太多，事实上也无法"养"着这么大量的"士"。他们只有凭自己的技能和工作来"养"着自己。早些年他们还可以暂时躲在所谓象牙塔里。到了现在这年头，象牙塔下已经变成了十字街，而且这塔已经开始在拆卸了。于是乎他们恐怕只有走出来，走到人群里。大家一同苦闷在这活不下去的现状之中。如果这不满人意的现状老不改变，大家恐怕忍不住要联合起来动手打破它的。重要的是打破之后改变成什么样子？这真是个空前的危疑震撼的局势，我们得提高警觉来应付的。

训练稿件五

论通俗化[①]

朱自清

文体通俗化运动起于清朝末年。那时维新的士人急于开通民智，一方面创了报章文体，所谓"新文体"，给受过教育的人说教，一方面用白话印书办报，给识得些字的人说教，再一方面推行官话字母等给没有受过教育的人说教。前两种都是文体的通俗化，后一种虽然注重在新的文字，但就写成的文体而论，也还是通俗化。

这种用字母拼写的文体，在当时所能表现的题材大概是有限的。据记载，这种字母的确曾经深入农村，农民会用字母来写便条，那大概是些很简单的话。最复杂的自然的"新文体"，可是通俗性大概也就比较的最小。居中的是那些白话书报。这种白话我看到的不多，就记得的来说，好像明白详尽，老老实实，直来直去。好像从语录和白话小说化出，我们这些人读起来大概没有什么味儿。

原来这种白话只是给那些识得些字的人预备的，士人们自己是不屑用的。他们还在用他们的"雅言"，就是古文，最低限度也得用"新文体"，俗语的白话只是一种慈善文体罢了。然而革命了，民国了，新文学运动了，胡适之先生和陈独秀先生主张白话是正宗的文学用语，大家该一律用白话作文，不该有士和民的分别。五四运动加速了新文学运动

[①] 朱自清. 经典常谈 诗文常谈[M]. 成都：四川人民出版社，2017：252-255.

的成功,白话真的成为正宗的文学用语。而"新文体"也渐渐的在白话化,留心报纸的文体就可以知道。"一律用白话来作文"的日子大概也不远了。

　　胡先生等提倡的白话,大概还是用语录和白话小说等做底子,只是这时代的他们接受了西化,思想精密了,文章也简洁了。他们将雅俗一元化,而注重在"明白"或"懂得性"上,这也可以说是平民化。然而"欧化"来了,"新典主义"来了。这配合着第一次世界大战给中国带来的暂时的繁荣,和在这繁荣里知识阶级生活欧化或现代化的趋向,也是"势有必至,理有固然"。于是乎已故的宋阳先生指出这是绅士们的白话,他提倡"大众语",这当儿更有人提倡拼音的"新文字"。这不是通俗化而是大众化。而大众就是大众,再没有"雅"的份儿。

　　然而那时候这还只能够是理想;大众不能写作,写作的还只是些知识分子。于是乎先试验着从利用民间的旧形式下手,抗战后并且有过一回民族形式的讨论。讨论的结果似乎是:民族形式可以利用,但是还接受五四的文学传统,还容许相当的欧化。这时候又有人提倡"通俗文学",就是利用民族形式的文学。不但提倡,并且写作。参加的人有些的确熟悉民族形式,认真的做去。但是他们将通俗文学和一般文学分开,不免落了"雅俗"的老套子。于是有人指出,通俗文学的目标该是一元的;扬弃知识阶级的绅士身分,提高大众的鉴赏水准,这样打成一片,平民化,大众化。

　　但是说来容易做来难。民间文学虽然有天真、朴素、健康等长处,却也免不了丑角气氛,套语烂调,琐屑啰嗦等毛病。这是封建社会麻痹了民众才如此的。利用旧形式而要免去这些毛病,的确很难。除非民众的生活大大的改变,他们自己先在旧瓶里装上新酒,那么用起旧形式来意义才会不同。这自然还是从知识分子方面看,因为从民众里培养出作家,现在还只是理想。不过就是民众生活改变了,知识分子还得和他们共同生活一个时期,多少打成一片,用起旧形式来,才能有血有肉。所以真难。

　　再说普通所谓旧形式,大概指的是韵文,散文似乎只是说书;这就是说散文是比较的不发达的。原来民众欣赏文艺,一向以音乐性为主,所以对韵文的要求大。他们要故事,但是情节得简单,得有头有尾。描写不要精细曲折,可是得详尽,得全貌。这两种要求并不冲突,因为情节尽管简单,每一个情节或人物还不妨详尽的描写。至于整个故事组织不匀称,他们倒不在乎的。韵文故事如此,散文的更得如此,这就难。

　　然而有些地方的民众究竟大变了,他们自己先在旧瓶里装上新酒,例如赵树理先生《李有才板话》里的那些段"快板"的语句。这些快板也许多少经过赵先生的润色,但是相信他根据的,原来就已经是旧瓶里的新酒。有了那种生活,才有那种农民,才有那种快板,才有快板里那种新的语言。赵先生和那些农民共同生活了很久,也才能用新的语言写出书里的那些新的故事。这里说"新的语言",因为快板和那些故事的语言或文体都尽量扬弃了民族形式的封建气氛,而采取了改变中的农民的活的口语。自己正在觉醒的人民,特别宝爱自己的语言,但是李有才这些人还不能自己写作,他们需要赵先生这样的代言人。

书里的快板并不多,是以散文为主。朴素,健康,而不过火,确算得新写实主义的作风。故事简单,有头有尾,有血有肉。描写差不多没有,偶然有,也只就那农村生活里取喻,简截了当,可是新鲜有味。另有长篇《李家庄的变迁》,也是赵先生写的。周扬先生认为赶不上《板话》里那些短篇完整。这里有了比较详尽的描写,故事也有头有尾,虽然不太简单,可是作者利用了重复的手法,就觉得也还单纯。这重复的手法正是主要的民族形式:作者能够活用,就不腻味。而全书文体或语言还能够庄重、简明、不啰嗦。这也就不易了。这的确是在结束通俗化而开始了大众化。

训练稿件六

演艺圈里的行家

李克萌

行家,我的理解是,把一个行业的业务和经营掌握得明明白白的人。如"庖丁解牛",就是对行家最好的描述——我把这杀牛的事整得明明白白了,不管你是善使刀法的武林豪杰,还是"国家特贴"的外科主刀,送牛上路这一刀,你们是不如我的。为什么要"解"?因为"解"了卖钱多,不同的"解"法,卖的钱不一样,我还知道怎么"解"卖钱多。

以前,人们对行家深信不疑,这是因为一个行业往往为了存活都有秘不外传的看家本事。别人若不是天资聪慧,也看不清里面的门道。现在则不同,信息交互便利到如同喝口水一样方便。好多东西如果不是特意地加密,则必然外传。

所谓"演艺圈",其实也大抵如此。

比如,郭德纲。这便是把相声这门行业琢磨得透透的大行家!他教出的徒弟,别管是"爱徒""儿徒",甚至"叛徒",各自有各自的本事,各自有各自的饭碗。随着德云社发展壮大,更是能摸着徒弟们的脉门来研究什么时候捧上位,什么时候按一按。别管真心也好、谦虚也罢,郭德纲总在公众面前否定自己是艺术家,但也毫不谦虚地说自己把这个行业玩透了。

从小处讲,上台看一眼今天的观众状态,就马上能够调整好今天最佳的表演策略;从大处讲,商演、小剧场、影视、综艺怎样布局能让德云社利益最大化。这就是他"行家"到了"成精"的表现。在《相声有新人》中,一个曾经的徒弟感情饱满真挚地对郭德纲说:"我是多怀念2004、2005年在小剧场里玩命说相声的郭德纲啊!"说得观众们热泪盈眶的时候,却发现郭先生不过是莞尔一笑……以现在德云社的发展规模,你再让郭先生在小剧场里玩命,那真是想瞎了心了。这就像是已经当上了米其林餐厅的行政主厨,你不能说来个客人点盘老虎菜我也上手吧?话说回来了,郭德纲如果现在还那么玩命,你可让后辈怎么活呢?好多年轻演员总是想成为当年那个二十多岁就在相声圈一炮走红的郭德纲,却没想过把郭德纲遭过的罪复制粘贴一份,说白了,还是不"行业"。

当然,郭德纲也有不"行业"的地方。比如拍戏,自己总是不服气,也不知道是不是开玩笑地说过一次,自己不过是不想好好拍。说实话,不管是演戏还是拍戏,郭先生还真是不会。他自己总说相声演员"坐科"学过多少年才能上台如何如何，那拍电影这个事，人家视听语言、剪辑、摄像……一大堆的课程体系，您怎么就觉得您在一张桌子旁边站了半辈子，现在想拍电影了，拿起个扩音器就能会了呢？

有一个历史悬案。很多人把后期郭德纲不去精研创作归罪于一次相声专场中，德云社老老小小精心排演了一出反映相声百年发展史的相声剧，结果上台来演了十几分钟，台下观众就开始起哄。郭德纲也很少见地在舞台上掉了脸子直接开骂："不想听，你给我出去。"观众素质差也罢，有对头来砸场子也罢，起哄，肯定是不对的。但那个节目从头看到尾，确实，不专业！戏剧结构模糊、舞台调度凌乱，只是略强于高中生的元旦晚会小品的编剧水平。演员个人的表现力没有问题，但放在一个舞台调度里，就根本没明白戏剧结构里怎么带入情节。

戏剧，也是一门行当，自然也有自己的行家。有人就很直接地跟郭麒麟说，你演戏比你爸强。别说，"少郭爷"在影视剧里的表现还真是能够去掉曲艺表演的痕迹。再比如，《欢乐喜剧人》中，"开心麻花"团队，就是行家的代表，尤其是前几季派核心主力上场的时候，"开心麻花"三连冠也说得过去。大多数团队是能让人乐出来的，但真正能在每一部作品中把戏剧手法运用自如的只有"开心麻花"团队，人家也是从小剧场到大剧场，一场场的商演演出来的。

要说有什么区别，简而言之，大多数喜剧人是为了把一个个想搞笑的"包袱"缝起来，看起来就像百家被。而专业的戏剧行家，是要把包袱绣在被面上，使之成为完整的一床被。就像周星驰，一直被模仿，谁模仿谁挨骂！为什么？因为周星驰是要讲一个故事、表达一个人物，在故事和人物的经历中把这个人的荒诞、诙谐、反常态的一面用戏剧手法表现出来，构成了喜剧效果。而模仿者往往痴心于那些让人发笑的桥段，让一个个桥段没有根基地连接。让观众"笑"得没有心理准备，莫名其妙了！

一个小的细节，就能体现出行家和非行家或准行家的区别。"开心麻花"团队很少在表演过程中用手调整"耳麦"的位置，而辽宁民间艺术团的演员这个问题特别明显。受过专业戏剧训练的人很少会犯这样"出戏"的错误，这个"耳麦"不在你的情境里啊！你如果觉得声音不好，就应该想办法"借戏"调整。话说回来，为什么辽宁民间艺术团的演员这个动作特别多？这是因为，其演员大多为二人转演员出身。二人转表演多扎根于实实在在的民间，观众来来往往、坐坐站站。要想把观众粘住了，下意识地就想让自己的声音大一点，所以总想让话筒离自己的嘴近一点。话说回来，你让"开心麻花"的演员"撂地儿"，说不定他们也不会了。

演艺界似乎都在把自己的行业家底拿出来抖搂，来博眼球，这类的综艺越来越多。最近，《演员请就位》里，掐得不亦乐乎。能"掐"，就证明这里面一定有外行！内行之间就是争论、探讨，和"掐"的氛围是完全不同的！

这个外行，说的肯定就是郭敬明喽！从第一季里他滔滔不绝地大谈戏剧理论，就能看出他心虚得紧。每次的点评总让人觉得并不是为了点评演员的表演，而是为了展现自己最近看了多少戏剧理论。一套套地说下来，弄得陈凯歌和李少红面面相觑。"刚才他说的那些，上学的时候老师是不是讲过？""选修课讲过，你逃课了。"

不是说行家不讲理论，如果把懂理论作为自己的自信源泉，那你就去好好做一个研究型的专家。行家+专家，就成了大家，大家能引领一个行业向前发展，就成了大师。现在遍地是"大师"，也可能是大众太容易被引领了吧？

到了这一季，"被撕"成了郭敬明的主要功能。一张S卡，发得所有导演都坐不住了。为什么坐不住？因为何昶希的这张S卡，已经构成了郭敬明对演员行业尊严的挑战！脸红脖子粗的一顿解释，也无法让人平复。如果这是"角色请就位"你爱怎么选怎么选，不会演戏怎么样？周星驰的电影里那位说人家"肾虚"的大妈，就不会演戏，但往那一放，就是有意思！但是，"演员"是一个行业的表演人员，你这么干，让全国这些职业演员怎么想？

节目里的演员中，最具行家气质的是胡杏儿。就像她说的，自己的娘家是TVB，是TVB造就了胡杏儿。

TVB成熟的运营模式，使得演员若想成名，必经千锤百炼。香港演员和内地演员相比，最突出的就是这种深受TVB文化影响的职业心态。演员，一个职业；演戏，打一份工。先要把你的职业完成好，一步一个脚印，再谈能不能成为表演艺术家的事！中国的艺术教育，往往缺少职业信念的根基，导致很多学员还没真正入行，就去对标艺术家！其实，他们并不是真心对标艺术家的造诣，而是对标了艺术家的名利。看看TVB有多少一看就认识，就是叫不出名字的、演了一辈子戏的好演员。其实，对于一个行业来讲，如此这般大基数的普通从业者才是行业的常态与根基。想成名获利不是错，但总想着搭便车，说明你不"行业"。

两季《演员请就位》下来，最好的"演员"，是郭敬明。他一直在扮演一个导演，并且很相信自己的角色。

为什么要请郭敬明？只能说，《演员请就位》的制片、编导们，你们是真行家！

训练稿件七

师　说[①]

韩　愈

古之学者必有师。师者，所以传道受业解惑也。人非生而知之者，孰能无惑？惑而不从师，其为惑也，终不解矣。生乎吾前，其闻道也，固先乎吾，吾从而师之；生乎吾后，其闻道也，亦先乎吾，吾从而师之。吾师道也，夫庸知其年之先后生于吾乎？是故无贵无贱，无长无少，道之所存，师之所存也。

[①] 陈振鹏,章培恒.古文鉴赏辞典[M].上海：上海辞书出版社,2012:1086-1087.

嗟乎,师道之不传也久矣,欲人之无惑也难矣!古之圣人,其出人也远矣,犹且从师而问焉;今之众人,其下圣人也亦远矣,而耻学于师。是故圣益圣,愚益愚。圣人之所以为圣,愚人之所以为愚,其皆出于此乎?

爱其子,择师而教之,于其身也,则耻师焉,惑矣!彼童子之师,授之书而习其句读者,非吾所谓传其道解其惑者也。句读之不知,惑之不解,或师焉,或不焉,小学而大遗,吾未见其明也。

巫医、乐师、百工之人,不耻相师。士大夫之族,曰师、曰弟子云者,则群聚而笑之。问之,则曰:"彼与彼年相若也,道相似也。"位卑则足羞,官盛则近谀。呜呼!师道之不复可知矣!巫医、乐师、百工之人,君子不齿,今其智乃反不能及,其可怪也欤!

圣人无常师。孔子师郯子、苌弘、师襄、老聃。郯子之徒,其贤不及孔子。孔子曰:"三人行,则必有我师。"是故弟子不必不如师,师不必贤于弟子,闻道有先后,术业有专攻,如是而已。

李氏子蟠,年十七,好古文,六艺经传,皆通习之,不拘于时,学于余。余嘉其能行古道,作《师说》以贻之。

训练稿件八

甄士隐梦幻识通灵　贾雨村风尘怀闺秀[①]（节选）

曹雪芹

士隐知投人不着,心中未免悔恨,再兼上年惊唬,急忿怨痛,已有积伤,暮年之人,贫病交攻,竟渐渐的露出那下世的光景来。可巧这日拄了拐杖挣挫到街前散散心时,忽见那边来了一个跛足道人,疯癫落脱,麻屣鹑衣,口内念着几句言词,道是:

世人都晓神仙好,惟有功名忘不了!
古今将相在何方?荒冢一堆草没了。
世人都晓神仙好,只有金银忘不了!
终朝只恨聚无多,及到多时眼闭了。
世人都晓神仙好,只有娇妻忘不了!
君生日日说恩情,君死又随人去了。
世人都晓神仙好,只有儿孙忘不了!
痴心父母古来多,孝顺儿孙谁见了?

士隐听了,便迎上来道:你满口说些什么?只听见些"好'了''好'了。"那道人笑道:"你若果听见'好''了'二字,还算你明白。可知世上万般,好便是了,了便是好。若不了,便不好;若要好,须是了。我这歌儿,便名《好了歌》。"士隐本是有宿慧的,一闻此言,心中早已彻悟。因笑道:"且住!待我将你这《好了歌》注解出来何如?"道人笑道:"你

[①] 曹雪芹.红楼梦[M].北京:人民文学出版社,2013:17-18.

解,你解"。士隐乃说道：

　　陋室空堂,当年笏满床；衰草枯杨,曾为歌舞场。蛛丝儿结满雕梁,绿纱今又糊在蓬窗上。说什么脂正浓、粉正香,如何两鬓又成霜？昨日黄土陇头送白骨,今宵红灯帐底卧鸳鸯。金满箱,银满箱,展眼乞丐人皆谤。正叹他人命不长,那知自己归来丧！训有方,保不定日后作强梁。择膏粱,谁承望流落在烟花巷！因嫌纱帽小,致使锁枷杠；昨怜破袄寒,今嫌紫蟒长：乱烘烘你方唱罢我登场,反认他乡是故乡。甚荒唐,到头来都是为他人作嫁衣裳！

▶▶▶ 本章小结

　　逻辑感受的表达体现了播读者对稿件内容思想性的把握,能够使播音作品的思维美感得以彰显。在微观层面,播读者要把握语句内部的主次来产生声音形式的对比；在宏观层面,播读者要把握语句之间的联系来推进内容的表达。

思考题
1. 把握语句内部逻辑关系的原则是什么？
2. 语句之间的逻辑关系可以通过哪些方法得以体现？

第十章 修辞感受表达训练

在播音创作过程中,我们往往会根据节目类型、文稿文体来确定表达方式,这样的创作方法是简单、粗放的。其实,在同样的节目类型和文稿文体中,也会有表达方法上的区别,因为即便是相同节目类型和文稿文体,也会有修辞方法上的千差万别。这些差别形成了不同的"文风",这才是于细微之处影响有声语言状态的重要因素。因此,我们在播音创作过程中要仔细揣摩文稿的修辞特点与手法,提炼润色有声语言表达的元素。可以说,只有准确地获得了文稿中的修辞感受,我们才能体现出播音创作的文学意味。

第一节 修辞感受的获得——揣摩

不同的播读者所创作出来的播音作品水准高低不同。甄别一部播音作品能否称之为精品就是要看看播读者是简单、粗浅地根据文体或节目类型用大概的语气特征来表达,还是仔细揣摩了稿件的修辞,从而细致、精妙地表达出字里行间所渗透出的文采。初学者更是要养成揣摩稿件的习惯,从而积累丰富的创作经验,形成对文字足够的敏感,为有声语言表达与文字之间建立起精准、生动的联系。

一、揣摩措辞

措辞,就是写作、说话时选用的词语。汉语博大精深,词汇量浩如烟海,尤其是在表达同一事物、情感时,措辞的区别往往体现出不同的思想感情程度。因此,在播音创作过程中,我们要仔细揣摩文字内容的措辞,来确定我们的表达样态。

例文:

曲曲折折的荷塘上面,<u>弥望</u>的是田田的叶子。叶子出水很高,像亭亭的舞女的裙。层层的叶子中间,零星地点缀着些白花,有袅娜地开着的,有羞涩地打着朵儿的;正如一粒粒的明珠,又如碧天里的星星,又如刚出浴的美人。微风过处,送来<u>缕缕</u>清香,仿佛远处高楼上渺茫的歌声似的。这时候叶子与花也有一丝的颤动,像闪电般,霎时传过荷塘的那边去了。叶子本是肩并肩密密地挨着,这便宛然有了一道凝碧的波痕。叶子底下是<u>脉脉</u>的流水,遮住了,不能见一些颜色;而叶子却更见风致了。

(朱自清《荷塘月色》①)

《荷塘月色》这一片段中,从词义上讲,"弥望"可以是"看去","缕缕"可以是"阵阵","脉脉"可以是"静静",但如果调换成这样的词语,便明显失掉了静谧的韵味,而在作者这样精妙的措辞中,我们便可获得播音创作的各种感受。

又如,在新闻类稿件中,我们常见对一事件的态度,往往用"关注""关切""严重关切"等不同措辞加以表达,措辞的不同体现了态度的程度不同,我们应该以此为依据表达出不同的语气程度。

例文:

①外交部发言人陆慷今日在例行记者会上表示,中国政府<u>高度关注</u>芬太尼问题,在中国国内尚无芬太尼类物质滥用的情况下列管了多种芬太尼类物质。

②中方始终认为,朝鲜半岛核问题的本质是安全问题。解决半岛核问题必须综合施策、标本兼治,平衡解决各方<u>合理关切</u>。

③针对有关朝鲜试射"火星-15"型洲际弹道导弹的报道,外交部发言人耿爽29日表示,中方对朝方有关发射活动表示<u>严重关切</u>和反对。

我们可以发现,"高度关注""合理关切""严重关切"的措辞变化,来源于新闻事件本身的性质和事态程度区别。我们应该在措辞中确定语气的色彩和程度进行表达。

在一些情况下,措辞更是体现了作者独具匠心的创作手法和思想感情表达。

例文:

雨村听了大怒道:"岂有这样放屁的事!打死人命就白白的走了,再拿不来的!"因发签差公人立刻将凶犯族中人拿来拷问,令他们实供藏在何处;一面再动海捕文书。正要发签时,只见案边立的一个门子使眼色儿,——不令他发签之意。雨村心下甚为疑怪,只得停了手,即时退堂,至密室,侍从皆退去,只留门子服侍。

这门子忙上来请安,笑问:"老爷一向加官进禄,八九年来就忘了我了?"雨村道:"却十分面善得紧,只是一时想不起来。"那门子笑道:"老爷真是贵人多忘事,把出身之地竟忘了,不记当年葫芦庙里之事?"雨村听了,如雷震一惊,方想起往事。原来这门子本是葫芦庙内一个小沙弥,因被火之后,无处安身,欲投别庙去修行,又耐不得清凉景况,因想这件生意倒还轻省热闹,遂趁年纪小蓄了发,充了门子。雨村哪里料得是他,便<u>忙携手笑道</u>:"原来是故人。"又让坐了好谈。这门子不敢坐。雨村笑道:"贫贱之交不可忘。你我

---

① 朱自清.朱自清散文选集[M].杭州:浙江少年儿童出版社,2022:64.

故人也;二则此系私室,既欲长谈,岂有不坐之理?"这门子听说,方告了座,斜签着坐了。

(曹雪芹《红楼梦》①)

上文中的"雷震一惊"表现出了贾雨村对当年葫芦庙中自己贫贱之时为人所知的恐惧;"忙携手笑道"体现出贾雨村此时此刻非常紧张,并准备和当年的小沙弥搞好关系;"斜签"这一坐姿的描写又表现出已经成了门子的小沙弥深谙官门之道,特意要表现出对老爷的"敬意"。

可以说,每一处的措辞都恰到好处地展现出人物性格,也将当时的情景生动地呈现给读者。我们在演播这类文学作品时,一是要从这些精妙的点睛之笔处挖掘深刻的思想感情;二是要运用播音创作技巧强调重点描写之处,让听众能够感受到作者的表达意图,体味其中的精彩。

二、揣摩手法

运用不同的修辞手法,也就形成了前文所述的各种修辞类型。不同的修辞方法能够产生相应的文学效果,从而彰显作者的写作意图。揣摩其修辞方法,有利于指导播读者运用相应的播音创作技巧、方法达成表达效果。

(一) 表现材料

当作者通过表现材料的方法进行修辞时,往往倾向于让读者感受所述材料本体的直观形象。播读者在整体上应偏重表现形象感受,通过有声语言的表达,激发起对所描述事物特征的感官记忆,如同感受到所描述事物的存在。

例文:

它们那柔细的枝条浴着月光,就像一支支美人的臂膊,交互的缠着,挽着;又像是月儿披着的发。而月儿偶然也从它们的交叉处偷偷窥看我们,大有小姑娘怕羞的样子。岸上另有几株不知名的老树,光光的立着;在月光里照起来,却又俨然是精神矍铄的老人。远处——快到天际线了,才有一两片白云,亮得现出异彩,像是美丽的贝壳一般。白云下便是黑黑的一带轮廓;是一条随意画的不规则的曲线。这一段光景,和河中的风味大异了。但灯与月竟能并存着,交融着,使月成了缠绵的月,灯射着渺渺的灵辉;这正是天之所以厚秦淮河,也正是天之所以厚我们了。

(朱自清《桨声灯影里的秦淮河》②)

上文所用的修辞手法以比喻、拟人为主,以美好的事物来描述景物的特征。播读这样的片段,播读者首先要做到感同身受,真实地去想象作者所描写的场景。同时,在这类

---

① 曹雪芹. 红楼梦[M]. 北京:人民文学出版社,2013:57.
② 朱自清. 朱自清散文选集[M]. 杭州:浙江少年儿童出版社,2022:12.

片段的表达中,我们要把重点放在喻体词汇上,在有声语言上对这些部分施加浓重的笔墨,并在语气的色彩与程度上进行更为精细的表达。

同时,我们在这类作品当中所表现的形象感受应更偏重作者用以表现原材料所借用的事物,这样才能够帮助作者构筑出其所想描绘的形象,使得受众获得良好的体验。

例文:

同志们!请稍息。就要去北京了,此时此刻,我倒回想起江俊彪同志临走时擦枪的情景,他掉泪了,眼泪掉在枪身上。

想想这几个月我们是怎么过来的。同志们可能会觉得,这眼泪掉得有道理。旧中国人们说,好男不当兵,这话现在不对了!就拿我们方队来说吧!<u>往南30米是饭堂,往北30米到厕所,往东几千米就是训练场</u>。几百个活人呐!就在这么大范围里生活了好几个月,<u>每个同志磨穿了4双皮鞋</u>。饭吃不下,觉睡不好,流血流汗那是家常便饭。父母去世了不回家的;推迟婚期的;和女朋友吹了的;放弃学习机会的……哪个小队都有。

这几个月里头,我们走了多少路,我算了算,每个人走了<u>九千九百九十三公里</u>,具体地说,就是<u>从祖国的最北头到最南头,正步走了个来回</u>。

我听说全军的受阅部队光是鞋钉就用了<u>6吨</u>,6吨呐!这不是长征吗?万里长征人未还哪!可我们在天安门前走多久?<u>96步,不到1分钟</u>。<u>1万公里和1分钟就这么个比例关系</u>,还用得着说大道理吗?

请问,不是好男儿能吃得了这样的苦吗?所以我要说好男儿才当兵,才当得起兵,才配当兵。有人说我们军人是"傻大兵",同志们,对这号人,就得跟他们说:"滚你娘的!"

同志们,你们会得到报偿的,在哪儿?就在天安门前头。人说男儿有泪不轻弹,可我相信那一天,你们大家都会掉泪的。也不知怎么了,我想起国歌里说的——用我们的血肉,筑起我们新的长城!

(电影《大阅兵》片段)

上文主要运用了借代的修辞手法,用大量数据材料指代了受阅部队训练的辛苦。看似枯燥的数据在这样的语言环境里却是最能说明问题的。在进行有声语言表达时,这些数据是需要强调的重音部分,播读者应该把坚定、昂扬的语气色彩重点呈现在这些部分上。

(二)营造意境

当作者通过营造意境的方法进行修辞时,往往致力于让读者对所描述事物具有自己的情感态度,身临其境而感同身受,从而接受作者的创作思想。播读者则在表达时更为侧重于情感感受,不局限于叙说事物,而是更为积极地表达其中的感情、态度,激发受众产生相应的心理反应。

例文：

我告诉您，我沈大脚今天又做成了一头亲事，得了几个赏钱……要说今儿这份差使，可不是那么容易办的。就是那戏班子里领班的鲍廷玺，年纪已经三十多，还没有娶亲，他老娘急着托人叫我去给说那王三胖的寡妇王太太。哎呀呀！我的老天爷！您不知道啊……这位奶奶那可不是好惹的！上无父母，下无小叔子、姑子。她自己每天睡到日中午才起来，横草不拿，竖草不拈，每天还要吃八分银子的药！她又不吃大荤，头一天要吃鸭子，第二天要吃鱼，第三天……那酒量又大，每天晚上要炸麻雀，盐水虾，一吃就是三斤白花酒啊！上床睡下，两个丫头轮流捶腿，捶到四更鼓才能歇。你说那鲍廷玺一个戏子家，能有多大汤水弄这位奶奶去。①

这一段人物语言，用的是婉曲的修辞手法，沈大脚一句也没有说个"不是"，只是罗列了寡妇王太太的种种生活习惯，就成功地塑造出一个生活骄奢的阔太太的形象。在有声语言表达时，播读者既要有厌恶的语气，又不免呈现出艳羡色彩，既是在抱怨，又由于对富人的敬畏而不敢直说，语气自然也就"委婉曲折"了。

例文：

然而为盗要被官兵所打，捕盗也要被强盗所打，要十分安全的侠客，是觉得都不妥当的，于是有流氓。和尚喝酒他来打，男女通奸他来捉，私娼、私贩他来凌辱，为的是<u>维持风化</u>；乡下人不懂租界章程他来欺侮，为的是<u>看不起无知</u>；剪发女人他来嘲骂，社会改革者他来憎恶，为的是<u>宝爱秩序</u>。但后面是传统的靠山，对手又都非浩荡的强敌，他就在其间横行过去。

（鲁迅《流氓的变迁》②）

上一段中所用的修辞手法是反语，"维持风化""看不起无知""宝爱秩序"都是正向词语，但在此处却是反讽这些扛着"传统道德"的旗帜来满足自身欺凌欲的流氓。在播读过程中，播读者不仅要强调这些作为反语的关键词，还要让读者清晰地听出讽刺的意味来，从而体现文章的态度。

（三）玩味词语

当作者通过玩味词语的方法进行修辞时，则是在利用汉字音、形、义相结合的特点，通过文字本身的字音、字形特征来表达思想感情。这时播读者需要特别调整所利用的文字元素在有声语言中的声音特征，发挥其调节音律的作用，增强趣味感。

例文：

我画蓝江水悠悠，

爱晚亭上枫叶愁。

---

① 王家元.表演基础课程[M].重庆：重庆大学出版社，2014：108.该片段根据吴敬梓的《儒林外史》改编。
② 鲁迅.鲁迅全集 第四卷[M].广州：花城出版社，2021：85.

秋月溶溶照佛寺，
香烟袅袅绕经楼。

(唐寅《我爱秋香》①)

上面这首诗中，每句的第一个字连起来是"我爱秋香"，这种写作手法就是"藏头"，在修辞类型中属于"镶嵌"。在诵读时，要把第一个字拉长来读，引起受众注意，为最后揭示藏头之意做好铺垫，在此基础上兼顾诗句的字面意思。

例文：
桃花坞里桃花庵，桃花庵下桃花仙。
桃花仙人种桃树，又摘桃花换酒钱。
酒醒只在花前坐，酒醉还来花下眠。
半醒半醉日复日，花落花开年复年。

这首诗运用了复叠的修辞手法，同样的文字反复出现，随着音律重复，天然的节奏感形成。作者在前三句运用了顶真手法，使得诗句读起来形成了层层推进的起伏感。在诵读这样的片段时，播读者无须一味强调这些反复出现的关键词，因为这些关键词已经靠重复出现的读音完成了其调整节律的任务。

在此基础上，播读者要根据表达需要选择表达方式。如上文中，前三句中"桃花庵""桃花仙"第二次出现时便无须施加重音，这样才能形成音律上的推进感，并形成递进式逻辑感受。又如，在第五句和第六句中，"酒""花"二字复叠出现，播读者要重音呈现的不是"酒"和"花"，而是对"酒""花"的描述性词语进行重音呈现，如"醒"与"醉"、"前"与"下"、"坐"与"眠"，从而形成对比式逻辑感受。第七句和第八句的情况较为复杂，"半""花"二字复叠出现，但无须重音强调，因为它们在对比式逻辑感受中充当次要部分。同样复叠出现的"日""年"二字，因为在对比式逻辑感受中充当主体部分，必须加以强调。

(四) 排列章句

当作者通过排列章句的方法进行修辞时，则是通过组合文字形成一定的句式结构，这样的句式结构往往产生富有节律感的音声效果。播读者可以利用这种天然的音声效果，调整有声语言表达的节奏。

例文：
古往今来，彪炳史册的杰出人物，都曾做出过非同寻常的努力，因而在事业上创造了辉煌的业绩。试想，如果没有李时珍跋山涉水、遍尝百草，没有他数十年如一日的搜集整

---

① 王家康.古诗五百首[M].兰州：甘肃文化出版社，2015：285.

理、笔耕不息,哪里会有药学巨著《本草纲目》的问世!如果没有陈景润身居斗室、痴心硬干,没有他十几年如一日的运算推理、钻研不止,又哪里会有数学领域陈氏定理的发现!如果没有司马迁忍辱负重、呕心沥血,没有他数十年如一日的伏案攻读、挑灯夜战,哪里会有史学巨著《史记》的流传。

上文所运用的修辞手法是排比,这种句式的表达效果较为强烈。遇到这样的句式时,播读者要强调其中形成对比、并列的成分,这样就可以体现出排比句较为强烈的气势。

例文:

世上最遥远的距离

世界上最遥远的距离
不是生与死的距离
而是我就站在你面前
你却不知道我爱你
世界上最遥远的距离
不是我就站在你面前
你却不知道我爱你
而是想你痛彻心脾
却只能埋藏心底
世界上最遥远的距离
不是想你痛彻心脾
却只能埋藏心底
而是明明知道彼此相爱
却不能在一起
世界上最遥远的距离
不是明明知道彼此相爱
却不能在一起
而是明明无法抵挡这种思念
却还得装着毫不在意
世界上最遥远的距离
不是明明无法抵挡这种思念
却还得装着毫不在意
而是用自己冷漠的心
给爱你的人掘了一条无法跨越的沟渠
世界上最远的距离

不是树与树的距离
而是同根生长的树枝
却无法在风中相依
世界上最远的距离
不是树枝无法相依
而是相互瞭望的星星
却没有交汇的轨迹
世界上最远的距离
不是星星之间的轨迹
而是纵然轨迹交汇
却在转瞬间无处寻觅
世界上最远的距离
不是瞬间便无处寻觅
而是尚未相遇
便注定无法相聚
世界上最远的距离
是鱼与飞鸟的距离
一个翱翔天际
一个却深潜海底

上文这首诗由多人接龙完成，大量运用顶真的修辞手法，这种方式往往会形成鲜明的层次感，顶真之处是天然的层次节点。将层次层层推进，播读效果就有了节律感，播读者可获得递进的逻辑感受，这就为我们调整有声语言的表达方式提供了重要的依据。

从以上内容我们发现，通过揣摩稿件内容所获得的修辞感受，最终在播音创作过程中往往落实在形象感受、逻辑感受、情感感受上。这是因为，从写作的角度上来看，修辞是写作过程中的行为，而形象、情感和逻辑则是文字作品写作完成后达成的结果。揣摩稿件中的修辞手法，是从稿件中获得感受的重要基础，研究其修辞手法，播读者能够更为全面、深刻、生动地感受稿件的思想感情。同时，汉语的美学特征也通过许多修辞手法直接体现在有声语言的表达上，这些修辞手法也成了播音创作的重要抓手。

三、揣摩文风

文风就是作者的写作风格，是一篇稿件表达思想感情的总体特征。在播音创作过程中，这些特征从稿件中来、到语言中去。通过揣摩文风，播读者可以确立一部播音作品的播讲风格,为整部播音作品定下基调。

每个作者都有自己独特的写作风格,每篇稿件都需要播读者仔细研究作者的写作特征,再结合自身的创作风格进行二度创作。根据文学作品的一般特征,我们可以归纳出几种总体的风格特征。

(一) 内容的表达:简约或繁丰

"简约的辞体,辞少而意多,可以使人感到峻洁,而富有言外之意,而其弊容易流于郁而不明的晦涩。繁丰的辞体,辞义详尽,可以使人充分明了,而其弊容易流于冗弱。繁简原本各有利弊短长,所以着眼点不同,便不免有所偏爱。"①

在有声语言表达中,简约的文风反而需要播读者更为精细,因为其中所蕴含的"内在语"可能较为丰富;而繁丰的文风就需要播读者在表达中组织好各部分之间的关系,因为作者要用行文来表述所有的观点,这时播读者要揣摩好各个语言单位的意义、功能、地位,从而在声音上进行不同方式和程度的配比。

例文:

①闻得走廊里砸门的声音,悄悄开门窥望——这隔夜油条的身板竟然能弄出这么大动静?

②突然,听见走廊里传来急促而沉重的敲门声,便悄悄地打开门、从门缝中偷偷地看去——敲门的人瘦得全身上下皮包骨头,仿佛一根草棍儿,没想到敲门的动静这么大!

以上两句的意思相同,第一句简约,第二句繁丰。有以下对应关系:

砸——急促而沉重

窥望——偷偷地看去

隔夜油条——全身上下皮包骨头,仿佛一根草棍儿

在播读第一句时,播读者要特别强调几个体现情态的关键词,放慢语速,并在语气上体现情态特征,使得这几个关键词得以凸显;在播读第二句时,因作者的描述较为丰富,则不必太过渲染,要选择"全身上下皮包骨头,仿佛一根草棍儿"一句作为主要强调的内容加以凸显。

一般来讲,面对简约的内容,播读者要注意凸显其蕴含的内在含义;面对,繁丰的内容播读者要注意突出重点。

(二) 语言的力量:刚健或柔婉

刚健的文体刚强、雄劲,气势磅礴;柔婉的文体柔和、优美,气质温婉。

在有声语言表达中,刚健的文体往往适合采用强劲、厚重的声音,表达上或凝重或激昂;柔婉的文体往往适合采用柔软、温和的声音,表达上或轻快或舒缓。

---

① 陈望道.修辞学发凡:纪念珍藏版[M].上海:复旦大学出版社,2022:276.

例文：

我忽而听到夜半笑声，吃吃地，似乎不愿意惊动睡着的人，然而四周的空气都应和着笑。夜半，没有别的人，我即刻听出这声音就在我嘴里，我也即刻被这笑声所驱逐，回进自己的房。灯火的带子也即刻被我旋高了。

(鲁迅《秋夜》①)

路上只我一个人，背着手踱着。这一片天地好像是我的；我也像超出了平常的自己，到了另一世界里。我爱热闹，也爱冷静；爱群居，也爱独处。像今晚上，一个人在这苍茫的月下，什么都可以想，什么都可以不想，便觉是个自由的人。白天里一定要做的事，一定要说的话，现在都可不理。这是独处的妙处，我且受用这无边的荷香月色好了。

(朱自清《荷塘月色》②)

同样描写夜色的场景，也同样写忧郁的心境，两段文字却因作者的个人性格、文学风格等元素不同而呈现出两种样态。播读者在读鲁迅的《秋夜》时，语气应更为强劲；播读者在读朱自清《荷塘月色》时，语气应更为舒展。

(三) 辞藻的运用：平淡或绚烂

"平淡和绚烂的区别，是由话里所用辞藻的多少而来。少用辞藻，务求清真的，便是平淡体；尽用辞藻，力求富丽的，便是绚烂体。"③

例文：

依我所见，构成月夜美感的最大要素，似乎有三：一是月光，二是这光所照的夜的世界，三是月夜的光景在观者心中所引起的联想。此外或者因了时地和观者的心情，可有种种的原因，但一般地所谓月夜的美感，大概可以认为由这三要素而成的。

(高山樗牛《月夜的美感》④)

月光如流水一般，静静地泻在这一片叶子和花上。薄薄的青雾浮起在荷塘里。叶子和花仿佛在牛乳中洗过一样；又像笼着轻纱的梦。虽然是满月，天上却有一层淡淡的云，所以不能朗照；但我以为这恰是到了好处——酣眠固不可少，小睡也别有风味的。月光是隔了树照过来的，高处丛生的灌木，落下参差的斑驳的黑影，峭楞楞如鬼一般；弯弯的杨柳的稀疏的倩影，却又像是画在荷叶上。塘中的月色并不均匀；但光与影有着和谐的旋律，如梵婀玲上奏着的名曲。

(朱自清《荷塘月色》⑤)

---

① 鲁迅.鲁迅全集 第一卷[M].广州:花城出版社,2021:258.
② 朱自清.朱自清散文选集[M].杭州:浙江少年儿童出版社,2022:63-64.
③ 陈望道.修辞学发凡[M].上海:复旦大学出版社,2006:58.
④ 傅国涌.寻找语文之美[M].厦门:鹭江出版社,2017:118.
⑤ 朱自清.朱自清散文选集[M].杭州:浙江少年儿童出版社,2022:64.

同样是写月夜景色,《月夜的美感》显平淡,《荷塘月色》显绚烂。相对来讲,在有声语言表达中,前者的起伏变化就要远小于后者了。

由此,再次强调前文所论述的一点内容,很多人认为新闻播读应该特别"平",其实从这一部分内容来看,这是因为新闻相对文学稿件来讲整体呈现为较为平淡的风格,但某些新闻的修辞风格会呈现出绚烂的特点,这时播读者就要照顾到修辞风格的特点,适当加以调整,不然同样达不到表达效果。而公告、公文类内容的新闻,则因其修辞上的平淡风格较为凸显,在表达上更为适用起伏不甚明显的"宣读式",从而体现其庄重感。

(四)行文的结构:谨严或疏放

"疏放体是起稿之时,纯循自然,不加雕琢,不论粗细,随意写说的语文;谨严体则是从头到尾,严严谨谨,细心检点而成的辞体。"①

例文:

王冕自此只在秦家放牛,每到黄昏,回家跟着母亲歇宿。或遇秦家煮些腌鱼、腊肉给他吃,他便拿块荷叶包了来家,递与母亲。每日点心钱,他也不买了吃,聚到一两个月,便偷了空,走到村学堂里,见那闯学堂的书客,就买几本旧书。日逐把牛拴了,坐在柳阴树下看。

(吴敬梓《儒林外史》②)

三人来到大街,看那国人都是头戴儒巾,身穿青衫,也有穿著蓝衫的;那些做买卖的,也是儒家打扮,斯斯文文,并无商旅习气。所卖之物,除家常日用外,大约卖青梅、斋菜的居多,其余不过纸墨笔砚,眼镜牙杖、书坊酒肆而已。

(李汝珍《镜花缘》③)

以上两段都是人物行动的描写。第一段的行文按部就班、秩序井然,播读时自然就一气呵成,表现出一种"铺陈叙述"的交代语气;第二段所体现的视角则大有"左顾右盼"的感觉,笔墨随意,播读时也就要显得随意、舒展。

作者的写作风格,是我们播音创作时重要的语言特征依据。然而,它并不与播读者自身的播讲风格相矛盾,可以说,播读风格和文章的修辞风格总能找到契合点。揣摩作者的修辞风格,能让我们更为深刻地理解稿件的思想感情,也能帮助我们确立起鲜活、生动、独特的播讲风格。

---

① 陈望道.修辞学发凡:纪念珍藏版[M].上海:复旦大学出版社,2022:291.
② 吴敬梓.儒林外史[M].苏州:古吴轩出版社,2020:2.
③ 李汝珍.镜花缘[M].北京:生活·读书·新知三联书店,2022:118.

第二节　修辞感受的表达

一、抓文体——体现基本语体

抓住基本的文体特征,能够帮助我们在播音创作过程中找寻大量表达依据。这些依据往往直接影响到有声语言表达的形式、样态。

(一) 目的特征

从传播目的角度来看,可以将文体大致分为实用体和艺术体。实用体偏重说明、交代事物本身,如公文、公告等;艺术体旨在通过对事物的描写表达情感、态度,如诗歌、小说、散文、杂文等文学文体。

一般来讲,实用体播读起来较为平实,艺术体播读起来较为生动。需要注意的是,从播音主持工作的实际运用来看,文体和节目类型并没有绝对的必然联系。

例文:

国务院港澳事务办公室副主任黄柳权表示,去年 8 月和 12 月,国务院港澳办已经分两批集中公布了中央有关部门出台的保障港澳学生在内地就学,为符合条件的内地高校港澳毕业生签发报到证,在内地工作的港澳居民可享受住房公积金待遇,保障港澳居民在内地旅游的住宿权利,便利港澳居民持回乡证在部分车站自助取票等一系列便利港澳居民在内地发展的政策措施。[1]

上文属于实用体,旨在说明相关的政策。播读者在播读这类稿件时,重点在于提炼其中的核心信息并加以强调,语气特征整体体现出严肃、客观的色彩,保证内容信息传达准确、清晰。

例文:

提起倍速播放,众多观众的态度是"不得已而为之"。让观众苦恼的是,有些国产剧为了拉长集数、凑剧情,往往用大量记忆闪回和无用对话来填充。"回忆杀"原本是推动剧情进展的手段,但一集中有半集都在回忆,再有耐心的观众也会选择倍速播放。而在一些爱情偶像剧中,为了表现男女情感的发展,还会大量出现慢动作镜头。

一些国产剧的剧本创作之草率,令人咋舌。业内人士透露,对比通常情况下美剧 12 集剧本耗时半年左右,国内一些大 IP 剧 50 集、60 集体量的剧本,5 个月就能

---

[1]《港澳台居民证申领发放办法》9 月 1 日正式实施[EB/OL].(2018-08-16)[2023-03-25]. https://baijiahao.baidu.com/s?id=1608948630924235940&wfr=spider&for=pc.

完成。在"剧本速成"急功近利的思路影响下,观众用倍速播放的方式迅速刷过"无脑剧情",也就很正常了。①

这段文字除了传达信息外,也体现了作者态度,播音员应该抓住其文体特征,在语气中加入相应的色彩,体现媒体态度。

在表达文学作品时,播读者须在内容信息传达的基础上,表现作者和播读者的思想感情,让作者在获得作品感受的同时又具有艺术审美价值。同时,因写作目的和手法的不同,又存在散文、小说、诗歌等体裁上的不同,从而产生相应的差别。

例文:

春天,树叶开始闪出黄青,花苞轻轻地在风中摇动,似乎还带着一种冬天的昏黄。可是只要经过一场春雨的洗淋,那种灰色和神态是难以想象的。每一棵树仿佛都睁开特别明亮的眼睛。树枝的手臂也顿时柔软了,而那萌发的叶子,简直就起伏着一层绿茵茵的波浪。水珠子从花苞里滴下来,比少女的眼泪还娇媚。半空中似乎总挂着透明的水雾的丝帘,牵动着阳光的彩棱镜。这时,整个大地是美丽的。小草像复苏的蚯蚓一样翻动,发出一种春天才能听到的沙沙声。呼吸变得畅快,空气里像有无数芳甜的果子,在诱惑着鼻子和嘴唇。真的,只有这一场雨,才完全驱走了冬天,才使世界改变了姿容。

(刘湛秋《雨的四季》②)

上面这段散文中的景物描写,已经不局限于告诉大家有什么景物,而在传达对所表述事物的思想感情,同时也是在传达一种美的享受。在播读这样的作品时,我们不仅要把信息交代清楚,更要注意利用有声语言的表达技巧和方法来表现作品中的情境、情感、思想,往往着重于表达对内容的内心感受。

例文:

范进不看便罢,看了一遍,又念一遍,自己把两手拍了一下,笑了一声道:"噫!好了!我中了!"说着往后一交跌倒,牙关咬紧,不省人事。老太太慌了,慌将几口开水灌了过来。他爬将起来,又拍着手大笑道:"噫,好!我中了!"笑着,不由分说,就往门外飞跑,把报录人和邻居都吓了一跳。走出大门不多路,一脚踹在塘里,挣起来,头发都跌散了,两手黄泥,淋淋漓漓一身的水,众人拉他不住,拍着笑着,一直走到集上去了。众人大眼望小眼,一齐道:"原来新贵人欢喜疯了。"老太太哭道:"怎生这样苦命的事!中了一个甚么举人,就得了这个拙病!这一疯了,几时才得好?"娘子胡氏道:"早上好好出去,怎的就得了这样的病!却是如何是好?"众邻居劝道:"老太太不要心慌,我们而今且派两个人跟定了范老爷。这里众人家里拿些鸡蛋酒米,且管待了报子上的老爹

---

① 徐颢哲.是观众太忙,还是剧集太水[N].北京日报,2018-09-15(8).
② 蓝任泉、章旺根.大学语文[M].广州:广东高等教育出版社,2009:185.

们,再为商酌。"

(吴敬梓《儒林外史》①)

上文这段小说中的描写更倾向于展现真实生动的人物行动场景,通过活灵活现的情节来凸显人物、推动故事。因此,我们在创作时可呈现出更为丰富、灵动的有声语言形式变化,从而推动情节的进行,更着重于情景的呈现。

例文:
日照香炉生紫烟,
遥看瀑布挂前川。
飞流直下三千尺,
疑是银河落九天。

(李白《望庐山瀑布》)

例文:
大江东去,浪淘尽,千古风流人物。
故垒西边,人道是,三国周郎赤壁。
乱石穿空,惊涛拍岸,卷起千堆雪。
江山如画,一时多少豪杰。

(苏轼《念奴娇·赤壁怀古》)

例文:
枯藤老树昏鸦,
小桥流水人家,
古道西风瘦马。
夕阳西下,
断肠人在天涯。

(马致远《天净沙·秋思》)

上面几篇作品的体裁属于诗歌,在形式上都呈现出韵律感,播读起来自然朗朗上口,具有一定的"音乐性"。因此,播读者在把握思想感情基础上,不仅要表现出内容的意境感,也要在声音形式上适应其韵律特征,同时要看到不同作品的形式区别,古诗词作品往往呈现出较为鲜明、严格的格律,而自由诗则往往打破了这一形式特征,形式更为自由。诗歌作品的表达既需要表现出这种韵律美感,又不可拘泥于"诗韵"的形式,有时播读者也根据表达的需要"打破"或"执行"这种韵律感形式。

---

① 吴敬梓.儒林外史[M].苏州:古吴轩出版社,2020:28.

> 可以这样理解：诗歌作品的韵律感因稿件本身已成必然，表达者是根据表达需要来选择把这种韵律体现到何种程度。在需要表达强烈思想感情的时候，播读者往往突破韵律本身的限制，表现得更为自由；在需要呈现这种音律美感达成效果的时候，播读者就可以凸显韵律形式，形成音律本身的听觉效果。请欣赏濮存昕朗诵的《将进酒》。

《将进酒》
（濮存昕朗诵）

（二）地域特征

作者写作所用语言的地域特征，总体而言，包括两个方面：一方面，本土作品之间的方言色彩差异；另一方面，汉语言文字作品和国外译作之间的语言色彩差异。

作者在写作时，总是愿意运用自己最熟悉的语言来表达心声，这样写就的文章往往充满生命力，语言也十分鲜活。一般来说，越是具有语言个性的文学作品越具有魅力，而语言个性的重要基础是作者本身的生活经历，这和作者的方言母语紧密相关。

我们来比较以下几个片段。

例文：

在他手下创练起来的少年们还时常来找他。他们大多数是没落子的，都有点武艺，可是没地方去用。有的在庙会上去卖艺：踢两趟腿，练套家伙，翻几个跟头，附带着卖点大力丸，混个三吊两吊的。有的实在闲不起了，去弄筐果子，或挑些毛豆角，赶早儿在街上论斤吆喝出去。那时候，米贱肉贱，肯卖膀子力气本来可以混个肚儿圆；他们可是不成：肚量既大，而且得吃口管事儿的；干饽饽辣饼子咽不下去。况且他们还时常去走会：五虎棍，开路，太狮少狮……虽然算不了什么——比起走镖来——可是到底有个机会活动活动，露露脸。是的，走会捧场是买脸的事，他们打扮的得像个样儿，至少得有条青洋绉裤子，新漂白细市布的小褂，和一双鱼鳞洒鞋——顶好是青缎子抓地虎靴子。他们是神枪沙子龙的徒弟——虽然沙子龙并不承认——得到处露脸，走会得赔上俩钱，说不定还得打场架。没钱，上沙老师那里去求。沙老师不含糊，多少不拘，不让他们空着手儿走。可是，为打架或献技去讨教一个招数，或是请给说个"对子"——什么空手夺刀，或虎头钩进枪——沙老师有时说句笑话，马虎过去："教什么？拿开水浇吧！"有时直接把他们赶出去。他们不大明白沙老师是怎么了，心中也有点不乐意。

（老舍《断魂枪》①）

两个小时比较讨厌，如果回家的话到家喘口气儿就得往回折，如果站在广场干等又实在漫长不堪忍受。我出来穿得很厚，这时已被寒风吹透，脚趾头都麻了。我得找个暖

---

① 老舍. 我这一辈子[M]. 杭州：浙江人民出版社，2021：186.

和的地方吃点东西。彼时正是吃午饭的时候,车站附近所有的饭馆都挤满了人,嘈杂喧嚣抢饭似的。桌上堆着一摞摞油腻肮脏的剩碗盘,汤菜汁漫席横流,那股味一掀棉帘子能顶人一跟头。于是我坐了一站车,到崇文门一带的繁华街面找馆子。这儿的馆子这时候人也很多,但秩序井然,餐具和食物也还大致干净,价格稍贵但看上去起码不恶心不熏脑浆子。我在一家店堂明亮温暖的快餐店吃了盘所谓的意大利面条,喝了碗所谓的美国汤,然后买了罐真正的中国啤酒坐在靠窗的座位泡时间。邻座一伙也在喝酒泡时间的男女中的一个男的冲我点头,我也冲他点头,他拉开一张空椅请我过去,我端着自己的酒笑着走过去坐在他们一桌冲所有人点头。

(王朔《玩的就是心跳》①)

阿Q又很自尊,所有未庄的居民,全不在他眼睛里,甚而至于对于两位"文童"也有以为不值一笑的神情。夫文童者,将来恐怕要变秀才者也;赵太爷钱太爷大受居民的尊敬,除有钱之外,就因为都是文童的爹爹,而阿Q在精神上独不表格外的崇奉,他想:我的儿子会阔得多啦!加以进了几回城,阿Q自然更自负,然而他又很鄙薄城里人,譬如用三尺三寸宽的木板做成的凳子,未庄叫"长凳",他也叫"长凳",城里人却叫"条凳",他想:这是错的,可笑!油煎大头鱼,未庄都加上半寸长的葱叶,城里却加上切细的葱丝,他想:这也是错的,可笑!然而未庄人真是不见世面的可笑的乡下人呵,他们没有见过城里的煎鱼!

(鲁迅《阿Q正传》②)

上文三个小说片段分别来自老舍、王朔、鲁迅三位作家,他们的文学语言都具有鲜明的个性,三者的文学作品都有语言诙谐幽默的特点。

然而,我们可以发现,老舍和王朔所处的年代虽然具有巨大的差异,但在上面两个片段中,用着重号标记之处,都有明显的北京话用词特征和表达特点。除了这些用语外,两部作品在语言特征上都流露出了北京话的语言气质——语意曲折,经常调侃;爱讽刺,也爱自嘲。可以说,是这样的语言气质帮助作家成就了二人最善描写的人物性格——老舍善写低眉顺眼,王朔善写玩世不恭。北京话调值偏高、儿化较多、俚语较多,说起来充满"市井情趣""江湖气",这就成了二位作家创作小说极佳的语言工具。

在鲁迅的文字中,用着重号标记之处大家看起来是否比较熟悉呢?结合鲁迅的其他作品,我们会发现很多在现代白话文写作中并不常用的,而极具"鲁迅特色"的表述方式。这些表述方式,就受到了鲁迅故乡浙江绍兴的语言特征的影响。人们都说"吴侬软语",其实不然,吴语系相对于普通话来说,具有尖音多、入声多、无儿化等特点,这些特点使得吴语在语言表达中更容易形成比较集中、迅捷的力量感,犹如李小龙的截拳道一般,短、

---

① 王朔. 玩的就是心跳[M]. 天津:天津人民出版社,2007:3.
② 鲁迅. 阿Q正传:鲁迅短篇小说集[M]. 南京:江苏凤凰文艺出版社,2022:73.

直、快、劲,这不恰恰符合鲁迅作品中讽刺辛辣的特征吗?

因此,我们在演播这类极具语言个性的文学作品时,可以研究一下作者的地域背景,了解作者最熟悉的语言体系。我们不能用方言来直接表达作品,因为这样会对受众形成一种干扰,让人们关注了语言而忽略了内容,但我们可以汲取方言特点,将其作为我们展现形象、表现语气的重要依据。

很多当代作家不具备这样鲜明的特点,因为作家是在普通话环境中成长起来的。播读这样的作品,不可强求,我们只有在作品中明显地捕捉到相应的特征时,才能在播音创作中加以实现。

很多人有这样的问题,中国文学作品和外国文学作品的播读风格是不是肯定不同?播外国文学作品是不是一定要带一些"洋味儿"?在本书中,我们多次强调,"形式"是"结果","内容"是"原因"。再来看这个问题,我们可以发现,是问题本身出了问题。

我们在实际的播音创作过程中发现,播读风格受文体特征影响很大。中国文学作品是中国作家建立在中国语言文化体系上、用中国人的思维创作的,一般来讲带有典型的个人语言色彩,这种个人语言色彩往往来源于作者生长、生活的地域,即便作者是在用普通话思维写作,往往也只是规避了极具方言色彩的词语、语法,而很多体现地域性语言思维的元素并未消失。在文学创作中,许多作家并不排斥方言,也正因如此,才能让文学作品具备鲜明的风格特征,莫言的《红高粱》明显具有山东方言特色,而陈忠实的《白鹿原》具有明显的陕西方言特色。在播读这样的作品时,播读者不使用方言来播读,如果深入内容之中,也会因其修辞手法而作出调整。因此,我们在播读中国文学作品时,要做好背景资料的收集,体会作者的写作特征、获得修辞感受,采用相应的方法进行处理。中国文学作品浩如烟海,如果播音创作风格千篇一律,也就丢失了艺术性。

外国作家用其母语写作,同样会有其建立在特定地域文化上的语言特色。我们无法在翻译的过程中,把两个国家、两种语言,尤其是两种语言中不同地域语言文化的特征进行直接关联,比如,我们无法找到任何一个中国地域性语言类型来对照法国作家都德的语言风格。如果我们模拟鲁迅的语言风格来翻译契诃夫的讽刺小说,也只能是产生一种"滑稽"效果,引读者一乐,而文学本身的价值就丧失了。

因此,译者在翻译的过程中,以"信、达、雅"为准绳,总是倾向于用更为"纯粹""纯净"的语言来翻译文学作品,很多基于地域性语言文化的修辞效果就难以体现了。

基于上文的论述,播读者找不到地域性语言特征里的"土味儿",就自然被大量外国译名(人物、地点)带出"洋味儿"。呈现出的结果,也就形成了播讲中国文学作品和外国文学译作之间的"土洋之差"。说到底,仍然是形式顺从了内容。

不管是中国还是外国的作者,在写作新闻稿件时都因新闻传播真实、客观、公正的需要,而倾向于采用较之文学作品相对"消极"的修辞方式,因此在新闻播报时,遇到的这种"土洋之差"的情况并不多。

例文：

在一个美好的夜晚，有一位毫不逊色地美好的庶务官伊凡·德米特里奇·契尔维亚科夫，坐在剧院第二排，用望远镜在观赏《科涅维尔的钟声》。他看着戏，觉得心旷神怡。然而突然——小说里经常会遇到"然而突然"这种字眼。作者没有错：生活就是这样充满着偶然性！然而突然他的脸皱了起来，眼珠向下翻动，呼吸也停了下来……他把望远镜从眼前拿开，低下头，于是……阿嚏！！！您看到，他打了个喷嚏。无论何人，无论何地，打喷嚏是不会禁止的。打喷嚏的有农民，有警察局局长，有时连三等文官也要打喷嚏。谁都会打喷嚏。契尔维亚科夫一点也不觉得难堪，他用手绢擦了擦脸。作为一个懂礼貌的人，他看了看自己的周围：他的一声喷嚏是否搅扰了什么人？可这时他不得不感到难堪了。他看到坐在他前面第一排的一个小老头正使劲用一只手套在擦自己的秃顶和脖颈，嘴里还喃喃说着什么。契尔维亚科夫认出了小老头就是将军级文官勃里沙洛夫，他在交通道路管理部门任职。

(契诃夫《小官吏之死》①)

再拿件实事来证明这个吧：在我学成出师以后，我和别的耍手艺的一样，为表明自己是凭本事挣钱的人，第一我先买了根烟袋，只要一闲着便捻上一袋吧唧着，仿佛很有身份，慢慢的，我又学了喝酒，时常弄两盅猫尿哑着嘴儿抿几口。嗜好就怕开了头，会了一样就不难学第二样，反正都是个玩意儿吧咧。这可也就出了毛病。我爱烟爱酒，原本不算什么稀奇的事，大家伙儿都差不多是这样。可是，我一来二去的学会了吃大烟。那个年月，鸦片烟不犯私，非常的便宜；我先是吸着玩，后来可就上了瘾。不久，我便觉出手紧来了，做事也不似先前那么上劲了。我并没等谁劲告我，不但戒了大烟，而且把旱烟袋也撅了，从此烟酒不动！我入了"理门"。入理门，烟酒都不准动；一旦破戒，必走背运。所以我不但戒了嗜好，而且入了理门；背运在那儿等着我，我怎肯再犯戒呢？这点心胸与硬气，如今想起来，还是由学徒得来的。多大的苦处我都能忍受。初一戒烟戒酒，看着别人吸，别人饮，多么难过呢！心里真像有一千条小虫爬挠那么痒痒触触的难过。但是我不能破戒，怕走背运。其实背运不背运的，都是日后的事，眼前的罪过可是不好受呀！硬挺，只有硬挺才能成功，怕走背运还在其次。我居然挺过来了，因为我学过徒，受过排练呀！

(老舍《我这一辈子》②)

以上两个片段，我们从充分理解、掌握稿件内容入手自然会形成不同的语言特征。契诃夫和老舍两位文学大师在人物刻画上都入木三分，并且语言都有诙谐、幽默的特点，而体现在有声语言上的不同之处在于：一篇是基于一般化语言特征的译作，另一篇则是

---

① 契诃夫. 契诃夫中短篇小说选集[M]. 沈念驹, 译. 桂林：漓江出版社, 2012：1.
② 老舍. 我这一辈子[M]. 北京：民主与建设出版社, 2021：7-8.

老舍颇具北京方言特色的原文。

(三) 结构特征

从语言结构特点上,语体基本可以分为口语和书面语,在书面语中又可分为白话文和文言文。其结构上的特点,直接影响到了有声语言的表达。

口语是具有口头格调的一种语体,以日常会话和民间文艺为基本形态,一般用于交际双方直接接触的场合。口语以口语形式为常规,也有表现为书面形式的(主要是在文艺作品中),在双方都在场的交际活动中,面部表情、身势、情景等语言外部因素都可作为交际的辅助手段。口语使用疑问句、感叹句、祈使句、短句和单句较多;因省略多有不完全句。

书面语指具有书面格调的一种语体。书面语以书面形式为基本形态,用于正式的交际场合,既有图书、报刊等书面形式,也有经过加工、比较文雅、合乎标准与规范的书面转换形式或口头形式,如演讲、报告、官方会谈等。一般都有依标准语规范而进行的加工、润饰过程,长句与复句使用较多,词语和句子规整,布局层次分明,逻辑关系严谨。

白话文是汉语书面语的一种。在中国古典文学中,唐代的变文,宋、元、明、清的话本、小说,以及其他通俗文学作品大都采用白话。宋、元以后,部分学术著作和官方文书也有用白话写的。其特点是基本以北方话为基础,与一定时代的口语相接近,容易被当时及以后的大众接受和运用。

文言文是汉语书面语的一种。产生于先秦时期,一直通用到近代。最初它建立在口语的基础上,经过长时期发展,形成了词汇丰富、表述精练的特点。但文言发展离口语渐远,不能为多数人掌握。因此,直接与口语相联系的书面语——白话与之并存。

例文:

我呢,作了一辈子顺民,见谁都请安、鞠躬、作揖。我只盼着呀,孩子们有出息,冻不着,饿不着,没灾没病!可是,日本人在这儿,二栓子逃跑啦,老婆想儿子想死啦!好容易,日本人走啦,该缓一口气了吧?谁知道,(惨笑)哈哈,哈哈,哈哈!

改良,我老没忘了改良,总不肯落在人家后头。卖茶不行啊,开公寓。公寓没啦,添评书!评书也不叫座儿呀,好,不怕丢人,想添女招待!人总得活着吧?我变尽了方法,不过是为活下去!是呀,该贿赂的,我就递包袱。我可没作过缺德的事,伤天害理的事,为什么就不叫我活着呢?我得罪了谁?谁?皇上,娘娘那些狗男女都活得有滋有味的,单不许我吃窝窝头,谁出的主意?

(老舍《茶馆》[①])

新华社北京 8 月 2 日电 8 月 2 日,美国国会众议长佩洛西不顾中方强烈反对和严正交涉,窜访中国台湾地区,严重违反一个中国原则和中美三个联合公报规定,严重冲击

---

① 老舍.茶馆[M].南昌:江西教育出版社,2021:98-99.

中美关系政治基础,严重侵犯中国主权和领土完整,严重破坏台海和平稳定,向"台独"分裂势力发出严重错误信号。中方对此坚决反对,严厉谴责,已向美方提出严正交涉和强烈抗议。

(《中华人民共和国外交部声明》①)

意映卿卿如晤:吾今以此书与汝永别矣!吾作此书时,尚是世中一人;汝看此书时,吾已成为阴间一鬼。吾作此书,泪珠和笔墨齐下,不能竟书而欲搁笔!又恐汝不察吾衷,谓吾忍舍汝而死,谓吾不知汝之不欲吾死也,故遂忍悲为汝言之。

(林觉民《与妻书》②)

第一篇文字出自话剧《茶馆》中王利发的一段独白,表现了主人公内心无尽的无奈与忧愤,直抒胸臆、一气呵成。在进行有声语言表达时,播读者应该抓住人物内心的起伏变化,表现出具有鲜明口语特征的倾诉感。播读者在语气上呈现鲜明生动的效果、在节奏上应以表达时的心理状态为基础呈现出较为丰富的变化,尤其是由情绪不稳定引发的语言表达形式上的"不确定性"。可以说,这段内容留给创作者的空间是相对较大的,创作者既可以体现文本中所体现的人物的口语化特征,又可以彰显自身的口语表达个性。

第二篇文字作为中华人民共和国外交部的声明,行文严谨规整,态度坚决。播读者在播报时也应因其结构特征,表达出严肃的态度,呈现出有理有力的语气特征、张力十足且不急不躁的语势特征、沉稳端庄的节奏特征。播读者在表达时不排斥"文字感"的呈现,这时所表现出的有声语言的书面化特征恰恰能够彰显内容的重要性、标识性。

第三篇文字出自林觉民的《与妻书》,是一段文言文。相对于白话文,文言文更为简练,并且往往呈现出骈散结合的格律特征。有的文言文内容具有"看上去很美,听起来不明"的特点,这是因为汉语"同音异字"的现象大量存在。在表达这样的文字内容时,创作者往往需要在一些在听觉上容易形成障碍的部分多加强调、慢速处理,从而让内容更容易被受众接受;同时,也应注意到其格律性结构特征,体现出汉语独有的美感。

(四)声律特征

从有声语言表达的创作需求出发,我们大致上可以将声律特征简单地区分为"对称"的"骈"和"非对称"的"散"。我们经常会遇到以"对称"形式出现的"骈体"部分,这部分内容因形成了较强的声律感染力,往往是稿件中的重要内容,甚至是点睛之笔。

例文:

把丰碑树在老百姓心中,需要坚持以百姓心为心,做到民有所呼、我有所应。焦裕禄、杨善洲、李保国……这些模范共产党员,无不是为了群众利益尽职尽责、无私奉献,他们为民造福的事迹被群众口口相传,他们闪亮的名字也被群众长久记在心间。他们的故

---

① 中华人民共和国外交部声明[M].人民日报,2022-08-03(3).
② 汤克勤.古文鉴赏辞典[M].武汉:崇文书局,2022:502.

事启示我们,衡量我们工作得失的根本标准,是人民拥护不拥护、赞成不赞成、高兴不高兴、答应不答应。我们要在为民造福上下真功夫,把群众的呼声作为第一信号,做到让人民群众受益、让人民群众满意。

(郭光文《把丰碑树在老百姓心中》①)

上段文字中出现对称形式的部分是这篇稿件的关键之处,播读者在这样的对称部分前稍加停顿,而后放慢语速,再用同样的节奏把对称的部分播读出来,不仅凸显了稿件内容,也在整体的播音节奏上形成了变化,韵律感的出现提升了播读的表现力。

二、抓文辞——表现语言特征

一部播音作品给人的直观感受是播读者的语言特征,这些语言特征不仅表现在其声音特质上,也体现在播读者的语言个性与稿件写作特点的高度融合。播读者应抓住稿件中的行文特点,并通过彰显行文特点来体现其文学意味。

(一)雅和俗

雅和俗,不能理解为水平的高低,而只是代表了文学表现的一种文辞取向。雅致的文字读起来优美文雅,沁人心脾;通俗的文字也往往给人一种畅快淋漓、入木三分的感觉。

例文:

一语未了,只听外面一阵脚步响,丫鬟进来笑道:"宝玉来了!"黛玉心中正疑惑着:"这个宝玉,不知是怎生个惫懒人物,懵懂顽童?——倒不见那蠢物也罢了。"心中想着,忽见丫鬟话未报完,已进来了一个年轻公子:头上戴着束发嵌宝紫金冠,齐眉勒着二龙抢珠金抹额;穿一件二色金百蝶穿花大红箭袖,束着五彩丝攒花结长穗宫绦;外罩石青起花八团倭缎排穗褂;登着青缎粉底小朝靴。面若中秋之月,色如春晓之花,鬓若刀裁,眉如墨画,面如桃瓣,眼若秋波。虽怒时而若笑,即瞋视而有情。项上金螭璎珞,又有一根五色丝绦,系着一块美玉。

黛玉一见,便吃一大惊,心下想道:"好生奇怪!倒像在那里见过一般,何等眼熟到如此!"

(曹雪芹《红楼梦》②)

在上段画线部分对外貌的描写中,作者在比拟修辞手法的运用上多用了较为唯美的事物、词语来作为喻体。在章句上,作者又用了对偶的格式,这就在行文上又赋予了韵律美感。

---

① 郭光文.把丰碑树在老百姓心中[N].人民日报,2022-08-03(5).
② 曹雪芹.红楼梦[M].北京:人民文学出版社,2013:47-48.

在表达时,播读者抓住这些特征,在用声上增加虚声色彩、不着力,咬字绵长,呼吸平稳,同时也应兼顾对偶形成的韵律感,在整体上形成一种"诵读感",这样就有了"雅"的意味。

例文:

他没有什么模样,使他可爱的是脸上的精神。头不很大,圆眼,肉鼻子,两条眉很短很粗,头上永远剃得发亮。腮上没有多余的肉,脖子可是几乎与头一边儿粗;脸上永远红扑扑的,特别亮的是颧骨与右耳之间一块不小的疤——小时候在树下睡觉,被驴啃了一口。他不甚注意他的模样,他爱自己的脸正如同他爱自己的身体,都那么结实硬棒;他把脸仿佛算在四肢之内,只要硬棒就好。是的,到城里以后,他还能头朝下,倒着立半天。这样立着,他觉得,他就很像一棵树,上下没有一个地方不挺脱的。

(老舍《骆驼祥子》①)

在这段人物描写中,老舍用了较为通俗的"市井语言"来塑造祥子车夫的形象。作者并没有太多使用比拟的修辞手法,喻体是比较直观的"树";同时作者又大量地运用了夸张的修辞,如"脖子可是几乎与头一边儿粗""他把脸仿佛算在四肢之内",增强了作品的生动性。

在表达时,抓住上述特征,播读者应用声偏扎实,呼吸畅快,口语化特征明显,节奏多变,在整体上形成一种"讲述感",这样就有了"俗"的情趣。

(二) 直和曲

一部文字作品因目的不同、文风各异,在表达思想感情时或直白或委婉,或简洁或繁复,这些特征都可以作为播音创作的重要依据。

例文:

①男人不爱干净。

②多少男人洗脸都是专洗本部,边疆一概不理,洗脸完毕,手背可以不湿,有的男人是在结婚后才开始刷牙。

③男人也很会持家,起码省香皂、省牙膏。

①句用了非常直白的语言表达意思,播读者自然就可以用相对平直的语势、较为明快的节奏直接完成意思的表达。而②句中则运用了比拟、婉曲的修辞手法,形象生动地表现男人对洗漱过程的应付。播读者应将语势变得曲折,语气色彩"气浮声跳",节奏相对变缓,来给受众体味的时间。而③句则运用了反语的修辞手法,是反话正说。这里关键性词语有"持家""省香皂""省牙膏",播读者可以有两种选择:一是把"持家"读出曲折感的讽刺意味,然后读出"省香皂""省牙膏"的"正";也可以反其道而行之,把"持家"读

---

① 老舍. 骆驼祥子[M]. 合肥:安徽文艺出版社,2020:5-6.

出"正"的味道,再把"省香皂""省牙膏"的部分读出曲折感,总而言之就是以"正"衬"反",达成表达目的。

例文:

　　只要略有知觉的人就都知道:这回学生的请愿,是因为日本占据了辽吉,南京政府束手无策,单会去哀求国联,而国联却正和日本是一伙。读书呀,读书呀,不错,学生是应该读书的,但一面也要大人老爷们不至于葬送土地,这才能够安心读书。报上不是说过,东北大学逃散,冯庸大学逃散,日本兵看见学生模样的就枪毙吗?放下书包来请愿,真是已经可怜之至。不道国民党政府却在十二月十八日通电各地军政当局文里,又加上他们"捣毁机关,阻断交通,殴伤中委,拦劫汽车,攒击路人及公务人员,私逮刑讯,社会秩序,悉被破坏"的罪名,而且指出结果,说是"友邦人士,莫名惊诧,长此以往,国将不国"了!

　　好个"友邦人士"!日本帝国主义的兵队强占了辽吉,炮轰机关,他们不惊诧;阻断铁路,追炸客车,捕禁官吏,枪毙人民,他们不惊诧。中国国民党治下的连年内战,空前水灾,卖儿救穷,砍头示众,秘密杀戮,电刑逼供,他们也不惊诧。在学生的请愿中有一点纷扰,他们就惊诧了!

　　好个国民党政府的"友邦人士"!是些什么东西!

(鲁迅《"友邦惊诧"论》①)

　　上面一段文字呈现出"直"和"曲"交替的笔法特征,正话与反话交替出现。我们把握其中的关键性措辞,从而用相应的有声语言表达技巧和方法加以呈现,就会让播读生动,表现出稿件中所要表达的愤懑之情。

(三) 敛和放

　　一部文字作品的文辞运用也存在内敛和奔放的特征区别,内敛的文字往往能给人一种娓娓道来、细致入微之感,奔放的文字往往给人带来畅快淋漓、豪迈通透之感。抓住其中的文辞运用手法,能够帮助我们进行播音创作。

例文:

　　故乡春天的天空湛蓝而又高远。初春的时候田野里的桃花灿烂绚丽,像是落在田间的一团团彩云。麦田里的麦苗纤细稠密,绿茸茸的,向着远方延伸至天际。此时天似穹庐,笼盖着田野与村庄。一片片云朵像是一艘艘航船,在湛蓝如海的空中悠悠飘浮。孩子们在操场奔跑,趁着东风将风筝放入天空。风筝伴着飞鸟在深邃透亮的天空中飞舞,这种景象宛如画家精心画出的一幅画卷。

(曹含清《故乡的天空》②)

---

① 鲁迅.鲁迅全集 第四卷[M].广州:花城出版社,2021:194.
② 曹含清.故乡的天空[J].新教育,2017(30):1.

这段文字所描写的场景优美恬静,给人一种淡雅的感觉,修辞手法多用比拟,语言结构较为平实、简练,所用词语多给人一种秀雅之感。因此,这一段的播读就可以强化虚声色彩,强调部分不宜过于着力,语势起伏不大,节奏平缓、沉稳。

例文:

北方的黑土地是何等博大啊,兼容着火山与冰岸、天池与地泉、针叶林与毛毛草、红高粱与罂粟花、野性与柔情、爱情与仇恨、严峻与温馨、粗犷与粗疏、自强与自私、寥廓与孤寂,既有长久的四季轮回,又有短暂的无霜期,既有虎群的雄浑又有狗皮帽子的寒碜,既有宽广又有偏狭,既有宁静又有躁动,既坦诚又神秘,既富丽又贫瘠。我的黑土地,我的黑土地,我对你的爱也是又宽阔又偏狭,又坦诚又神秘的。我读着你,想念你,梦过你。我也渴望走出"宇宙黑洞",穿破固垒,渴望超越。当我远离故乡去生存,拼搏和拓荒数年之后,终于明白有一种东西是不可超越的,那就是黑土地给予我的生命的原汁。

(韩静霆《黑土地》①)

这一段文字的情感色彩比较炽烈,如同一段直抒胸臆的咏叹调,修辞中多用排比、对偶,所用词语也往往给人一种大气磅礴的力量感。因此,在播读时,用声的力量感应比较明显,并且形成波澜起伏的韵律感,语势起伏明显,节奏紧密。

雅和俗、直和曲、敛和放,来源于汉字的博大精深,作者的文字作品往往是字斟句酌的匠心之作,其所用文辞的特征往往影响了整部作品的文风。它们之间既相互影响,又存在区别,文辞雅致也可表达委婉,文辞通俗也可表达内敛。揣摩文字作品中的文辞使用特点,从而在播音创作中运用恰当的有声语言表达技巧,这样才能让我们的播音作品呈现出灵动而丰满的特点。

三、抓文眼——凸显点睛之笔

一篇好的文字作品往往有脍炙人口的精妙之处,这些华彩章句既是文章的"文眼",又往往成为播音作品的精彩部分。我们在播音创作过程中,应该用心找到这些"文眼",加以精心设计,呈现出作品的文学意味。从整体上来讲,以这些重点部分为核心,以其他部分为铺垫,也就能让一部播音作品在听觉上张弛有度、有起有伏,满足受众的心理节奏需求。

这些"文眼"既包括形式上的行文巧思之处,又包括一针见血地凸显了思想感情的关键之处,还包括那些独具匠心,让人拍案叫绝、回味无穷的精妙之处。

(一)巧用字音

有声语言的表达区别于文本阅读,很多文稿在写作过程中就已经注意到了"听"和

---

① 韩静霆.丑人自白[M].北京:群众出版社,1996:140.

"看"的区别,因此有些"文眼"就是直接利用字音上的巧妙设计、组合来达成效果的。对于稿件中的修辞手法,播读者应利用字音的设计进行相应的表达。

如复叠这种修辞手法,把"明白"变成"明明白白",通过字音的叠加就已经起到了强化表达效果的作用。

"要是有人属于我该多幸福啊。"
"别闹了,没有人属鱼。"

这是双关的修辞方法,也是大家熟悉的"谐音梗",以"属于"和"属鱼"的同音不同义的特征产生"包袱"。这就需要播读者在第一句中打破原有的播音创作规律,重新选择重音位置和停顿位置,让"属于"一词稍加凸显,为后面"属鱼"一词做好铺垫。

明朝文学家徐渭游西湖,面对平湖秋月胜景,写下了一首七言绝句:

平湖一色万顷秋,
湖光渺渺水长流。
秋月圆圆世间少,
月好四时最宜秋。

在播读此诗时,播读者需要将四句的首字略凸显,最后在揭示"平湖秋月"的主题时,就能给人一种恍然大悟的感觉。

汉字的音、形、义结合体特征,在给文学创作提供了丰富的表现方式的同时,也给我们的播音创作提供许多表达的抓手。

(二)巧用格式

汉字的特征使得作家在文学创作中可以大量利用"方块字"产生的格式效果进行修辞表达,往往可以产生较为强烈的表现效果。修辞手法中的反复、对偶、排比、层递、顶真等就是利用格式上的技巧达成文学效果。

例文:

一 切[①]

北 岛

一切都是命运
一切都是烟云
一切都是没有结局的开始
一切都是稍纵即逝的追寻
一切欢乐都没有微笑

---

① 北岛.履历:诗选 1972—1988[M].北京:生活·读书·新知三联书店,2015:16.

一切苦难都没有泪痕
　　一切语言都是重复
　　一切交往都是初逢
　　一切爱情都在心里
　　一切往事都在梦中
　　一切希望都带着注释
　　一切信仰都带着呻吟
　　一切爆发都有片刻的宁静
　　一切死亡都有冗长的回声

这首北岛的《一切》，整体上可以看作通篇运用了排比，又在每两句之间运用了对偶，"一切"在每一句的句首出现又形成了层递效果。我们应该把握这样鲜明的格式特征，直接调整语气、节奏的设计，呈现出波澜壮阔的语流美。

例文：

夜半钟声[①]

宋清如

　　葬！葬！葬！
　　打破青色的希望，
　　一串歌向白云的深处躲藏。
　　夜是无限地茫茫，
　　有魔鬼在放出黝黑的光芒，
　　小草心里有恶梦的惊惶，
　　葬！葬！葬！

　　葬！葬！葬！
　　小草心里有恶梦的惊惶，
　　有魔鬼在放出黝黑的光芒。
　　夜是无限地茫茫，
　　一串歌向白云的深处躲藏，
　　严霜里沉淀了青色的希望。
　　葬！葬！葬！

上面这首诗用到了反复和回环两种修辞手法，形成了一种天然的音律对称美，抓住这一特点，语气前后呼应，自然也会产生汉语之美带来的听觉享受。

[①] 上海大学文学院中文系新文学研究室.《现代》诗综[M].南昌:百花洲文学出版社,1990:72-73.

(三)细节精妙之处

细节描写凸显作者的功力,作家往往一笔落下就勾勒出生动的场景、鲜活的人物,让人拍案叫绝。王勃一句"落霞与孤鹜齐飞,秋水共长天一色"就让读者把滕王阁所见之盛景尽收眼底;鲁迅一笔"正像一个画图仪器里细脚伶仃的圆规"便把当年的"豆腐西施"描述为如今市侩贪婪的杨二嫂。在播音创作中,我们应强调这些细节,使其成为播音作品的精彩之处。

例文:

范进即将这银子交与浑家打开看,一封一封雪白的细丝锭子,即便包了两锭,叫胡屠户进来,递给他道:"方才费老爹的心,拿了五千钱来。这六两多银子,老爹拿了去。"屠户把银子攥在手里紧紧的,把拳头舒过来,道:"这个,你且收着。我原是贺你的,怎好又拿了回去?"范进道:"眼见得我这里还有这几两银子,若用完了,再来问老爹讨来用。"屠户连忙把拳头缩了回去,往腰里揣,口里说道:"也罢,你而今相与了这个张老爷,何愁没有银子用?他家里的银子,说起来比皇帝家还多些哩!他家就是我卖肉的主顾,一年就是无事,肉也要用四五千斤,银子何足为奇!"

(吴敬梓《儒林外史》①)

这一段文字生动刻画了胡屠户市侩贪婪的嘴脸,播读者往往在人物语言上比较下功夫,通过人物语气的表现呈现人物形象,这自然无可厚非。然而,容易被我们忽略的细节是作者对胡屠户的动作描写——"攥""舒""缩""揣",吴敬梓把胡屠户给钱慢慢吞吞、收钱干净利落的动作描写得生动鲜活,把其既想讨好中了举人的女婿,又舍不得钱的嘴脸刻画得入木三分。

(四)主题彰显之处

从全篇出发,虽然一篇稿件可能会有许多精彩的描写,但往往会有非常关键的片段,甚至是某些词语来用以"点题",这些部分应该着重表达,从而使主题得到彰显、升华。

例文:

天下着鹅毛大雪。一支红军队伍在零下三十多摄氏度的酷寒中艰难地行进着。

突然,队伍中有人喊起来:"有人冻死啦!"

军长一震,急步向前跑去。松树下,一位战士倚着树干,坐在雪窝里,一动也不动。他的左手夹着半截用树叶卷成的烟,小心地放在胸前,仿佛在最寒冷的时刻还在渴望一支烟的温暖。他的右手握着一个小纸包,脸上还挂着一丝早已冷却的笑容。军长用颤抖的手打开了小纸包,一只红辣椒跳进了军长的眼帘。他轻轻拂去战士肩上的积雪.猛然

---

① 吴敬梓.儒林外史[M].苏州:古吴轩出版社,2020:32.

发现他身上竟然穿得那样单薄,单薄得像一张纸。

"棉衣,棉衣呢?为什么没发给他棉衣?"军长两眼发红:"军需处长呢?"警卫员在发愣。"给我找军需处长。"还是没有人应声。"快,给我找军需处长!"警卫员哇的一声哭了出来:"报告军长,他就是刚任命的军需处长。棉衣不够了……每人发的御寒辣椒他都没舍得吃一口……"

军长愣住了,他望着雕像般的军需处长,眼泪成串成串地流了下来。他高高地举起那只鲜红的辣椒,在铅灰色的天穹下,在迷漫的雪雾中,辣椒就像一把燃烧的火炬,照耀着前程。在这火炬下,一只又一只右手缓缓举起。军礼是那样庄重,整个队伍发出一片抽泣声,就像一曲悲壮的哀乐,回荡在雪地上空。①

这篇稿件存在"一明两暗"三个彰显主题之处,明处的主题与此文的标题"军礼"一致,最后战士们在军长的带领下向牺牲的军需处长敬礼的场景是升华主题之处,因此当"军礼"一词首次出现时,肯定是要加以强调的。另外,还有两处"暗笔"。第一处是"鲜红的辣椒",既在形象感受上成为白雪皑皑的肃杀场景中的一抹亮色,又出现在全文结尾象征着革命成功的希望,这样在前后形成了线索性的象征物,同样也彰显了主题,应该为播读者抓住加以强调;第二处是"军需处长",军需处长是最接近物资的,而被冻死的恰恰是这个最容易获得棉衣的人,这个隐喻在情感上同样带给受众极大的震撼。军长怒不可遏,一直在找军需处长的部分,连续出现了"军需处长"一词,就已经为后面情节的"反转"做好了铺垫。"警卫员哇的一声哭了出来:'报告军长,他就是刚任命的军需处长。'"此处情节最让人揪心,因此我们为了让"军需处长"这一关键性伏笔的作用得以淋漓尽致的体现,就可以在这句话之后用较长的停顿稍加留白,从而给受众一个心理反馈的时间。

四、抓文风——彰显作品风格

文风是作者写作整体特征的体现,是建立在文体、文辞表达特点上的作品的整体风貌。可以说,文风是作者个人修辞习惯运用的整体体现。在播音创作中,播读者把握修辞感受,也应该在文体、文辞、文眼的确立、体味、挖掘中形成播音作品的特定风貌。

优秀的播音作品应该是播读者的播读风格和作者的文学风格的有机融合。因此,对播音作品风格的把握和自我播音风格的形成应该是播音员、主持人追求的境界。这是建立在文化底蕴的深厚积淀、播讲能力的不断提高、创作意识的不断完善基础之上的。

例文:

金樽清酒斗十千,玉盘珍羞直万钱。

---

① 王岩平.播音与主持艺术入门教程[M].2版.武汉:武汉大学出版社,2022:280.

停杯投箸不能食,拔剑四顾心茫然。
欲渡黄河冰塞川,将登太行雪满山。
闲来垂钓碧溪上,忽复乘舟梦日边。
行路难,行路难,多歧路,今安在?
长风破浪会有时,直挂云帆济沧海。

(李白《行路难三首》其一)

国破山河在,城春草木深。
感时花溅泪,恨别鸟惊心。
烽火连三月,家书抵万金。
白头搔更短,浑欲不胜簪。

(杜甫《春望》)

李白的诗,多不拘一格、豪放不羁、天马行空、气势恢宏,充满了浪漫主义色彩;杜甫的诗,多工整严谨、沉郁幽怨、忧国忧民、细腻深邃,体现了现实主义情怀。把握二者的作品风格来朗诵,前者自然体现出大开大合、自由洒脱的色彩;后者则体现出含蓄内敛、忧郁低沉的色彩。

例文:

月光如流水一般,静静地泻在这一片叶子和花上。薄薄的青雾浮起在荷塘里。叶子和花仿佛在牛乳中洗过一样;又像笼着轻纱的梦。虽然是满月,天上却有一层淡淡的云,所以不能朗照;但我以为这恰是到了好处——酣眠固不可少,小睡也别有风味的。月光是隔了树照过来的,高处丛生的灌木,落下参差的斑驳的黑影,峭楞楞如鬼一般;弯弯的杨柳的稀疏的倩影,却又像是画在荷叶上。塘中的月色并不均匀;但光与影有着和谐的旋律,如梵婀玲上奏着的名曲。

(朱自清《荷塘月色》[1])

北平在人为之中显出自然,几乎是什么地方既不挤得慌,又不太僻静:最小的胡同里的房子也有院子与树;最空旷的地方也离买卖街与住宅区不远。这种分配法可以算——在我的经验中——天下第一了。北平的好处不在处处设备得完全,而在它处处有空儿,可以使人自由的喘气;不在有好些美丽的建筑,而在建筑的四周都有空闲的地方,使它们成为美景。每一个城楼,每一个牌楼,都可以从老远就看见。况且在街上还可以看见北山与西山呢!

(老舍《想北平》[2])

---

[1] 朱自清.朱自清散文选集[M].杭州:浙江少年儿童出版社,2022:64.
[2] 老舍.特别可爱特别痛快[M].杭州:浙江人民出版社,2021:6.

同为描写景物的散文,朱自清在这一段中偏重景物的描述,文字唯美典雅;老舍在这一段中则偏重内心感受的表达,语言自然朴质。因此,对于前者,播读者就可以多用虚声、节奏平缓;对于后者,播读者则可以如口语讲述般娓娓道来,一气呵成。

例文:

听说刚勇的拳师,决不再打那已经倒地的敌手,这实足使我们奉为楷模。但我以为尚须附加一事,即敌手也须是刚勇的斗士,一败之后,或自愧自悔而不再来,或尚须堂皇地来相报复,那当然都无不可。而于狗,却不能引此为例,与对等的敌手齐观,因为无论它怎样狂嗥,其实并不解什么"道义";况且狗是能浮水的,一定仍要爬到岸上,倘不注意,它先就耸身一摇,将水点洒得人们一身一脸,于是夹着尾巴逃走了。但后来性情还是如此。老实人将它的落水认作受洗,以为必已忏悔,不再出而咬人,实在是大错而特错的事。

(鲁迅《论"费厄泼赖"应该缓行》①)

宴客的吉日近了,主妇忙着上菜市,挑挑捡捡,捡捡挑挑,又要物美又要价廉,装满两个篮子,半途休憩好几次才能气喘汗流地回到家。泡的,洗的,剥的,切的,闹哄一两天,然后丑媳妇怕见公婆也不行,吉日到了。客人早已折简相邀,难道还会不肯枉驾?不,守时不是我们的传统。准时到达,岂不像是"头如穹庐咽细如针"的饿鬼?要让主人干着急,等他一催请再催请,然后徐徐命驾,姗姗来迟,这才像是大家风范。当然朋友也有特别性急而提早莅临的,那也使得主人措手不及慌成一团。客人的性格不一样,有人进门就选一个比较最好的座位,两脚高架案上,真是宾至如归;也有人寒暄两句就一头扎进厨房,声称要给主妇帮忙,系着围裙伸着两只油手的主妇连忙谦谢不迭。等到客人到齐,无不饥肠辘辘。

(梁实秋《请客》②)

鲁迅的杂文多犀利辛辣,如开山巨斧,发力十足,立场鲜明,给人一种明确的"是非感";梁实秋的杂文多幽默诙谐,往往绵里藏针,在生活中的细微处展现人性。这就使得前者作品的播读,往往在表达上也会锋芒毕露;而后者,则可"蜻蜓点水""浅尝辄止",用一种"看破不说破"的特点进行表达。

一部文学作品文风的形成是极其复杂的,不一定绝对受到主题、体裁、作者身份的限制,可以说每部作品的风貌都或多或少有所差异。播音员、主持人应当努力尝试在长时间的实践创作中去体察、把握、拿捏作品的文风,这也是早日形成自身风格的有效途径。

---

① 鲁迅.鲁迅全集 第一卷[M].广州:花城出版社,2021:141-142.
② 梁实秋.雅舍小品[M].北京:北京联合出版公司,2014:73.

第三节　实训稿件

训练稿件一

荷塘月色[①]

朱自清

这几天心里颇不宁静。今晚在院子里坐着乘凉，忽然想起日日走过的荷塘，在这满月的光里，总该另有一番样子吧。月亮渐渐地升高了，墙外马路上孩子们的欢笑，已经听不见了；妻在屋里拍着闰儿，迷迷糊糊地哼着眠歌。我悄悄地披了大衫，带上门出去。

沿着荷塘，是一条曲折的小煤屑路。这是一条幽僻的路；白天也少人走，夜晚更加寂寞。荷塘四面，长着许多树，蓊蓊郁郁的。路的一旁，是些杨柳，和一些不知道名字的树。没有月光的晚上，这路上阴森森的，有些怕人。今晚却很好，虽然月光也还是淡淡的。

路上只我一个人，背着手踱着。这一片天地好像是我的；我也像超出了平常的自己，到了另一世界里。我爱热闹，也爱冷静；爱群居，也爱独处。像今晚上，一个人在这苍茫的月下，什么都可以想，什么都可以不想，便觉是个自由的人。白天里一定要做的事，一定要说的话，现在都可不理。这是独处的妙处，我且受用这无边的荷香月色好了。

曲曲折折的荷塘上面，弥望的是田田的叶子。叶子出水很高，像亭亭的舞女的裙。层层的叶子中间，零星地点缀着些白花，有袅娜地开着的，有羞涩地打着朵儿的；正如一粒粒的明珠，又如碧天里的星星，又如刚出浴的美人。微风过处，送来缕缕清香，仿佛远处高楼上渺茫的歌声似的。这时候叶子与花也有一丝的颤动，像闪电般，霎时传过荷塘的那边去了。叶子本是肩并肩密密地挨着，这便宛然有了一道凝碧的波痕。叶子底下是脉脉的流水，遮住了，不能见一些颜色；而叶子却更见风致了。

月光如流水一般，静静地泻在这一片叶子和花上。薄薄的青雾浮起在荷塘里。叶子和花仿佛在牛乳中洗过一样；又像笼着轻纱的梦。虽然是满月，天上却有一层淡淡的云，所以不能朗照；但我以为这恰是到了好处——酣眠固不可少，小睡也别有风味的。月光是隔了树照过来的，高处丛生的灌木，落下参差的斑驳的黑影，峭楞楞如鬼一般；弯弯的杨柳的稀疏的倩影，却又像是画在荷叶上。塘中的月色并不均匀；但光与影有着和谐的旋律，如梵婀玲上奏着的名曲。

荷塘的四面，远远近近，高高低低都是树，而杨柳最多。这些树将一片荷塘重重围住；只在小路一旁，漏着几段空隙，像是特为月光留下的。树色一例是阴阴的，乍看像一

[①] 朱自清.朱自清散文选集[M].杭州:浙江少年儿童出版社,2022:63-66.

团烟雾;但杨柳的丰姿,便在烟雾里也辨得出。树梢上隐隐约约的是一带远山,只有些大意罢了。树缝里也漏着一两点路灯光,没精打采的,是渴睡人的眼。这时候最热闹的,要数树上的蝉声与水里的蛙声;但热闹是它们的,我什么也没有。

忽然想起采莲的事情来了。采莲是江南的旧俗,似乎很早就有,而六朝时为盛;从诗歌里可以约略知道。采莲的是少年的女子,她们是荡着小船,唱着艳歌去的。采莲人不用说很多,还有看采莲的人。那是一个热闹的季节,也是一个风流的季节。梁元帝《采莲赋》里说得好:

于是妖童媛女,荡舟心许;鷁首徐回,兼传羽杯;櫂将移而藻挂,船欲动而萍开。尔其纤腰束素,迁延顾步;夏始春余,叶嫩花初,恐沾裳而浅笑,畏倾船而敛裾。

可见当时嬉游的光景了。这真是有趣的事,可惜我们现在早已无福消受了。

于是又记起《西洲曲》里的句子:

采莲南塘秋,莲花过人头;低头弄莲子,莲子清如水。

今晚若有采莲人,这儿的莲花也算得"过人头"了;只不见一些流水的影子,是不行的。这令我到底惦着江南了。——这样想着,猛一抬头,不觉已是自己的门前;轻轻地推门进去,什么声息也没有,妻已睡熟好久了。

训练稿件二

秋 夜①

鲁 迅

在我的后园,可以看见墙外有两株树,一株是枣树,还有一株也是枣树。

这上面的夜的天空,奇怪而高,我生平没有见过这样的奇怪而高的天空。他仿佛要离开人间而去,使人们仰面不再看见。然而现在却非常之蓝,闪闪地眏着几十个星星的眼,冷眼。他的口角上现出微笑,似乎自以为大有深意,而将繁霜洒在我的园里的野花草上。

我不知道那些花草真叫什么名字,人们叫他们什么名字。我记得有一种开过极细小的粉红花,现在还在开着,但是更极细小了,她在冷的夜气中,瑟缩地做梦,梦见春的到来,梦见秋的到来,梦见瘦的诗人将眼泪擦在她最末的花瓣上,告诉她秋虽然来,冬虽然来,而此后接着还是春,蝴蝶乱飞,蜜蜂都唱起春词来了。她于是一笑,虽然颜色冻得红惨惨地,仍然瑟缩着。

枣树,他们简直落尽了叶子。先前,还有一两个孩子来打他们别人打剩的枣子,现在是一个也不剩了,连叶子也落尽了。他知道小粉红花的梦,秋后要有春;他也知道落叶的梦,春后还是秋。他简直落尽叶子,单剩干子,然而脱了当初满树是果实和叶子时候的弧形,欠伸得很舒服。但是,有几枝还低亚着,护定他从打枣的竿梢所得的皮伤,而最直最

---

① 鲁迅.鲁迅全集 第一卷[M].广州:花城出版社,2021:257-258.

长的几枝,却已默默地铁似的直刺着奇怪而高的天空,使天空闪闪地鬼䀹眼;直刺着天空中圆满的月亮,使月亮窘得发白。

鬼䀹眼的天空越加非常之蓝,不安了,仿佛想离去人间,避开枣树,只将月亮剩下。然而月亮也暗暗地躲到东边去了。而一无所有的干子,却仍然默默地铁似的直刺着奇怪而高的天空,一意要制他的死命,不管他各式各样地䀹着许多蛊惑的眼睛。

哇的一声,夜游的恶鸟飞过了。

我忽而听到夜半笑声,吃吃地,似乎不愿意惊动睡着的人,然而四围的空气都应和着笑。夜半,没有别的人,我即刻听出这声音就在我嘴里,我也即刻被这笑声所驱逐,回进自己的房。灯火的带子也即刻被我旋高了。

后窗的玻璃上丁丁地响,还有许多小飞虫乱撞。不多久,几个进来了,许是从窗纸的破孔进来的。他们一进来,又在玻璃的灯罩上撞得丁丁地响。一个从上面撞进去了,他于是遇到火,而且我以为这火是真的。两三个却休息在灯的纸罩上喘气。那罩是昨晚新换的罩,雪白的纸,折出波浪纹的叠痕,一角还画出一枝猩红色的栀子。

猩红的栀子开花时,枣树又要做小粉红花的梦,青葱地弯成弧形了。……我又听到夜半的笑声;我赶紧砍断我的心绪,看那老在白纸罩上的小青虫,头大尾小,向日葵子似的,只有半粒小麦那么大,遍身的颜色苍翠得可爱,可怜。

我打一个呵欠,点起一支纸烟,喷出烟来,对着灯默默地敬奠这些苍翠精致的英雄们。

训练稿件三

差不多先生传[①]
胡　适

你知道中国最有名的人是谁?

提起此人,人人皆晓,处处闻名。他姓差,名不多,是各省各县各村人氏。你一定见过他,一定听过别人谈起他。差不多先生的名字天天挂在大家的口头,因为他是中国全国人的代表。

差不多先生的相貌和你和我都差不多。他有一双眼睛,但看得不很清楚;有两只耳朵,但听得不很分明;有鼻子和嘴,但他对于气味和口味都不很讲究。他的脑子也不小,但他的记性却不很精明,他的思想也不很细密。

他常常说:"凡事只要差不多,就好了。何必太精明呢?"

他小的时候,他妈叫他去买红糖,他买了白糖回来。他妈骂他,他摇摇头说:"红糖白糖不是差不多吗?"

他在学堂的时候,先生问他:"直隶省的西边是哪一省?"他说是陕西。先生说:"错

[①] 胡适.容忍与自由[M].杭州:浙江人民出版社,2021:27-29.

了。是山西,不是陕西。"他说:"陕西同山西,不是差不多吗?"

后来他在一个钱铺里做伙计;他也会写,也会算,只是总不会精细。十字常常写成千字,千字常常写成十字。掌柜的生气了,常常骂他。他只是笑嘻嘻地赔小心道:"千字比十字只多一小撇,不是差不多吗?"

有一天,他为了一件要紧的事,要搭火车到上海去。他从从容容地走到火车站,迟了两分钟,火车已开走了。他白瞪着眼,望着远远的火车上的煤烟,摇摇头道:"只好明天再走了,今天走同明天走,也还差不多。可是火车公司未免太认真了。八点三十分开,同八点三十二分开,不是差不多吗?"他一面说,一面慢慢地走回家,心里总不明白为什么火车不肯等他两分钟。

有一天,他忽然得了急病,赶快叫家人去请东街的汪医生。那家人急急忙忙地跑去,一时寻不着东街的汪大夫,却把西街牛医王大夫请来了。差不多先生病在床上,知道寻错了人;但病急了,身上痛苦,心里焦急,等不得了,心里想道:"好在王大夫同汪大夫也差不多,让他试试看罢。"于是这位牛医王大夫走近床前,用医牛的法子给差不多先生治病。不上一点钟,差不多先生就一命呜呼了。

差不多先生差不多要死的时候,一口气断断续续地说道:"活人同死人也差……差……差不多,……凡事只要……差……差……不多……就……好了,……何……何……必……太……太认真呢?"他说完了这句格言,方才绝气了。

他死后,大家都很称赞差不多先生样样事情看得破,想得通;大家都说他一生不肯认真,不肯算账,不肯计较,真是一位有德行的人。于是大家给他取个死后的法号,叫他作圆通大师。

他的名誉越传越远,越久越大。无数无数的人都学他的榜样。于是人人都成了一个差不多先生。——然而中国从此就成为一个懒人国了。

训练稿件四

哑巴礼赞①

周作人

俗语云,"哑巴吃黄连",谓有苦说不出也。但又云,"黄连树下弹琴",则苦中作乐,亦是常有的事,哑巴虽苦于说不出话,盖亦自有其乐,或者且在吾辈有嘴巴人之上,未可知也。

普通把哑巴当作残废之一,与一足或无目等视,这是很不公平的事。哑巴的嘴既没有残,也没有废,他只是不说话罢了。说文云,"瘖,不能言病也。"就是照许君所说,不能言是一种病,但这并不是一种要紧的病,于嘴的大体用处没有多大损伤。查嘴的用处大约是这几种,(一)吃饭,(二)接吻,(三)说话。哑巴的嘴原是好好的,既不是缺少舌尖,

---

① 周作人.关于命运:周作人散文[M].广州:花城出版社,2013:38-40.

也并不是上下唇连成一片,那么他如要吃喝,无论番菜或是"华餐",都可以尽量受用,决没有半点不便,所以哑巴于个人的荣卫上毫无障碍,这是可以断言的。至于接吻呢?既如上述可以自由饮啖的嘴,在这件工作当然也无问题,因为如荷兰威耳德(Van de Velde)医生在《圆满的结婚》第八章所说,接吻的种种大都以香味触三者为限,于声别无关系,可见哑巴不说话之绝不妨事了。归根结蒂,哑巴的所谓病还只是在"不能言"这一点上。据我看来,这实在也不失紧要。人类能言本来是多此一举,试看两间林林总总,一切有情,莫不自遂其生,各尽其性,何曾说一句话。古人云:"猩猩能言,不离禽兽,鹦鹉能言,不离飞鸟。"可怜这些畜生,辛辛苦苦,学了几句人家的口头语,结果还是本来的鸟兽,多被圣人奚落一番,真是何苦来。从前四只眼睛的仓颉先生无中生有地造文字,害得好心的鬼哭了一夜,我怕最初类猿人里那一匹直着喉咙学说话的时候,说不定还着实引起了原始天尊的长叹了呢。人生营营所为何事,"饮食男女,人之大欲存焉,"既于大欲无亏,别的事岂不是就可以随便了么?中国处世哲学里很重要的一条是,多一事不如少一事,如哑巴者,可以说是能够少一事的了。

语云,"病从口入,祸从口出。"说话不但于人无益,反而有害,即此可见。一说话,话中即含有臧否,即是危险,这个年头儿。人不能老说"我爱你"等甜美的话——况且仔细检查,我爱你即含有我不爱他或不许他爱你等意思,也可以成为祸根,哲人见客寒暄,但云"今天天气……哈哈哈!"不再加说明,良有以也,盖天气虽无知,唯说其好坏终不甚妥,故以一笑了之。往读杨恽报孙会宗书,但记其"种一顷豆,落而为萁"等语,心窃好之,却不知杨公竟因此而腰斩,犹如湖南十五六岁的女学生们以读《落叶》(系郭沫若的,非徐志摩的《落叶》)而被枪决,同样地不可思议。然而这个世界就是这样不可思议的世界,其奈之何哉。几千年来受过这种经验的先民留下遗训曰,"明哲保身"。几十年来看惯这种情形的茶馆贴上标语曰,"莫谈国事"。吾家金人三缄其口,二千五百年来为世楷模,声闻弗替。若哑巴者岂非今之金人欤?

常人以能言为能,但亦有因装哑巴而得名者,并且上下古今这样的人并不很多,即此可知哑巴之难能可贵了。第一个就是那鼎鼎大名的息夫人。她以倾国倾城的容貌,做了两任王后,她替楚王生了两个儿子,可是没有对楚王说一句话。喜欢和死了的古代美人吊膀子的中国文人于是大做特做其诗,有的说她好,有的说她坏,各自发挥他们的臭美,然而息夫人的名声也就因此大起来了。老实说,这实是妇女生活的一场悲剧,不但是一时一地一人的事情,差不多就可以说是妇女全体的运命的象征。易卜生所作《玩物之家》一剧中女主人公娜拉说,她想不到自己竟替漠不相识的男子生了两个子女,这正是息夫人的运命,其实也何尝不就是资本主义下的一切妇女的运命呢。还有一位不说话的,是汉末隐士姓焦名先的便是。吾乡金古良作《无双谱》,把这位隐士收在里面,还有一首赞题得好:

"孝然独处,绝口不语,默隐以终,笑杀狐鼠。"

并且据说"以此终身,至百余岁",则是装了哑巴,既成高士之名,又享长寿之福,哑巴之可赞美盖彰彰然明矣。

世道衰微,人心不古,现今哑巴也居然装手势说起话来了。不过这在黑暗中还是不能用,不能说话。孔子曰,"邦无道,危行言逊。"哑巴其犹行古之道也欤。

训练稿件五

拿来主义[①]

鲁　迅

中国一向是所谓"闭关主义",自己不去,别人也不许来。自从给枪炮打破了大门之后,又碰了一串钉子,到现在,成了什么都是"送去主义"了。别的且不说罢,单是学艺上的东西,近来就先送一批古董到巴黎去展览,但终"不知后事如何";还有几位"大师"们捧着几张古画和新画,在欧洲各国一路的挂过去,叫作"发扬国光"。听说不远还要送梅兰芳博士到苏联去,以催进"象征主义",此后是顺便到欧洲传道。我在这里不想讨论梅博士演艺和象征主义的关系,总之,活人替代了古董,我敢说,也可以算得显出一点进步了。

但我们没有人根据了"礼尚往来"的仪节,说道:拿来!

当然,能够只是送出去,也不算坏事情,一者见得丰富,二者见得大度。尼采就自诩过他是太阳,光热无穷,只是给与,不想取得。然而尼采究竟不是太阳,他发了疯。中国也不是,虽然有人说,掘起地下的煤来,就足够全世界几百年之用,但是,几百年之后呢?几百年之后,我们当然是化为魂灵,或上天堂,或落了地狱,但我们的子孙是在的,所以还应该给他们留下一点礼品。要不然,则当佳节大典之际,他们拿不出东西来,只好磕头贺喜,讨一点残羹冷炙做奖赏。

这种奖赏,不要误解为"抛来"的东西,这是"抛给"的,说得冠冕些,可以称之为"送来",我在这里不想举出实例。

我在这里也并不想对于"送去"再说什么,否则太不"摩登"了。我只想鼓吹我们再吝啬一点,"送去"之外,还得"拿来",是为"拿来主义"。

但我们被"送来"的东西吓怕了。先有英国的鸦片,德国的废枪炮,后有法国的香粉,美国的电影,日本的印着"完全国货"的各种小东西。于是连清醒的青年们,也对于洋货发生了恐怖。其实,这正是因为那是"送来"的,而不是"拿来"的缘故。

所以我们要运用脑髓,放出眼光,自己来拿!

譬如罢,我们之中的一个穷青年,因为祖上的阴功(姑且让我这么说说罢),得了一所大宅子,且不问他是骗来的,抢来的,或合法继承的,或是做了女婿换来的。那么,怎么办呢?我想,首先是不管三七二十一,"拿来"!但是,如果反对这宅子的旧主人,怕给他的东西染污了,徘徊不敢走进门,是孱头;勃然大怒,放一把火烧光,算是保存自己的清白,

---

[①] 鲁迅.鲁迅全集 第六卷[M].广州:花城出版社,2021:21-22.

则是昏蛋。不过因为原是羡慕这宅子的旧主人的,而这回接受一切,欣欣然的蹩进卧室,大吸剩下的鸦片,那当然更是废物。"拿来主义"者是全不这样的。

他占有,挑选。看见鱼翅,并不就抛在路上以显其"平民化",只要有养料,也和朋友们像萝卜白菜一样的吃掉,只不用它来宴大宾;看见鸦片,也不当众摔在毛厕里,以见其彻底革命,只送到药房里去,以供治病之用,却不弄"出售存膏,售完即止"的玄虚。只有烟枪和烟灯,虽然形式和印度,波斯,阿剌伯的烟具都不同,确可以算一种国粹,倘使背着周游世界,一定会有人看,但我想,除了送一点进博物馆之外,其余的是大可以毁掉的了。还有一群姨太太,也大以请她们各自走散为是,要不然,"拿来主义"怕未免有些危机。

总之,我们要拿来。我们要或使用,或存放,或毁灭。那么,主人是新主人,宅子也就会成为新宅子。然而首先要这人沉着,勇猛,有辨别,不自私。没有拿来的,人不能自成为新人,没有拿来的,文艺不能自成为新文艺。

训练稿件六

贾雨村夤缘复旧职　林黛玉抛父进京都①(节选)

曹雪芹

且说黛玉自那日弃舟登岸时,便有荣国府打发了轿子并拉行李的车辆久候了。这林黛玉常听得母亲说过,他外祖母家与别家不同。他近日所见的这几个三等仆妇,吃穿用度,已是不凡了,何况今至其家。因此步步留心,时时在意,不肯轻易多说一句话,多行一步路,惟恐被人耻笑了他去。

自上了轿,进入城中从纱窗向外瞧了一瞧,其街市之繁华,人烟之阜盛,自与别处不同。又行了半日,忽见街北蹲着两个大石狮子,三间兽头大门,门前列坐着十来个华冠丽服之人。正门却不开,只有东西两角门有人出入。正门之上有一匾,匾上大书"敕造宁国府"五个大字。黛玉想道:"这必是外祖之长房了。"想着,又往西行,不多远,照样也是三间大门,方是荣国府了。却不进正门,只进了西边角门。那轿夫抬进去,走了一射之地,将转弯时,便歇下退出去了。后面的婆子们已都下了轿,赶上前来。另换了三四个衣帽周全十七八岁的小厮上来,复抬起轿子。众婆子步下围随至一垂花门前落下。众小厮退出,众婆子上来打起轿帘,扶黛玉下轿。林黛玉扶着婆子的手,进了垂花门,两边是抄手游廊,当中是穿堂,当地放着一个紫檀架子大理石的大插屏。转过插屏,小小的三间厅,厅后就是后面的正房大院。正面五间上房,皆雕梁画栋,两边穿山游廊厢房,挂着各色鹦鹉、画眉等鸟雀。台矶之上,坐着几个穿红着绿的丫头,一见他们来了,便忙都笑迎上来,说:"刚才老太太还念呢,可巧就来了。"于是三四人争着打起帘笼,一面听得人回话:"林姑娘到了。"

---

① 曹雪芹.红楼梦[M].北京:人民文学出版社,2013:37-41.

黛玉方进入房时,只见两个人搀着一位鬓发如银的老母迎上来,黛玉便知是他外祖母。方欲拜见时,早被他外祖母一把搂入怀中,心肝儿肉叫着大哭起来。当下地下侍立之人,无不掩面涕泣,黛玉也哭个不住。一时众人慢慢解劝住了,黛玉方拜见了外祖母。——此即冷子兴所云之史氏太君,贾赦贾政之母也。当下贾母一一指与黛玉:"这是你大舅母;这是你二舅母;这是你先珠大哥的媳妇珠大嫂子。"黛玉一一拜见过。贾母又说:"请姑娘们来。今日远客才来,可以不必上学去了。"众人答应了一声,便去了两个。

不一时,只见三个奶嬷嬷并五六个丫鬟,簇拥着三个姊妹来了。第一个肌肤微丰,合中身材,腮凝新荔,鼻腻鹅脂,温柔沉默,观之可亲。第二个削肩细腰,长挑身材,鸭蛋脸面,俊眼修眉,顾盼神飞,文彩精华,见之忘俗。第三个身量未足,形容尚小。其钗环裙袄,三人皆是一样的妆饰。黛玉忙起身迎上来见礼,互相厮认过,大家归了坐。丫鬟们斟上茶来。不过说些黛玉之母如何得病,如何请医服药,如何送死发丧。不免贾母又伤感起来,因说:"我这些儿女,所疼者独有你母,今日一旦先舍我而去,连面也不能一见,今见了你,我怎不伤心!"说着,搂了黛玉在怀,又呜咽起来。众人忙都宽慰解释,方略略止住。

众人见黛玉年貌虽小,其举止言谈不俗,身体面庞虽怯弱不胜,却有一段自然的风流态度,便知他有不足之症。因问:"常服何药,如何不急为疗治?"黛玉道:"我自来是如此,从会吃饮食时便吃药,到今日未断,请了多少名医修方配药,皆不见效。那一年我三岁时,听得说来了一个癞头和尚,说要化我去出家,我父母固是不从。他又说:'既舍不得他,只怕他的病一生也不能好的了。若要好时,除非从此以后总不许见哭声;除父母之外,凡有外姓亲友之人,一概不见,方可平安了此一世。'疯疯癫癫,说了这些不经之谈,也没人理他。如今还是吃人参养荣丸。"贾母道:"正好,我这里正配丸药呢。叫他们多配一料就是了。"

一语未了,只听后院中有人笑声,说:"我来迟了,不曾迎接远客!"黛玉纳罕道:"这些人个个皆敛声屏气,恭肃严整如此,这来者系谁,这样放诞无礼?"心下想时,只见一群媳妇丫鬟围拥着一个人从后房门进来。这个人打扮与众姑娘不同,彩绣辉煌,恍若神妃仙子。头上戴着金丝八宝攒珠髻,绾着朝阳五凤挂珠钗,项上戴着赤金盘螭璎珞圈,裙边系着豆绿宫绦双衡比目玫瑰佩,身上穿着缕金百蝶穿花大红洋缎窄裉袄,外罩五彩刻丝石青银鼠褂,下着翡翠撒花洋绉裙。一双丹凤三角眼,两弯柳叶吊梢眉,身量苗条,体格风骚,粉面含春威不露,丹唇未起笑先闻。黛玉连忙起身接见。贾母笑道:"你不认得他,他是我们这里有名的一个泼皮破落户儿,南省俗谓作'辣子',你只叫他'凤辣子'就是了。"

黛玉正不知以何称呼,只见众姊妹都忙告诉他道:"这是琏嫂子。"黛玉虽不识,也曾听见母亲说过,大舅贾赦之子贾琏,娶的就是二舅母王氏之内侄女,自幼假充男儿教养的,学名王熙凤。黛玉忙陪笑见礼,以"嫂"呼之。

这熙凤携着黛玉的手,上下细细打谅了一回,仍送至贾母身边坐下,因笑道:"天下真有这样标致的人物,我今儿才算见了!况且这通身的气派,竟不像老祖宗的外孙女儿,竟是个嫡亲的孙女,怨不得老祖宗天天口头心头一时不忘。只可怜我这妹妹这样命苦,怎么姑妈偏就去世了!"说着,便用帕拭泪。贾母笑道:"我才好了,你倒来招我。你妹妹远路才来,身子又弱,也才劝住了,快再休提前话。"这熙凤听了,忙转悲为喜道:"正是呢!我一见了妹妹,一心都在他身上了,又是喜欢,又是伤心,竟忘记了老祖宗。该打,该打!"又忙携黛玉之手,问:"妹妹几岁了?可也上过学?现吃什么药?在这里不要想家,想要什么吃的、什么玩的,只管告诉我,丫头老婆们不好了,也只管告诉我。"一面又问婆子们:"林姑娘的行李东西可搬进来了?带了几个人来?你们赶早打扫两间下房,让他们去歇歇。"

说话时,已摆了茶果上来。熙凤亲为捧茶捧果。又见二舅母问他:"月钱放过了不曾?"熙凤道:"月钱已放完了。才刚带着人到后楼上找缎子,找了这半日,也并没有见昨日太太说的那样的,想是太太记错了?"王夫人道:"有没有,什么要紧。"因又说道:"该随手拿出两个来给你这妹妹去裁衣裳的,等晚上想着叫人再去拿罢,可别忘了。"熙凤道:"这倒是我先料着了,知道妹妹不过这两日到的,我已预备下了,等太太回去过了目好送来。"王夫人一笑,点头不语。

训练稿件七

儒林外史①(节选)

吴敬梓

范进进学回家,母亲、妻子,俱各欢喜。正待烧锅做饭,只见他丈人胡屠户,手里拿着一副大肠和一瓶酒,走了进来。范进向他作揖,坐下。胡屠户道:"我自倒运,把个女儿嫁与你这现世宝穷鬼,历年以来,不知累了我多少。如今不知因我积了甚么德,带挈你中了个相公,我所以带个酒来贺你。"范进唯唯连声,叫浑家把肠子煮了,烫起酒来,在茅草棚下坐着。母亲自和媳妇在厨下做饭。胡屠户又吩咐女婿道:"你如今既中了相公,凡事要立起个体统来。比如我这行事里,都是些正经有脸面的人,又是你的长亲,你怎敢在我们跟前妆大?若是家门口这些做田的,扒粪的,不过是平头百姓,你若同他拱手作揖,平起平坐,这就是坏了学校规矩,连我脸上都无光了。你是个烂忠厚没用的人,所以这些话我不得不教导你,免得惹人笑话。"范进道:"岳父见教的是。"胡屠户又道:"亲家母也来这里坐着吃饭。老人家每日小菜饭,想也难过。我女孩儿也吃些,自从进了你家门,这十几年,不知猪油可曾吃过两三回哩!可怜!可怜!"说罢,婆媳两个都来坐着吃了饭。吃到日西时分,胡屠户吃的醺醺的。这里母子两个,千恩万谢。屠户横披了衣服,腆着肚子去了。

次日,范进少不得拜拜乡邻。魏好古又约了一班同案的朋友,彼此来往。因是乡试年,做了几个文会。不觉到了六月尽间,这些同案的人约范进去乡试。范进因没有盘费,走去同丈人商议,被胡屠户一口啐在脸上,骂了一个狗血喷头,道:"不要失了你的时了!

---

① 吴敬梓.儒林外史[M].苏州:古吴轩出版社,2020:26-32.

你自己只觉得中了一个相公，就'癞虾蟆想吃起天鹅肉'来！我听见人说，就是中相公时，也不是你的文章，还是宗师看见你老，不过意，舍与你的。如今痴心就想中起老爷来！这些中老爷的都是天上的文曲星！你不看见城里张府上那些老爷，都有万贯家私，一个个方面大耳？像你这尖嘴猴腮，也该撒抛尿自己照照！不三不四，就想天鹅屁吃！趁早收了这心，明年在我们行事里替你寻一个馆，每年寻几两银子，养活你那老不死的老娘和你老婆是正经！你问我借盘缠，我一天杀一个猪还赚不得钱把银子，都把与你去丢在水里，叫我一家老小嗑西北风！"一顿夹七夹八，骂的范进摸不着门。辞了丈人回来，自心里想："宗师说我火候已到，自古无场外的举人，如不进去考他一考，如何甘心？"因向几个同案商议，瞒着丈人，到城里乡试。出了场，即便回家。家里已是饿了两三天。被胡屠户知道，又骂了一顿。

到出榜那日，家里没有早饭米，母亲吩咐范进道："我有一只生蛋的母鸡，你快拿集上去卖了，买几升米来煮餐粥吃，我已是饿的两眼都看不见了。"范进慌忙抱了鸡，走出门去。才去不到两个时候，只听得一片声的锣响，三匹马闯将来。那三个人下了马，把马拴在茅草棚上，一片声叫道："快请范老爷出来，恭喜高中了！"母亲不知是甚事，吓得躲在屋里；听见中了，方敢伸出头来说道："诸位请坐，小儿方才出去了。"那些报录人道："原来是老太太。"大家簇拥着要喜钱。正在吵闹，又是几匹马，二报、三报到了，挤了一屋的人，茅草棚地下都坐满了。邻居都来了，挤着看。老太太没奈何，只得央及一个邻居去寻他儿子。

那邻居飞奔到集上，一地里寻不见；直寻到集东头，见范进抱着鸡，手里插个草标，一步一踱的，东张西望，在那里寻人买。邻居道："范相公，快些回去！你恭喜中了举人，报喜人挤了一屋里。"范进道是哄他，只装不听见，低着头往前走。邻居见他不理，走上来，就要夺他手里的鸡。范进道："你夺我的鸡怎的？你又不买。"邻居道："你中了举了，叫你家去打发报子哩。"范进道："高邻，你晓得我今日没有米，要卖这鸡去救命，为甚么拿这话来混我？我又不同你顽，你自回去罢，莫误了我卖鸡。"邻居见他不信，劈手把鸡夺了，掼在地下，一把拉了回来。报录人见了道："好了，新贵人回来了。"正要拥着他说话，范进三两步走进屋里来，见中间报帖已经升挂起来，上写道："捷报贵府老爷范讳进高中广东乡试第七名亚元。京报连登黄甲。"

范进不看便罢，看了一遍，又念一遍，自己把两手拍了一下，笑了一声，道："噫！好了！我中了！"说着往后一交跌倒，牙关咬紧，不省人事。老太太慌了，慌将几口开水灌了过来。他爬将起来，又拍着手大笑道："噫！好！我中了！"笑着，不由分说，就往门外飞跑，把报录人和邻居都吓了一跳。走出大门不多路，一脚踹在塘里，挣起来，头发都跌散了，两手黄泥，淋淋漓漓一身的水。众人拉他不住，拍着笑着，一直走到集上去了。众人大眼望小眼，一齐道："原来新贵人欢喜疯了。"老太太哭道："怎生这样苦命的事！中了一个甚么举人，就得了这个拙病！这一疯了，几时才得好？"娘子胡氏道："早上好好出去，怎的就得了这样的病！却是如何是好？"众邻居劝道："老太太不要心慌。我们而今且派两个人跟定了范老爷。这里众人家里拿些鸡蛋酒米,且管待了报子上的老爹们,再为商酌。"

当下众邻居有拿鸡蛋来的,有拿白酒来的,也有背了斗米来的,也有捉两只鸡来的。娘子哭哭啼啼,在厨下收拾齐了,拿在草棚下。邻居又搬些桌凳,请报录的坐着吃酒,商议:"他这疯了,如何是好?"报录的内中有一个人道:"在下倒有一个主意,不知可以行得行不得?"众人问:"如何主意?"那人道:"范老爷平日可有最怕的人?他只因欢喜狠了,痰涌上来,迷了心窍。如今只消他怕的这个人来打他一个嘴巴,说:'这报录的话都是哄你,你并不曾中。'他吃这一吓,把痰吐了出来,就明白了。"众邻都拍手道:"这个主意好得紧,妙得紧!范老爷怕的,莫过于肉案子上胡老爹。好了!快寻胡老爹来。他想是还不知道,在集上卖肉哩。"又一个人道:"在集上卖肉,他倒好知道了;他从五更鼓就往东头集上迎猪,还不曾回来。快些迎着去寻他。"

一个人飞奔去迎,走到半路,遇着胡屠户来,后面跟着一个烧汤的二汉,提着七八斤肉,四五千钱,正来贺喜。进门见了老太太,老太太大哭着告诉了一番。胡屠户诧异道:"难道这等没福?"外边人一片声请胡老爹说话。胡屠户把肉和钱交与女儿,走了出来。众人如此这般,同他商议。胡屠户作难道:"虽然是我女婿,如今却做了老爷,就是天上的星宿。天上的星宿是打不得的!我听得斋公们说:打了天上的星宿,阎王就要拿去打一百铁棍,发在十八层地狱,永不得翻身。我却是不敢做这样的事!"邻居内一个尖酸人说道:"罢么!胡老爹,你每日杀猪的营生,白刀子进去,红刀子出来,阎王也不知叫判官在簿子上记了你几千条铁棍;就是添上这一百棍,也打甚么要紧?只恐把铁棍子打完了,也算不到这笔帐上来。或者你救好了女婿的病,阎王叙功,从地狱里把你提上第十七层来,也不可知。"报录的人道:"不要只管讲笑话。胡老爹,这个事须是这般,你没奈何,权变一权变。"屠户被众人局不过,只得连斟两碗酒喝了,壮一壮胆,把方才这些小心收起,将平日的凶恶样子拿出来,卷一卷那油晃晃的衣袖,走上集去。众邻居五六个都跟着走。老太太赶出来叫道:"亲家,你只可吓他一吓,却不要把他打伤了!"众邻居道:"这自然,何消吩咐。"说着,一直去了。

来到集上,见范进正在一个庙门口站着,散着头发,满脸污泥,鞋都跑掉了一只,兀自拍着掌,口里叫道:"中了!中了!"胡屠户凶神似的走到跟前,说道:"该死的畜生!你中了甚么?"一个嘴巴打将去。众人和邻居见这模样,忍不住的笑。不想胡屠户虽然大着胆子打了一下,心里到底还是怕的,那手早颤起来,不敢打到第二下。范进因这一个嘴巴,却也打晕了,昏倒于地。众邻居一齐上前,替他抹胸口,捶背心,舞了半日,渐渐喘息过来,眼睛明亮,不疯了。众人扶起,借庙门口一个外科郎中"跳驼子"的板凳上坐着。胡屠户站在一边,不觉那只手隐隐的疼将起来;自己看时,把个巴掌仰着,再也弯不过来。自己心里懊恼道:"果然天上文曲星是打不得的,而今菩萨计较起来了。"想一想,更疼的很了,连忙问郎中讨了个膏药贴着。

范进看了众人,说道:"我怎么坐在这里?"又道:"我这半日,昏昏沉沉,如在梦里一般。"众邻居道:"老爷,恭喜高中了。适才欢喜的有些引动了痰,方才吐出几口痰来,好了。快请回家去打发报录人。"范进说道:"是了。我也记得是中的第七名。"范进一面自绾了头发,一面问郎中借了一盆水洗洗脸。一个邻居早把那一只鞋寻了来,替他穿上。见丈人在跟前,恐怕又要来骂。胡屠户上前道:"贤婿老爷,方才不是我敢大胆,是你老太太的主意,央我来劝你的。"邻居内一个人道:"胡老爹方才这个嘴巴打的亲切,少顷范老爷洗脸,还要洗下半盆猪油来!"又一个道:"老爹,你这手明日杀不得猪了。"胡屠户道:"我那里还杀猪!有我这贤婿,还怕后半世靠不着也怎的?我每常说,我的这个贤婿,才学又高,品貌又好,就是城里头那张府、周府这些老爷,也没有我女婿这样一个体面的相貌。你们不知道,得罪你们说,我小老这一双眼睛,却是认得人的。想着先年,我小女在家里长到三十多岁,多少有钱的富户要和我结亲,我自己觉得女儿像有些福气的,毕竟要嫁与个老爷,今日果然不错!"说罢,哈哈大笑,众人都笑起来。看着范进洗了脸,郎中又拿茶来吃了,一同回家。范举人先走,屠户和邻居跟在后面。屠户见女婿衣裳后襟滚皱了许多,一路低着头替他扯了几十回。

到了家门,屠户高声叫道:"老爷回府了!"老太太迎着出来,见儿子不疯,喜从天降。众人问报录的,已是家里把屠户送来的几千钱打发他们去了。范进拜了母亲,也拜谢丈人。胡屠户再三不安道:"些须几个钱,不够你赏人。"范进又谢了邻居。正待坐下,早看见一个体面的管家,手里拿着一个大红全帖,飞跑了进来:"张老爷来拜新中的范老爷。"说毕,轿子已是到了门口。胡屠户忙躲进女儿房里,不敢出来。邻居各自散了。

范进迎了出去,只见那张乡绅下了轿进来,头戴纱帽,身穿葵花色圆领,金带、皂靴。他是举人出身,做过一任知县的,别号静斋,同范进让了进来,到堂屋内平磕了头,分宾主坐下。张乡绅先攀谈道:"世先生同在桑梓,一向有失亲近。"范进道:"晚生久仰老先生,只是无缘,不曾拜会。"张乡绅道:"适才看见题名录,贵房师高要县汤公,就是先祖的门生,我和你是亲切的世弟兄。"范进道:"晚生侥幸,实是有愧。却幸得出老先生门下,可为欣喜。"张乡绅四面将眼睛望了一望,说道:"世先生果是清贫。"随在跟的家人手里拿过一封银子来,说道:"弟却也无以为敬,谨具贺仪五十两,世先生权且收着。这华居其实住不得,将来当事拜往,俱不甚便。弟有空房一所,就在东门大街上,三进三间,虽不轩敞,也还干净,就送与世先生;搬到那里去住,早晚也好请教些。"范进再三推辞,张乡绅急了,道:"你我年谊世好,就如至亲骨肉一般,若要如此,就是见外了。"范进方才把银子收下,作揖谢了。又说了一会,打躬作别。胡屠户直等他上了轿,才敢走出堂屋来。

范进即将这银子交与浑家打开看,一封一封雪白的细丝锭子,即便包了两锭,叫胡屠户进来,递与他道:"方才费老爹的心,拿了五千钱来。这六两多银子,老爹拿了去。"屠户把银子攥在手里紧紧的,把拳头舒过来,道:"这个,你且收着。我原是贺你的,怎好又拿了回去?"范进道:"眼见得我这里还有这几两银子,若用完了,再来问老爹讨来用。"屠户连忙把拳头缩了回去,往腰里揣,口里说道:"也罢,你而今相与了这个张老爷,何愁没有银子用?他家里的银子,说起来比皇帝家还多些哩!他家就是我卖肉的主顾,一年就是无事,肉也要用四五千斤,银子何足为奇!"又转回头来望着女儿说道:"我早上拿了钱来,你那该死行瘟的兄弟还不肯,我说:'姑老爷今非昔比,少不得有人把银子送上门来给他用,只怕姑老爷还不希罕。'今日果不其然!如今拿了银子家去骂这死砍头短命的奴才!"说了一会,千恩万谢,低着头,笑迷迷的去了。

训练稿件八

《再创世纪》收官 展现十年商海沉浮[1]

日前,由 TVB 关树明监制,编剧蔡婷婷、冼少玲参与,郭晋安、周丽淇、林文龙、杨怡、钟嘉欣、袁伟豪、周柏豪、邓佩仪、王振、余芷慧等演员共同主演的电视剧《再创世纪》正式收官,该剧是一部个人奋斗与社会变迁结合的史诗传奇。

《再创世纪》讲述了香港商海十年的跌宕起伏,网络社会变化的日新月异,展现了即使处在不同的时代,香港人依然敢于拼搏、追求梦想的精神。难得的是,该剧不仅在剧本创作上传承了港剧的严谨和专业度,拍摄制作上也再次提高了港剧的水准。

此次《再创世纪》的成功播出,充分证明了合拍剧的制作水平和对观众的精准把控。继《创世纪》播出的 19 年后,新剧符合时代发展的传承与创新,赢得了观众的一致好评。一直以来,收集现实素材是港剧制作的最大特点之一,《再创世纪》中把金融、地产、IT、新能源融为一体,讲述了过去十年的社会发展史,爱恨情仇,权力阴谋时刻上演。剧中不同人物代表着社会中的不同群体,宛如一面时代镜子,映射着每一位观众的十年之变,然而谁也不能逆历史潮流而行,世间万物都会趋向平衡。正如不顾一切争夺财富的贺天生,即使最后能够夺得成功,也不能战胜身体的病魔,更何况天地之间大有卓定垚这样的正义之气。《再创世纪》让观众除了看剧之外,还能产生哲学思考,切实符合精良制作的标准。

《再创世纪》采用爱奇艺和 TVB 合拍的制作模式,不仅在制作上更进一步,在播出模式上也再创新招。日前,爱奇艺携手 CCTV-8 电视剧频道联合首播,不仅满足了电视和网络两种观众的需求,也让剧迷重温到了 19 年前《创世纪》在央视热播时的火热氛围。此举,获得了一致好评,真正把情怀做到了观众心里。

同时,为了满足广大观众对粤语版原声的需求,9 月 10 日起,36 集豪华版《再创世纪》将在 TVB 上映。

训练稿件九

庐山谣寄卢侍御虚舟[2]

李 白

我本楚狂人,凤歌笑孔丘。

---

[1] 《再创世纪》收官展现十年商海沉浮[EB/OL].(2018-09-11)[2023-03-26]. http://xj.cnr.cn/2014xjfw/tyyl/20180911/t20180911_524357189.shtml?_t=1536680931.
[2] 蘅塘退士.唐诗三百首新注[M].上海:上海古籍出版社,2016:73.

手持绿玉杖,朝别黄鹤楼。
五岳寻仙不辞远,一生好入名山游。
庐山秀出南斗傍,屏风九叠云锦张,
影落明湖青黛光。
金阙前开二峰长,银河倒挂三石梁。
香炉瀑布遥相望,迥崖沓嶂凌苍苍。
翠影红霞映朝日,鸟飞不到吴天长。
登高壮观天地间,大江茫茫去不还。
黄云万里动风色,白波九道流雪山。
好为庐山谣,兴因庐山发。
闲窥石镜清我心,谢公行处苍苔没。
早服还丹无世情,琴心三叠道初成。
遥见仙人彩云里,手把芙蓉朝玉京。
先期汗漫九垓上,愿接卢敖游太清。

训练稿件十

官[①]

臧克家

我欣幸有机会看到许许多多的"官":大的、小的、老的、少的、肥的、瘦的、南的、北的,形形色色,各人有自己的一份"丰采"。但是,当你看得深一点,换言之,就是不仅仅以貌取人的时候,你就会恍然悟到一个真理:他们是一样的,完完全全地一样,像从一个模子里"磕"出来的。他们有同样的"腰",他们的"腰"是两用的,在上司面前则鞠躬如也,到了自己居于上司地位时,则挺得笔直,显得有威可畏,尊严而伟大。他们有同样的"脸",他们的"脸"像六月的天空,变幻不居,有时,温馨晴朗,笑云飘忽,有时阴霾深黑,若狂风暴雨之将至,这全得看对着什么人,在什么样的场合。他们有同样的"腿",他们的"腿"非常之长,奔走上官,一趟又一趟;结交同僚,往返如风,从来不知道疲乏。但当卑微的人们来求见,或穷困的亲友来有所告贷时,则往往迟疑又迟疑,迟疑又迟疑,最后才拖着两条像刚刚长途跋涉过来的"腿",慢悠悠地走出来。"口将言而嗫嚅,足将进而趑趄",这是一副样相;对象不同了,则又换上另一副英雄面具:叱咤,怒骂,为了助一助声势,无妨大拍几下桌子,然后方方正正地落座在沙发上,带一点余愠,鉴赏部属们那份觳觫的可怜相。

干什么的就得有干什么的那一套,做官的就得有个官样子。在前清,做了官,就得迈"四方步",开"厅房腔",这一套不练习好,官味就不够,官做得再好,总不能不算是缺陷

[①] 臧克家.说和做:臧克家散文作品集[M].长春:北方妇女儿童出版社,2021:26-29.

的美。于今时代虽然不同了，但这一套也还没有落伍，"厅房腔"进化成了新式"官腔"，因为"官"要是和平常人一样的说"人"话，打"人"腔，就失其所以为"官"了。"四方步"，因为没有粉底靴，迈起来不大方便，但官总是有官的步子，疾徐中节，恰合身份。此外类如：会客要按时间，志在寸阴必惜；开会必迟到早退，表示公务繁忙；非要来会的友人，以不在为名，请他多跑几趟，证明无暇及私；在办公室里，庄严肃穆，不苟言笑，一劲在如山的公文上刷刷地划着"行"字，表现为国勋劳的伟大牺牲精神；等等。

中国的官，向来有所谓"官箴"的，如果把这"官箴"一条条详细排列起来，足以成一本书，至少可以做成一张挂表，悬诸案头。我们现在就举其荦荦大者来赏识一下吧。开宗明义第一条就是："官是人民的公仆。"孟老夫子在两千多年前就说过"民为贵，君为轻"的话，于今是"中华民国"，人民更是国家的"主人翁"了，何况，又到了所谓"人民的世纪"，这还有什么可说的？但是，话虽如此说，说起来也很堂皇动听，而事实却有点"不然"，而至于"大谬不然"，而甚至于"大谬不然"得叫人"糊涂"，而甚甚至于叫人"糊涂"得不可"开交"！人民既然是"主人"了，为什么从来没听说过这"主人"拿起鞭子来向一些失职的、渎职的、贪赃枉法的"公仆"的身上抽过一次？正正相反，太阿倒持，"主人"被强捐、被勒索、被拉丁、被侮辱、被抽打、被砍头的时候，倒年年有，月月有，日日有，时时有。

难道：只有在完粮纳税的场合上，在供驱使、供利用的场合上，在被假借名义的场合上，人民才是"主人"吗？

到底是"官"为贵呢？还是"民"为贵？我糊涂了三十五年，就是到了今天，我依然在糊涂中。

第二条应该轮到"清廉"了。"文不爱钱，武不惜死"，这是主人对文武"公仆"，"公仆"对自己，最低限度的要求了。打"国仗"打了八年多，不惜死的武官——将军，不能说没有，然而没有弃城失地的多。而真真死了的，倒是小兵们，小兵就是"主人"穿上了军装。文官，清廉的也许有，但我没有见过。因赈灾救济而暴富的，则所在多有，因贪污在报纸上广播"臭名"的则多如牛毛——大而至于署长，小而至于押运员、仓库管理员。"清廉"是名，"贪污"是实，名实之不相符，已经是自古而然了。官是直接或间接(包括请客费、活动费、送礼费)用钱弄到手的，这样年头，官，也不过"五日京兆"，不赶快狠狠地捞一下子，就要折血本了。捞的技巧高的，还可以得奖，升官，就是不幸被发觉了，顶顶厉害的大贪污案，一审再审，一判再判，起死回生，结果也不过是一个"无期徒刑"。"无期徒刑"也可以翻译作"长期休养"，过一些时候，一年二年，也许三载五载，便会落得身广体胖，精神焕发，重新走进自由世界里来，大活动而特活动起来。

第三条：为国家选人才，这些"人才"全是从亲戚朋友圈子里提拔出来的。你要是问：这个圈子以外就没有一个"人才"吗？他可以回答你："那我全不认识呀！"如此，"奴才"变成了"人才"，而真正的"人才"便永远被埋没在无缘的角落里了。

第四条：奉公守法；第五条：勤俭服务；第六条：负责任；第七条……唔，还是不再一条一条地排下去吧。总之，所讲的恰恰不是所做的，所做的恰恰不是所讲的，岂止不是，而且,还不折不扣来一个正正相反呢。

呜呼,这就是所谓"官"者是也。

训练稿件十一

秋日登洪府滕王阁饯别序①

王 勃

豫章故郡,洪都新府。星分翼轸,地接衡庐。襟三江而带五湖,控蛮荆而引瓯越。物华天宝,龙光射牛、斗之墟;人杰地灵,徐孺下陈蕃之榻。雄州雾列,俊采星驰。台隍枕夷夏之交,宾主尽东南之美。都督阎公之雅望,棨戟遥临;宇文新州之懿范,襜帷暂驻。十旬休假,胜友如云;千里逢迎,高朋满座。腾蛟起凤,孟学士之词宗;紫电青霜,王将军之武库。家君作宰,路出名区;童子何知,躬逢胜饯。

时维九月,序属三秋;潦水尽而寒潭清,烟光凝而暮山紫。俨骖騑于上路,访风景于崇阿。临帝子之长洲,得天人之旧馆。层台耸翠,上出重霄;飞阁翔丹,下临无地。鹤汀凫渚,穷岛屿之萦回;桂殿兰宫,即冈峦之体势。披绣闼,俯雕甍:山原旷其盈视,川泽纡其骇瞩。闾阎扑地,钟鸣鼎食之家;舸舰迷津,青雀黄龙之轴。云销雨霁,彩彻区明。落霞与孤鹜齐飞,秋水共长天一色。渔舟唱晚,响穷彭蠡之滨;雁阵惊寒,声断衡阳之浦。

遥襟甫畅,逸兴遄飞。爽籁发而清风生,纤歌凝而白云遏。睢园绿竹,气凌彭泽之樽;邺水朱华,光照临川之笔。四美具,二难并。穷睇眄于中天,极娱游于暇日。天高地迥,觉宇宙之无穷;兴尽悲来,识盈虚之有数。望长安于日下,目吴会于云间。地势极而南溟深,天柱高而北辰远。关山难越,谁悲失路之人;萍水相逢,尽是他乡之客。怀帝阍而不见,奉宣室以何年?嗟乎!时运不齐,命途多舛;冯唐易老,李广难封。屈贾谊于长沙,非无圣主;窜梁鸿于海曲,岂乏明时?所赖君子见机,达人知命。老当益壮,宁移白首之心;穷且益坚,不坠青云之志。酌贪泉而觉爽,处涸辙以犹欢。北海虽赊,扶摇可接,东隅已逝,桑榆非晚。孟尝高洁,空馀报国之情;阮籍猖狂,岂效穷途之哭?

勃,三尺微命,一介书生。无路请缨,等终军之弱冠;有怀投笔,慕宗悫之长风。舍簪笏于百龄,奉晨昏于万里。非谢家之宝树,接孟氏之芳邻。他日趋庭,叨陪鲤对;今晨捧袂,喜托龙门。杨意不逢,抚凌云而自惜;钟期相遇,奏流水以何惭?呜呼!胜地不常,盛筵难再;兰亭已矣,梓泽丘墟。临别赠言,幸承恩于伟饯;登高作赋,是所望于群公。敢竭鄙诚,恭疏短引;一言均赋,四韵俱成。请洒潘江,各倾陆海云尔。

▶▶▶ 本章小结

一部播音作品的艺术价值首先源于稿件的文学价值,研究稿件的修辞可以获得大量播音创作的抓手。当我们被文学著作所吸引、深深打动的时候,其中少不了作者独特的

---

① 陈振鹏,章培恒.古文鉴赏辞典[M].上海:上海辞书出版社,2012:809-811.

修辞手法带给我们的"味道";同样,当我们被一部播音作品吸引的时候,也正是播读者把这些修辞效果呈现于声音形式后给我们带来的愉悦感。

思考题

1. 消极修辞是否可以蕴含情感?
2. 经过本章的训练,你认为什么类型的修辞最容易引发你的感受?
3. 你认为哪一种修辞类型最容易被有声语言表现出来?

第十一章　自我感受表达训练

第一节　自我身份的确立

播音创作开始前,播读者应确定本次播音任务的目的,从而以准确、恰当的身份感开始有声语言表达,这一身份一般在这一次播音任务中是不变的。自我身份的明确,有助于受众快速接受播读者,而随之进入内容之中。

一、媒介身份

在广播电视的各种节目中,播音员、主持人的身份是"媒体人",其形象和表达代表的是媒体意见,这并不排斥播音员、主持人自身的创作个性,而是要他们建立在媒体身份的基础上用自身的表达特征进行创作。这就使播音员、主持人的个人表达以媒体意见为准绳,这样才能保证媒体的公信力。这时,播音员、主持人的自我感受应该和播讲内容保持一致。

例文:

知道中国队的这场球会很艰难,但踢出这样一个结果,依然突破了大多数球迷的想象。在大年初一的晚上,1比3的刺眼比分确实给大家添堵了。

朋友圈里,前国家队队长范志毅的那句名言刷了屏,队形之整齐、话术之统一,无不显示出无数中国球迷的失望之情。今夜,也许会成为很多人的不眠之夜。

男足国家队的教练和队员也很想赢球,在场上使出了吃奶的力气,但赛场上越南队员灵巧的技术、娴熟的配合说明了一个略显残忍的事实:中国队的失利不是偶然,而是纯粹的技不如人。

不难想象,潮水般的批评之声很快会涌向中国队。然而,严厉的指责或者尖酸的讽刺只能是一时的情绪发泄,更急需得到解答的问题是:中国足球该怎么办?以后的路该怎么走?

必须提醒大家的是,这支越南队中的很多队员,都是2018年u23亚洲杯亚军的成员。近年来,我们的亚洲近邻在青训上狠下功夫、卧薪尝胆,才能取得有目共睹的进步。

这就提醒我们,首先,中国足球应该"开眼看世界",清醒地意识到自己的差距,客观地评估自身实力。就在这届十二强赛之前,还有很多中国足球从业者不把越南队放在眼里,甚至在第一回合的险胜之后依然认为对方不过尔尔。

其次,必须痛定思痛,拿出切实有效的长期规划,制定正确的发展道路。归化球员的有心无力、"金元足球"的一地鸡毛、球员收入的泡沫虚高都证明,方向不明确、有偏差,中国足球的发展就不可能有出路。

最后,必须低调务实,切忌好高骛远,眼下不妨将"冲出亚洲"之类的宏伟目标暂时搁置,踏踏实实地培养一批青年球员,提高中国足球职业联赛的竞技水平。

当然,我们也必须尊重足球规律,保持足够的耐心。足球水平的提高,是一项涉及全社会方方面面的系统性工程,绝非一朝一夕之功。日本足球在世界赛场上取得的优异成绩常常让很多中国球迷艳羡,但别忘了,日本校园足球的发展已有百年历史。

爱之深、责之切,比一时的失利更可怕的是,大多数球迷还不知道中国足球的"希望"和"未来"到底在哪里。中国足球,已经到了必须"换个活法"的时候了。

(李勤余《中国足球,必须换个活法》[1])

这篇关于中国足球的评论写于国足1:3不敌越南队之后,事件的确让球迷伤透了心。但媒体的任务并不是宣泄情绪,而是分析原因、找出问题。播音员在播报这篇评论时,无论本身是不是球迷、无论私下是否也气愤不已,都应该以稿件中的态度来进行表达。

二、播读者身份

大多文学作品的播读,主要任务是向受众展现文学作品内容、呈现文学艺术魅力。播读者作为文学作品的呈现者,一方面表达文字本身的思想感情,另一方面也表达自身对作品的态度。播读作品的表达,需要播读者与作者的融合,这种融合未必是对文字作品亦步亦趋的全盘照搬,而是播读者在转述作品内容和作者思想感情的基础上,表达自己对二者的情感与态度。很多的文学作品的核心表现力不仅仅体现在"讲故事"上,在文学作品的播读上,过度强调情节的效果呈现和人物的角色造型,反而会削弱作品本身的文学意味。

在这种创作类型中,播读者虽表面隐匿于作品之中,但其创作个性其实得到了最大程度的彰显,应该充分发挥自身的主观能动性,表达自己对作品的情感、态度,创作出属于自身的一部播读作品。在播读这样的作品中,播读者身份的确定一般会出现三种情况。

---

[1] 李勤余. 中国足球,必须换个活法[EB/OL]. (2022-02-01)[2023-03-26]. https://www.thepaper.cn/newsDetail_forward_16556944.

(一)无我似有我

例文：

这一天出现在光字片的秉义两口子和玥玥穿的都是涤卡衣服,还是仔细熨过的。在光字片的人们看来,那肯定不是一般家庭。很长一段时间,国内没有什么名牌衣鞋帽,高等衣料只能在特供商店才能买到,而进入特供商店的只能是高干和他们的家眷。绝大多数人穿基本相同的衣料做成的衣服,颜色也主要限于黑白蓝黄灰五种。

一九八六年,A 市多数人的月工资也就五六十元。人们一年到头甚至一生也不怎么会穿熨过的衣服。男女青年若穿一身没有领章帽徽的军装或警服,便会让人对其家庭背景产生无边猜测和遐想,以为是上等人家的子女,这也让爱虚荣的男女青年为此每每干出傻事来。

(梁晓声《人世间》①)

播读者并不会扮成小说中的人物直接面对受众,但其播讲过程就是在用自己的视角和情感来表现周秉义一家三口 20 世纪 80 年代在光字片的命运改变。播读者如果能回想自己在那个年代穿的是什么样的衣服,就有了对稿件内容的态度了,情感也就真实、生动了。如果播读者没有经历过那个时代,就应该从过来人的口中,或是从相关的影像资料中获取感受,让自己在感同身受的情况下表达,这样,播音作品中的"我"就会直接和受众对话了,作品的感染力也就变强了。

(二)有我似无我

例文：

我从十二岁起,便在镇口的咸亨酒店里当伙计,掌柜说,样子太傻,怕侍候不了长衫主顾,就在外面做点事罢。外面的短衣主顾,虽然容易说话,但唠唠叨叨缠夹不清的也很不少。他们往往要亲眼看着黄酒从坛子里舀出,看过壶子底里有水没有,又亲看将壶子放在热水里,然后放心:在这严重监督下,羼水也很为难。所以过了几天,掌柜又说我干不了这事。幸亏荐头的情面大,辞退不得,便改为专管温酒的一种无聊职务了。

我从此便整天的站在柜台里,专管我的职务。虽然没有什么失职,但总觉得有些单调,有些无聊。掌柜是一副凶脸孔,主顾也没有好声气,教人活泼不得;只有孔乙己到店,才可以笑几声,所以至今还记得。

(鲁迅《孔乙己》②)

《孔乙己》是以咸亨酒店小伙计的视角来叙述的,但我们看上一段文字,其实作者没

---

① 梁晓声.人世间[M].北京:中国青年出版社,2017:518.
② 鲁迅.鲁迅全集 第一卷[M].广州:花城出版社,2021:165.

有对小伙计着墨太多。这一段内容不是为了展现小伙计的人物命运,而是要勾勒出艰难、灰暗的社会背景下人们生活的沉重与压抑。

因此,对于这段内容的播读,如果播读者通过有声语言来体现人物,就显得本末倒置了。

(三)是我而非他

例文:

秉义三人吸引光字片人们的目光很自然。

"是周志刚家大儿子,那女人是他媳妇,听说是一位副省长的女儿。"

"人家现在抖起来了,有靠山了,听说当上省文化厅的处长了。"

"那周志刚老两口还住咱们这破地方图什么呢?也沾儿子的光换个好地方住啊!"

"不是说咱们这破地方迟早会拆迁嘛,老两口守着老窝,等拆迁的好处呗。"

"等到猴年马月呀?也许死了还没等到呢!"

一些认识秉义、多少知道一点儿周家事的人议论起来,很是羡慕。周家毕竟是光字片老住户,口碑不错,议论者们舌尖留情,不至于说出些更不中听的话来。

(梁晓声《人世间》[①])

这个片段与"无我似有我"部分所引的片段,内容是相连的,描述了穿着光鲜的周秉义一家回到光字片后,光字片的老邻居们展开的热烈讨论,表现出了大变革时代一些人的心理状态。在播读中,播读者对人物语言的表达要自然、生动、鲜活,但不宜采用"声音化妆"的方式过度刻画人物形象。这些人物语言是播读者对文中人物话语的转述,而转述之中播读者也应有自身的情感态度,过度追求所谓人物感的逼真,恰恰会让丧失受众对播读者的信任感。在这种创作类型中,不论文本中采用的是"我""你""他"哪种口吻,播读者的身份都是不变的。

三、角色身份

在有相应的"戏剧化"编创的基础上,文学作品衍生出的广播剧、有声书等产品,其主要功能已经不是展现原汁原味的文学作品,这时可以借助戏剧表演的相关元素真实、生动地塑造一个角色。

广播剧、影视配音中的人物语言,具有"台词"的属性,有声语言表达者以演员的身份完成创作,因此,我们一般称之为广播剧演员或配音演员。近年来,随着新媒体的发展,有声书在各大新媒体平台广为传播,我们也可参照广播剧演员的身份展开创作。

在这些作品中,塑造角色就成了核心任务。

---

① 梁晓声.人世间[M].北京:中国青年出版社,2017:519.

例文:

解说:在历史长河里留下过痕迹的人物,功过自有后人评说。克服京张铁路工程中的人为困难,盛宣怀对詹天佑的帮助是切实有效的。这一点,实实在在地鼓舞了詹天佑,也鼓舞了整个筑路大军。1906年秋天,詹天佑带领员工首先开通了45米长的五桂头隧道、141米长的石佛寺隧道,训练了队伍,积累了经验,鼓舞了士气。年底,詹天佑开始率部转战居庸关。

詹天佑:各位同仁!各位工友!磨刀不误砍柴工,这居庸关隧道正式开工之前,我得跟大家说道说道。成功地打通了五桂头隧道和石佛寺隧道,我们已经有了实际的经验。居庸关隧道长,比打通那两条隧道加起来还要长一倍,为了加快进度,我们得两头同时开工,往中间打!这就要求我们测量精而又精、把握准而又准,稍有偏差,前功尽弃!大家明白吗?

众人:明白!

詹天佑:张德庆!张德庆在哪儿?

张德庆:我在!我在这儿呐老师……

詹天佑:我任命你为居庸关隧道执行工程师,对施工中的技术和质量问题负全责!

张德庆:老师!我行吗?

詹天佑:接滦河大桥之前我从未修过桥!我行吗?

张德庆:我……懂了,老师。

詹天佑:你比我强——前面两条隧道你都从头跟到底,解决过很多具体问题,懂技术,也有经验,放开手脚干吧!

张德庆:是,老师!

詹天佑:周二娃!

周二娃:哎!老师……有我什么事儿啊?

詹天佑:老师任命你为居庸关隧道总监工!

周二娃:啊?不行,不行……我不是官儿,又没念过书……

詹天佑:让你当这个监工,我有三条理由。第一,打隧道所有的活你都干过,不外行;第二,施工中遇到任何险情你都冲在前面,保护别人,不自私;第三,你是个卖苦力出身的良善之人,不会欺压工友,克扣饷银!大家说,对不对呀?

众人:对!拥护周二娃!

詹天佑:二娃呀,老师给你这个总监工提点建议。你这样,山这边、山那边,你把工人分成两队。每队若干组,每60人为一组,其中20人掌钎、20人抡锤、20人清理土石……

周二娃:施工的时候,一次上六人,两锤两钎四人凿、四人清理,累了下六人替换……

詹天佑:打出两米深的炮眼,再往里装炸药,爆破岩石。

周二娃:硝酸甘油炸药危险性太大,必须使用那种黄色的拉克洛炸药!

詹天佑:看看,看看,我们的总监工多明白呀!好啦,大家各就各位,注意安全,保证进度,开干吧!

（人们雀跃散去声）

（广播剧《天佑中华》片段）

这是广播剧《天佑中华》剧本中的片段。在这里,广播剧演员的任务是通过台词塑造人物、推进情节。在这样没有画面的作品中,声音成为唯一的塑造手段,演员自然就要通过台词尽量鲜活地表现人物特征。詹天佑的果敢坚毅、智慧缜密,张德庆的文雅细致、谦恭谨慎,周二娃的精明伶俐、粗犷豪爽,都需要用有声语言进行塑造,同时,也需要注意詹天佑和两个学生有明显的年龄差距,这不仅需要广播剧导演在选角时考虑到演员的声音形象特质,也需要演员在表演时注意把握年龄感。

第二节　表述方式的确立

一、叙述

在叙述时,稿件内容主要用来交代事件过程,对于具体的场景不做过多渲染,修辞手法运用不多,而是由所述之事件的整体引发受众的情感反应。表达时,表现力的特征与强度取决于文字内容所蕴含的思想感情,以及播读者的主观意愿。

例文:

我们过了江,进了车站。我买票,他忙着照看行李。行李太多了,得向脚夫行些小费才可过去。他便又忙着和他们讲价钱。我那时真是聪明过分,总觉他说话不大漂亮,非自己插嘴不可,但他终于讲定了价钱;就送我上车。他给我拣定了靠车门的一张椅子;我将他给我做的紫毛大衣铺好座位。他嘱我路上小心,夜里要警醒些,不要受凉。又嘱托茶房好好照应我。我心里暗笑他的迂,他们只认得钱,托他们只是白托!而且我这样大年纪的人,难道还不能料理自己么?我现在想想,我那时真是太聪明了!

（朱自清《背影》[①]）

上面这段文字的叙述看似交代过程,没有用过多的形容词来描绘具体的语言、动作,但整段读下来,我们就能感受到父亲对儿子的关怀之情。播读者在表达此段时,应从文字中获得总体的感受,在语言形式上不宜过多施加"外力",在真情实感的基础上表达出这种淡淡的叙述感。

---

① 朱自清.背影[M].北京:台海出版社,2020:102.

二、描述

在描述时,稿件内容着力于具体场景、行动的描绘,修辞手法较丰富,多作用于具象化内容,从而使受众脑海中呈现出"画面感"。表达时,播读者应充分运用播读技巧和方法,调动丰富的有声语言变化形式准确、生动地表现出描写的内容,激发受众的情境想象和情感认同。

例文:

梅雨潭闪闪的绿色招引着我们;我们开始追捉她那离合的神光了。揪着草,攀着乱石,小心探身下去,又鞠躬过了一个石穹门,便到了汪汪一碧的潭边了。瀑布在襟袖之间;但我的心中已没有瀑布了。我的心随潭水的绿而摇荡。那醉人的绿呀!仿佛一张极大极大的荷叶铺着,满是奇异的绿呀。我想张开两臂抱住她;但这是怎样一个妄想呀。——站在水边,望到那面,居然觉着有些远呢!这平铺着,厚积着的绿,着实可爱。她松松的皱缬着,像少妇拖着的裙幅;她轻轻的摆弄着,像跳动的初恋的处女的心;她滑滑的明亮着,像涂了"明油"一般,有鸡蛋清那样软,那样嫩,令人想着所曾触过的最嫩的皮肤;她又不杂些儿尘滓,宛然一块温润的碧玉,只清清的一色——但你却看不透她!我曾见过北京什刹海拂地的绿杨,脱不了鹅黄的底子,似乎太淡了。我又曾见过杭州虎跑寺近旁高峻而深密的"绿壁",丛叠着无穷的碧草与绿叶的,那又似乎太浓了。其余呢,西湖的波太明了,秦淮河的也太暗了。可爱的,我将什么来比拟你呢?我怎么比拟得出呢?大约潭是很深的,故能蕴蓄着这样奇异的绿;仿佛蔚蓝的天融了一块在里面似的,这才这般的鲜润呀。——那醉人的绿呀!我若能裁你以为带,我将赠给那轻盈的舞女;她必能临风飘举了。我若能把你以为眼,我将赠给那善歌的盲妹;她必明眸善睐了。我舍不得你;我怎舍得你呢?我用手拍着你,抚摩着你,如同一个十二三岁的小姑娘。我又掬你入口,便是吻着她了。我送你一个名字,我从此叫你"女儿绿",好么?

(朱自清《绿》①)

在上面这段文字中,朱自清极尽笔力地描写梅雨潭的绿,运用了比喻、拟人等修辞手法,从视觉、触觉等角度为读者呈现出立体的景致。播读者在表达此段时,自然也需要深入其中,身临其境,充分调动思想感情,引发有声语言丰富的形式变化,让受众感同身受。

三、论述

在论述时,稿件内容在陈述事实的同时,也不断地表达观点、态度、意见。修辞手法

---

① 朱自清.荷塘月色[M].武汉:长江文艺出版社,2018:10.

多作用于行文逻辑以引发人的思考、表达播读者态度,从而获取认同。

例文:

  我欣幸有机会看到许许多多的"官":大的、小的、老的、少的、肥的、瘦的、南的、北的,形形色色,各人有自己的一份"丰采"。但是,当你看得深一点,换言之,就是不仅仅以貌取人的时候,你就会恍然悟到一个真理:他们是一样的,完完全全地一样,像从一个模子里"磕"出来的。他们有同样的"腰",他们的"腰"是两用的,在上司面前则鞠躬如也,到了自己居于上司地位时,则挺得笔直,显得有威可畏,尊严而伟大。他们有同样的"脸",他们的"脸"像六月的天空,变幻不居,有时,温馨晴朗,笑云飘忽,有时阴霾深黑,若狂风暴雨之将至,这全得看对着什么人,在什么样的场合。他们有同样的"腿",他们的"腿"非常之长,奔走上官,一趟又一趟;结交同僚,往返如风,从来不知道疲乏。但当卑微的人们来求见,或穷困的亲友来有所告贷时,则往往迟疑又迟疑,迟疑又迟疑,最后才拖着两条像刚刚长途跋涉过来的"腿",慢悠悠地走出来。"口将言而嗫嚅,足将进而趑趄",这是一副样相;对象不同了,则又换上另一副英雄面具:叱咤,怒骂,为了助一助声势,无妨大拍几下桌子,然后方方正正地落座在沙发上,带一点余愠,鉴赏部属们那份觳觫的可怜相。

(臧克家《官》[①])

  上段文字表面上勾勒出旧时代官僚的"众生相",而所有的表述中其实是讽刺、批判态度的体现。相对于描述所呈现出的"水墨画""油画"的效果,论述所呈现出来的是"漫画"效果。这时,播读者的自我感受不应局限于一位"画面呈现者",而是更偏重"观点输出者",要运用准确、丰富的语气变化表达出文字背后的"言外之意""弦外之音"。

第三节 情感体系的确立

  此处所说的情感体系是播读者表达自我感受的情感总和,是播读者选择以何种情感状态和程度来进行本次播音创作的总体策略。情感表达中的喜怒哀乐因创作个体的表达习惯,和谐统一于播读者的艺术性格之中,往往也是其艺术风格的重要体现元素。

一、细节和整体

  有的播读者善于从稿件中挖掘细节,并能够自然而恰切地把这些细节表现出来,呈现出来的播读作品就较为生动、鲜活,但有的播读者更喜欢从整体入手,把握宏观的感受

[①] 臧克家.说和做:臧克家散文作品集[M].长春:北方妇女儿童出版社,2021:26-29.

状态,呈现出来的效果意味十足。

例文:

大雪整整下了一夜。第二天早晨,天放晴了,太阳出来了。推开门一看,嗬!好大的雪啊!那山川、河流、树木、房屋,全部罩上了一层白茫茫的厚雪。极目远眺,江山万里,变成了粉妆玉砌的世界。看近处,那些落光了叶子的树木上,挂满了毛茸茸亮晶晶的银条儿,而那些冬夏常青的松树和柏树上,则堆满了蓬松松沉甸甸的雪球儿。一阵风吹来,树木轻轻地摇晃着,那美丽的银条儿和雪球儿簌簌落落地抖落下来,玉屑也似的雪末儿,随风飘扬,在清晨的阳光下,幻映出一道道五光十色的彩虹。

(峻青《瑞雪图》①)

针对上面一段文字,如果播读者的意愿是展现丰富的初雪盛景,让受众感受到每一个画面,播读者就会在"毛茸茸""亮晶晶""蓬松松""沉甸甸""簌簌"等词语的表达上强化形象感受的差异,从而使受众在听觉上也感受到丰富的变化;播读者并不在具体之处多加区分,而是整体呈现雪后银装素裹之美,也可以完成一个好的播音作品。

二、浓烈和平淡

这里需要说明的一点是,不能把这里的"浓烈"和"平淡"浅显地理解为语气状态上的"激烈"或表达状态上的"消极"。这里所说的"浓烈"与"平淡",一是取决于播读者从作品中感受到的情感的分量;二是取决于播读者个人的艺术表达习惯。播读者因个体生活阅历的差异,在一部作品中对某一部分的情感反应程度是不同的,甚至作者一笔带过的内容,会因播读者的过往经历产生比作者还强烈的情感反应,那么,如果具有类似经历的受众听到了这样的表达,也会产生超越作者期待的情感反馈,这也是播音创作具有"二度创作"特征的重要体现。另外,每个人性格上的差异,也会体现在有声语言表达的习惯上,同样一件事,有人说起来"快人快语",有人说起来"慢条斯理",呈现的效果不同,作用于不同的受众后产生的效果也不同。

播读者是播音创作的核心,播读者要从自身出发呈现有声语言作品。

例文:

只要明天还在②

汪国真

只要春天还在

---

① 秦似.文笔精华:名家笔下的景[M].南宁:广西人民出版社,1981:77.
② 蓝雪涛.中外经典诵读诗文集锦[M].成都:电子科技大学出版社,2017:120-121.

　　　　我就不会悲哀
　　　　纵使黑夜吞噬了一切
　　　　太阳还可以重新回来

　　　　只要生命还在
　　　　我就不会悲哀
　　　　纵使陷身茫茫的沙漠
　　　　还有希望的绿洲存在

　　　　只要明天还在
　　　　我就不会悲哀
　　　　冬雪终会悄悄融化
　　　　春雷定将滚滚而来

上面这首诗的播读风格，取决于播读者的创作，甚至播读者在不同时间、不同场合朗诵时，都会因自我感受的不同，呈现出不同的"浓""淡"效果。

三、写实和写意

在前文"修辞感受"的部分中，我们曾探讨过体裁对表达的影响。整体上来说，小说偏重"写实"，散文偏重"写意"，新闻稿件大多"写实"，诗歌作品大多"写意"。具体到一篇稿件当中，"写实"和"写意"往往是模糊的存在，很少有完全的"写实"或完全的"写意"。播读稿件要传达"写实"还是"写意"风格，往往由播读者来确定。播读者应在符合稿件本身气质的基础上，根据这一次播音创作的自我感受来选择表达方式：或是把稿件描写的场景真实地反映出来，让受众从其中体味稿件的思想感情；或是直接把感情色彩铺陈于这一段内容之中，让受众直接感受播读者的感受。

　　例文：
　　一般的女人到了中年，更着急。哪个年轻女子不是饱满丰润得像一颗牛奶葡萄，一弹就破的样子？哪个年轻女子不是玲珑矫健得像一只燕子，跳动得那么轻灵？到了中年，全变了。曲线都还存在，但满不是那么回事，该凹入的部分变成了凸出，该凸出的部分变成了凹入，牛奶葡萄要变成为金丝蜜枣，燕子要变鹌鹑。最暴露在外面的是一张脸，从"鱼尾"起皱纹撒出一面网，纵横辐辏，疏而不漏，把脸逐渐织成一幅铁路线最发达的地图，脸上的皱纹已经不是熨斗所能烫得平的，同时也不知怎么在皱纹之外还常常加上那么多的苍蝇屎。所以脂粉不可少。除非粪土之墙，没有不可圬的道理。在原有的一张脸上再罩上一张脸，本是最简便的事，不过在上妆之前、下妆之后容易令人联想起《聊斋志异》的那一篇《画皮》而已。女人的肉好像最禁不起地心的吸力，一到中年便一齐松懈下来往下堆摊，成堆的肉挂在脸上，挂在腰边，挂在踝际。听说有许多西洋女子用擀面杖似的一根棒子早晚浑身乱搓,希望把浮肿的肉压得结实一点,又有些人干脆忌食脂肪忌食淀粉,扎紧裤带,活生生的把自己"饿"回青春去。

(梁实秋《中年》[①])

对于上文这一段,如果播读者的自我感受侧重于一个个鲜活的例子,那就抓住其中的描写细节加以表现,梁实秋笔下与"中年"抗争的女子众生相,可能会让受众忍俊不禁,颇有趣味,至于"人到中年"的那份无奈,受众自会回味;如果播读者的自我感受侧重于稿件内部蕴含的意味——人到中年的无奈与尴尬,那就会在戏谑、诙谐的基础上,又添加了一份神伤,让人听来暗自嗟叹。

自我感受是播读者对播音作品认识的总体反映,是最终呈现一部播音作品表达特征的桥梁。在播音创作的学习实践中,要把稿件中所获得的感受统合于自我感受,激发播讲欲望,把稿件的文字内容真正变成"我"要说的话。

自我感受真实、生动、恰切的表达,也是播音员与主持人给受众留下良好、深刻印象的有效途径。当然,也要注意,不能让自我感受的表达变成完全沉浸在自我世界里的"自大"或"自我封闭",这会导致一切沦为一厢情愿的孤芳自赏。

第四节　实训稿件

训练稿件一

老人与海[②](节选)
海明威

他把钓线夹在大拇指和食指之间,就这么等着,与此同时眼睛紧盯着这根和另外几根钓线,因为这条鱼可能会游到高一点儿或低一点儿的地方去。接着又是轻微的一拉,和刚才一样。

"它会咬饵的,"老人大声说,"上帝保佑让它咬饵吧。"

可鱼儿没有咬钩。它游走了。老人感觉不到任何动静了。

"它不可能游走的,"他说,"天知道它是不会游走的。它是在兜圈子。说不定它以前上过钩,还记得这回事儿。"

不一会儿,他感到钓线轻轻地动了一下,于是他高兴起来。

"它刚才不过是在兜圈子,"他说,"它会咬钩的。"

感觉到这轻轻的一拉,他心里很高兴,接着又是重重的一下,那分量让人难以置信。那是鱼的分量。于是,他让钓线向下滑去,往下,再往下,把两卷备用钓线中的一卷一点

---

① 梁实秋.人生难得开口笑[M].沈阳:万卷出版有限责任公司,2022:64-65.
② 海明威.老人与海[M].陈良廷,等译.北京:人民文学出版社,2021:9-11.

点放开。钓线从老人的手指间轻轻溜下去的时候,他仍旧能觉出很大的分量,尽管他的拇指和食指之间几乎感觉不到什么压力。

"好大的鱼啊,"他说,"它把鱼饵咬在嘴边,正要带着鱼饵游走呢。"

它这就会掉过头来把鱼饵吞下去的,他想。他并没有说出口,因为什么好事情一旦说破,就不一定会来了。他知道这是多么大的一条鱼。他想象着这条鱼横叼着金枪鱼,正在黑暗中游走。就在这时候,他感觉鱼一动不动了,但分量还在。接着分量越来越重,他又放出更多的钓线。他一时加大了大拇指和食指上的力量,鱼的分量一下子加重了,一股脑向下坠去。

"它咬饵了,"老人说,"现在我让它吃个够。"

他一面让钓线从手指间往下溜,一面把左手向下伸,将两卷备用钓线的一头儿系在旁边那根钓线的两卷备用线的环扣上。现在,一切都准备好了。除了正在派上用场的那卷钓线以外,他还有三卷四十英寻长的钓线卷作为备用。

"再吃点儿吧,"他说,"好好吃吧。"

吃吧,这样钩尖就能刺入你的心脏,把你杀死,他想。乖乖地上来吧,让我把鱼叉刺进你的身体。好啦,你准备好了吗?吃够了吗?

"来吧!"他大声说着,双手猛拉钓线,收回了一码长,接着又连连使劲儿向后拽,双臂轮番上阵,以身体的重量作为支撑,使出胳膊的全部力气把钓线往回拉。

毫无用处。那鱼径自慢慢游走,老人连一英寸也拉不上来。他的钓线很结实,是专为钓大鱼而做的,他把钓线抵在背上猛拉,钓线绷得紧紧的,竟然有水珠迸出。钓线在水里慢慢地发出咝咝的声音,但他还是攥得紧紧的,身子抵在横座板上向后仰,和鱼的拉力相对抗。小船开始慢慢向西北方向漂去。

鱼一刻不停地游着,和小船一起在平静的水面上慢慢行进。另外几个鱼饵还在水里,不过没什么动静,可以置之不理。

"真希望那孩子在我身边,"老人大声说,"我正被一条鱼拖着走,成了系缆绳的桩子啦。我倒是可以把钓线固定起来,不过这样一来鱼就会把钓线扯断。我得死命拉住,不得已的时候放开一点儿钓线。谢天谢地,它在朝前游,没有往下钻。"

如果它一门心思往下钻,我该怎么办?我不知道。如果它潜到海底,死在那里怎么办?我不知道。我得想想法子。我有不少办法呢。

他用后背抵着钓线,看着它斜插在水中,小船不停地向西北方向行进。

这样下去它会死的,老人心想。它不可能永远这么游下去。然而,过了四个钟头,那鱼仍然拖着小船,一刻不停地游向大海深处,钓线也依然紧绷在老人背上。

"这鱼上钩约莫是在中午,"他自语道,"可我还没看见它一眼呢。"

在钓住这条鱼之前,他把草帽拉得低低的,紧紧扣在头上,现在感到草帽把额头擦得生疼。他还觉得口渴,便双膝跪地,百般小心地尽量向船头挪过身去,免得猛地扯动钓线,他伸手拿过水瓶,打开瓶盖,喝了一点儿。然后他靠在船头上歇息。他坐在取下来的桅杆和船帆上，试图什么也不去想，只是熬下去。

他回身望了望，陆地已经不在视线之内。这没什么关系，他想。我总能借着哈瓦那的灯光回家。还有两个钟头太阳才会西沉，没准儿在这之前鱼就会上来。要是这会儿不上来，也许会在月亮升起的时候。我没有抽筋，感觉还有力气。是它的嘴被钩住了。不过，拖拽的劲头儿这么足，这该是条多大的鱼啊。它的嘴准是死死钩在钢丝钓钩上了。我真想看看它的样子。我真想看它一眼，好知道这是个什么样的对手。

老人靠着观察天上的星斗，看出这条鱼整个晚上都没有改变自己的路线和方向。日落之后天气变凉了，老人的后背、胳膊和两条老腿上的汗水都晾干了，身子感到发冷。白天里，他把盖在鱼饵匣子上的麻袋拿下来，摊在太阳底下晒干了。太阳下去之后，他把麻袋系在脖子上，披垂在后背，还小心地把麻袋塞在正勒在肩膀上的钓线下面。用麻袋垫着钓线，他可以想办法俯身趴在船头，这样简直可以说是很舒服了。其实这个姿势只是不那么难受而已，可他已经觉得算是很舒服了。

我拿它没办法，它也拿我没办法，他心里想，要是它一直这样下去，那就谁也奈何不了谁。

训练稿件二

诵响生命

李克萌

当我很小的时候，我认为朗诵是一个字一个字喊出的"锄禾日当午，汗滴禾下土"。

当我是一个少年，我认为朗诵是一个教室里所有的小朋友齐声读出"春天来了，一群大雁往南飞"。

当我是一个青年，我认为朗诵是"大江东去，浪淘尽"的激情澎湃。

后来，我慢慢地走上了朗诵的舞台，体验了舒婷笔下"伟大的爱情"，也似乎看到了北岛所说的"未来人们凝视的眼睛"。我开始思索，什么是朗诵，为什么它竟然会在不经意间碰撞我的心灵。

我朗诵过《江城子》，它让我看到了生死相隔、肝肠寸断的悲情！

我朗诵过《钗头凤》，它让我看到了天荒地老、山盟海誓的爱情！

我朗诵过《游子吟》，它让我看到了"慈母手中线，游子身上衣"的亲情！

我朗诵过《送元二使安西》，它让我看到了"劝君更尽一杯酒，西出阳关无故人"的友情！

我朗诵过《满江红》，它让我看到了一个英雄凭栏远眺，誓死保家卫国的满腔豪情！

"盼望着，盼望着，东风来了，春天的脚步近了。"于是，我嗅到了春天的气息。

"五月的阳光，带着咸咸的海风，在春的明媚中吹来了夏的音韵。"于是，我感觉到了夏天的温度。

"黄色的花淡雅,白色的花高洁,紫红色的花热烈而深沉,泼泼洒洒,秋风中正开得烂漫……"于是,我领悟到了秋天的释怀。

"大雪整整下了一夜。今天早晨,天放晴了,太阳出来了。"于是,我便明白了那句话——"冬天到了,春天还会远吗?"

如此真挚的情,如此美妙的景。当它们从一个个规整的方块字幻化成抑扬顿挫的声音,仿佛这些美丽的篇章便有了第二次生命!

从此,我便不再去苦苦追问什么是朗诵。因为答案并不会出现在书本上的定义中,答案就在每一次朗诵时我发自肺腑的情景交融。

我们为祖国朗诵,因为我们爱它昂首向前的风雨历程!

我们为大自然朗诵,祈祷人间万物都成为地球母亲怀中平等的生灵!

我们为人间真情朗诵,相信真善美的歌声会被人们用心地倾听!

我们为我们的人生朗诵,

因为我们是朗诵人,

我们愿用我们的灵魂,

诵响生命!

训练稿件三

岳阳楼记[①]

范仲淹

庆历四年春,滕子京谪守巴陵郡。越明年,政通人和,百废具兴。乃重修岳阳楼,增其旧制,刻唐贤今人诗赋于其上。属予作文以记之。

予观夫巴陵胜状,在洞庭一湖:衔远山,吞长江,浩浩汤汤,横无际涯;朝晖夕阴,气象万千。此则岳阳楼之大观也。前人之述备矣。然则,北通巫峡,南极潇湘,迁客骚人,多会于此。览物之情,得无异乎?

若夫霪雨霏霏,连月不开;阴风怒号,浊浪排空;日星隐曜,山岳潜形;商旅不行,樯倾楫摧;薄暮冥冥,虎啸猿啼。登斯楼也,则有去国怀乡,忧谗畏讥,满目萧然,感极而悲者矣。

至若春和景明,波澜不惊,上下天光,一碧万顷;沙鸥翔集,锦鳞游泳;岸芷汀兰,郁郁青青。而或长烟一空,皓月千里,浮光跃金,静影沉璧;渔歌互答,此乐何极!登斯楼也,则有心旷神怡,宠辱皆忘,把酒临风,其喜洋洋者矣。

嗟夫!予尝求古仁人之心,或异二者之为。何哉?不以物喜,不以己悲。居庙堂之高,则忧其民;处江湖之远,则忧其君:是进亦忧,退亦忧。然则何时而乐耶?其必曰"先

[①] 陈振鹏,章培恒.古文鉴赏辞典[M].上海:上海辞书出版社,2012:1414-1415.

天下之忧而忧,后天下之乐而乐"乎! 噫! 微斯人,吾谁与归? 时六年九月十五日。

训练稿件四

想北平①

老 舍

　　设若让我写一本小说,以北平作背景,我不至于害怕,因为我可以捡着我知道的写,而躲开我所不知道的。让我单摆浮搁的讲一套北平,我没办法。北平的地方那么大,事情那么多,我知道的真觉太少了,虽然我生在那里,一直到廿七岁才离开。以名胜说,我没到过陶然亭,这多可笑!以此类推,我所知道的那点只是"我的北平",而我的北平大概等于牛的一毛。

　　可是,我真爱北平。这个爱几乎是要说而说不出的。我爱我的母亲。怎样爱? 我说不出。在我想作一件讨她老人家喜欢的时候,我独自微微的笑着;在我想到她的健康而不放心的时候,我欲落泪。言语是不够表现我的心情的,只有独自微笑或落泪才足以把内心揭露在外面一些来。我之爱北平也近乎这个。夸奖这个古城的某一点是容易的,可是那就把北平看得太小了。我所爱的北平不是枝枝节节的一些什么,而是整个儿与我的心灵相粘合的一段历史,一大块地方,多少风景名胜,从雨后什刹海的蜻蜓一直到我梦里的玉泉山的塔影,都积凑到一块,每一小的事件中有个我,我的每一思念中有个北平,这只有说不出而已。

　　真愿成为诗人,把一切好听好看的字都浸在自己的心血里,像杜鹃似的啼出北平的俊伟。啊! 我不是诗人! 我将永远道不出我的爱,一种像由音乐与图画所引起的爱。这不但是辜负了北平,也对不住我自己,因为我的最初的知识与印象都得自北平,它是在我的血里,我的性格与脾气里有许多地方是这古城所赐给的。我不能爱上海与天津,因为我心中有个北平。可是我说不出来!

　　伦敦,巴黎,罗马与堪司坦丁堡,曾被称为欧洲的四大"历史的都城"。我知道一些伦敦的情形;巴黎与罗马只是到过而已;堪司坦丁堡根本没有去过。就伦敦,巴黎,罗马来说,巴黎更近似北平——虽然"近似"两字要拉扯得很远——不过,假使让我"家住巴黎",我一定会和没有家一样的感到寂苦。巴黎,据我看,还太热闹。自然,那里也有空旷静寂的地方,可是又未免太旷;不像北平那样既复杂而又有个边际,使我能摸着——那长着红酸枣的老城墙! 面向着积水潭,背后是城墙,坐在石上看水中的小蝌蚪或苇叶上的嫩蜻蜓,我可以快乐的坐一天,心中完全安适,无所求也无可怕,像小儿安睡在摇篮里。是的,北平也有热闹的地方,但是它和太极拳相似,动中有静。巴黎有许多地方使人疲乏,所以咖啡与酒是必要的,以便刺激;在北平,有温和的香片茶就够了。

---

① 老舍.老舍散文[M].杭州:浙江文艺出版社,2019:44-46.

论说巴黎的布置已比伦敦罗马匀调得多了,可是比上北平还差点事儿。北平在人为之中显出自然,几乎是什么地方既不挤得慌,又不太僻静:最小的胡同里的房子也有院子与树;最空旷的地方也离买卖街与住宅区不远。这种分配法可以算——在我的经验中——天下第一了。北平的好处不在处处设备得完全,而在它处处有空儿,可以使人自由的喘气;不在有好些美丽的建筑,而在建筑的四围都有空闲的地方,使它们成为美景。每一个城楼,每一个牌楼,都可以从老远就看见。况且在街上还可以看见北山与西山呢!

好学的,爱古物的,人们自然喜欢北平,因为这里书多古物多。我不好学,也没钱买古物。对于物质上,我却喜爱北平的花多菜多果子多。花草是种费钱的玩意,可是此地的"草花儿"很便宜,而且家家有院子,可以花不多的钱而种一院子花,即使算不了什么,可是到底可爱呀。墙上的牵牛,墙根的靠山竹与草茉莉,是多么省钱省事而也足以招来蝴蝶呀!至于青菜,白菜,扁豆,毛豆角,黄瓜,菠菜等等,大多数是直接由城外担来而送到家门口的。雨后,韭菜叶上还往往带着雨时溅起的泥点。青菜摊子上的红红绿绿几乎有诗似的美丽。果子有不少是由西山与北山来的,西山的沙果,海棠,北山的黑枣,柿子,进了城还带着一层白霜儿呀!哼,美国的橘子包着纸;遇到北平的带霜儿的玉李,还不愧杀!

是的,北平是个都城,而能有好多自己产生的花,菜,水果,这就使人更接近了自然。从它里面说,它没有像伦敦的那些成天冒烟的工厂;从外面说,它紧连着园林,菜圃与农村。采菊东篱下,在这里,确是可以悠然见南山的;大概把"南"字变个"西"或"北",也没有多少了不得的吧。像我这样的一个贫寒的人,或者只有在北平能享受一点清福了。

好,不再说了吧;要落泪了,真想念北平呀!

训练稿件五

雅典的少女[①]

拜 伦

雅典的少女啊,在我们别前,
把我的心,把我的心交还!
或者,既然它已经和我脱离,
留着它吧,把其余的也拿去!
请听一句我别前的誓语,
你是我的生命,我爱你。

我要凭那松开的卷发,

[①] 杜云,陈运祐.爱[M].南宁:广西民族出版社,1990:185-186.

每阵爱琴海的风都追逐着它,
我要凭那长睫毛的眼睛,
睫毛直吻着你颊上的桃红,
我要凭那野鹿似的眼睛誓语,
你是我的生命,我爱你。

还有我久欲一尝的红唇,
还有那轻盈紧束的腰身,
我要凭这些定情的鲜花,
它们胜过一切言语的表达,
我要说,凭爱情的一串悲喜,
你是我的生命,我爱你。

雅典的少女啊,我们分了手;
想着我吧,当你孤独的时候。
虽然我想着伊斯坦布尔驰奔,
雅典却抓住我的心和灵魂:
我能够不爱你吗?不会的!
你是我的生命,我爱你。

训练稿件六

变色龙[①]

契诃夫

警官奥丘梅洛夫穿着新的军大衣,手里拿着个小包,穿过市集的广场。他身后跟着个警察,生着棕红色头发,端着一个粗箩,上面盛着没收来的醋栗,装得满满的。四下里一片寂静……广场上连人影也没有。小铺和酒店敞开大门,无精打采地面对着上帝创造的这个世界,像是一张张饥饿的嘴巴。店门附近连一个乞丐都没有。

"你竟敢咬人,该死的东西!"奥丘梅洛夫忽然听见说话声,"伙计们,别放走它!如今咬人可不行!抓住它!哎哟……哎哟!"

狗的尖叫声响起来。奥丘梅洛夫往那边一看,瞧见商人皮丘金的木柴场里窜出来一条狗,用三条腿跑路,不住地回头看。在它身后,有一个人追出来,穿着浆硬的花布衬衫和敞开怀的坎肩。他紧追那条狗,身子往前一探,扑倒在地,抓住那条狗的后腿。紧跟着又传来狗叫声和人喊声:"别放走它!"带着睡意的脸纷纷从小铺里探出来,不久木柴场门口就聚了一群人,像是从地底下钻出来的一样。

[①] 契诃夫.变色龙:契诃夫短篇小说选[M].汝龙,译.北京:人民文学出版社,2017:28-30.

"仿佛出乱子了,长官!……"警察说。

奥丘梅洛夫把身子微微往左边一转,迈步往人群那边走过去。在木柴场门口,他看见上述那个敞开坎肩的人站在那儿,举起右手,伸出一根血淋淋的手指头给那群人看。他那张半醉的脸上露出这样的神情:"我要揭你的皮,坏蛋!"而且那根手指头本身就像是一面胜利的旗帜。奥丘梅洛夫认出这个人就是首饰匠赫留金。闹出这场乱子的祸首是一条白毛小猎狗,尖尖的脸,背上有一块黄斑,这时候坐在人群中央的地上,前腿劈开,浑身发抖。它那含泪的眼睛里流露出苦恼和恐惧。

"这儿出了什么事?"奥丘梅洛夫挤到人群中去,问道,"你在这儿干什么?你干吗竖起手指头?……是谁在嚷?"

"我本来走我的路,长官,没招谁没惹谁……"赫留金凑着空拳头咳嗽,开口说,"我正跟米特里·米特里奇谈木柴的事,忽然间,这个坏东西无缘无故把我的手指头咬一口……请您原谅我,我是个干活的人……我的活儿细致。这得赔我一笔钱才成,因为我也许一个星期都不能动这根手指头了……法律上,长官,也没有这么一条,说是人受了畜生的害就该忍着……要是人人都遭狗咬,那还不如别在这个世界上活着的好……"

"嗯!……好……"奥丘梅洛夫严厉地说,咳嗽着,动了动眉毛,"好……这是谁家的狗?这种事我不能放过不管。我要拿点颜色出来叫那些放出狗来闯祸的人看看!现在也该管管不愿意遵守法令的老爷们了!等到罚了款,他,这个混蛋,才会明白把狗和别的畜生放出来有什么下场!我要给他点厉害瞧瞧!……叶尔德林,"警官对警察说,"你去调查清楚这是谁家的狗,打个报告上来!这条狗得打死才成。不许拖延!这多半是条疯狗……我问你们:这是谁家的狗?"

"这条狗像是日加洛夫将军家的!"人群里有个人说。

"日加洛夫将军家的?嗯!……你,叶尔德林,把我身上的大衣脱下来……天好热!大概快要下雨了……只是有一件事我不懂:它怎么会咬你的?"奥丘梅洛夫对赫留金说,"难道它够得到你的手指头?它身子矮小,可是你,要知道,长得这么高大!你这个手指头多半是让小钉子扎破了,后来却异想天开,要人家赔你钱了。你这种人啊……谁都知道是个什么路数!我可知道你们这些魔鬼!"

"他,长官,把他的雪茄烟戳到它脸上去,拿它开心。它呢,不肯做傻瓜,就咬了他一口……他是个无聊的人,长官!"

"你胡说,独眼龙!你眼睛看不见,为什么胡说?长官是明白人,看得出来谁胡说,谁像当着上帝的面一样凭良心说话……我要胡说,就让调解法官审判我好了。他的法律上写得明白……如今大家都平等了……不瞒您说……我弟弟就在当宪兵……"

"少说废话!"

"不，这条狗不是将军家的……"警察深思地说，"将军家里没有这样的狗。他家里的狗大半是大猎狗……"

"你拿得准吗？"

"拿得准，长官……"

"我自己也知道。将军家里的狗都名贵，都是良种，这条狗呢，鬼才知道是什么东西！毛色不好，模样也不中看……完全是下贱货……他老人家会养这样的狗？！你的脑筋上哪儿去了？要是这样的狗在彼得堡或者莫斯科让人碰上，你们知道会怎样？那才不管什么法律不法律，一转眼的工夫就叫它断了气！你，赫留金，受了苦，这件事不能放过不管……得教训他们一下！是时候了……"

"不过也可能是将军家的狗……"警察把他的想法说出来，"它脸上又没写着……前几天我在他家院子里就见到过这样一条狗。"

"没错儿，是将军家的！"人群里有人说。

"嗯！……你，叶尔德林老弟，给我穿上大衣吧……好像起风了……怪冷的……你带着这条狗到将军家里去一趟，在那儿问一下……你就说这条狗是我找着，派你送去的……你说以后不要把它放到街上来。也许它是名贵的狗，要是每个猪猡都拿雪茄烟戳到它脸上去，要不了多久就能把它作践死。狗是娇嫩的动物嘛……你，蠢货，把手放下来！用不着把你那根蠢手指头摆出来！这都怪你自己不好！……"

"将军家的厨师来了，我们来问问他吧……喂，普罗霍尔！你过来，亲爱的！你看看这条狗……是你们家的吗？"

"瞎猜！我们那儿从来也没有过这样的狗！"

"那就用不着费很多工夫去问了，"奥丘梅洛夫说，"这是条野狗！用不着多说了……既然他说是野狗，那就是野狗……弄死它算了。"

"这条狗不是我们家的，"普罗霍尔继续说，"可这是将军哥哥的狗，他前几天到我们这儿来了。我们的将军不喜欢这种狗。他老人家的哥哥却喜欢……"

"莫非他老人家的哥哥来了？弗拉基米尔·伊万内奇来了？"奥丘梅洛夫问，他整个脸上洋溢着动情的笑容，"可了不得，主啊！我还不知道呢！他要来住一阵吧？"

"住一阵……"

"可了不得，主啊！……他是惦记弟弟了……可我还不知道呢！那么这是他老人家的狗？很高兴……你把它带去吧……这条小狗怪不错的……挺伶俐……它把这家伙的手指头咬一口！哈哈哈！……咦，你干吗发抖？呜呜……呜呜……它生气了，小坏包……好一条小狗……"

普罗霍尔把狗叫过来，带着它离开了木柴场……那群人就对着赫留金哈哈大笑。

"我早晚要收拾你！"奥丘梅洛夫对他威胁说，然后把身上的大衣裹一裹紧，穿过市集的广场，径自走了。

训练稿件七

兵车行[1]

杜 甫

车辚辚,马萧萧,行人弓箭各在腰。
耶娘妻子走相送,尘埃不见咸阳桥。
牵衣顿足拦道哭,哭声直上干云霄。
道旁过者问行人,行人但云点行频。
或从十五北防河,便至四十西营田;
去时里正与裹头,归来头白还戍边。
边庭流血成海水,武皇开边意未已。
君不闻汉家山东二百州,千村万落生荆杞。
纵有健妇把锄犁,禾生陇亩无东西。
况复秦兵耐苦战,被驱不异犬与鸡。
长者虽有问,役夫敢申恨?
且如今年冬,未休关西卒。
县官急索租,租税从何出?
信知生男恶,反是生女好;
生女犹得嫁比邻,生男埋没随百草!
君不见青海头,古来白骨无人收。
新鬼烦冤旧鬼哭,天阴雨湿声啾啾。

训练稿件八

将进酒[2]

李 白

君不见黄河之水天上来,奔流到海不复回。
君不见高堂明镜悲白发,朝如青丝暮成雪。
人生得意须尽欢,莫使金樽空对月。
天生我材必有用,千金散尽还复来。
烹羊宰牛且为乐,会须一饮三百杯。
岑夫子,丹丘生,将进酒,杯莫停。
与君歌一曲,请君为我倾耳听。
钟鼓馔玉不足贵,但愿长醉不复醒。

---

[1] 俞平伯,萧涤非,周汝昌,等.唐诗鉴赏辞典[M].上海:上海辞书出版社,2013:473-474.
[2] 俞平伯,萧涤非,周汝昌,等.唐诗鉴赏辞典[M].上海:上海辞书出版社,2013:254-256.

古来圣贤皆寂寞,惟有饮者留其名。
陈王昔时宴平乐,斗酒十千恣欢谑。
主人何为言少钱,径须沽取对君酌。
五花马,千金裘,呼儿将出换美酒,与尔同销万古愁。

训练稿件九

声声慢①

李清照

寻寻觅觅,冷冷清清,凄凄惨惨戚戚。乍暖还寒时候,最难将息。三杯两盏淡酒,怎敌他晓来风急。雁过也,正伤心,却是旧时相识。满地黄花堆积,憔悴损,如今有谁堪摘?守着窗儿独自,怎生得黑!梧桐更兼细雨,到黄昏、点点滴滴。这次第,怎一个愁字了得!

训练稿件十

孔乙己②

鲁 迅

鲁镇的酒店的格局,是和别处不同的:都是当街一个曲尺形的大柜台,柜里面预备着热水,可以随时温酒。做工的人,傍午傍晚散了工,每每花四文铜钱,买一碗酒,——这是二十多年前的事,现在每碗要涨到十文,——靠柜外站着,热热的喝了休息;倘肯多花一文,便可以买一碟盐煮笋,或者茴香豆,做下酒物了,如果出到十几文,那就能买一样荤菜,但这些顾客,多是短衣帮,大抵没有这样阔绰。只有穿长衫的,才踱进店面隔壁的房子里,要酒要菜,慢慢地坐喝。

我从十二岁起,便在镇口的咸亨酒店里当伙计,掌柜说,样子太傻,怕侍候不了长衫主顾,就在外面做点事罢。外面的短衣主顾,虽然容易说话,但唠唠叨叨缠夹不清的也很不少。他们往往要亲眼看着黄酒从坛子里舀出,看过壶子底里有水没有,又亲看将壶子放在热水里,然后放心:在这严重监督之下,羼水也很为难。所以过了几天,掌柜又说我干不了这事。幸亏荐头的情面大,辞退不得,便改为专管温酒的一种无聊职务了。

我从此便整天的站在柜台里,专管我的职务。虽然没有什么失职,但总觉有些单调,有些无聊。掌柜是一副凶脸孔,主顾也没有好声气,教人活泼不得;只有孔乙己到店,才可以笑几声,所以至今还记得。

孔乙己是站着喝酒而穿长衫的唯一的人。他身材很高大;青白脸色,皱纹间时常夹些伤痕;一部乱蓬蓬的花白的胡子。穿的虽然是长衫,可是又脏又破,似乎十多年没有补,也没有洗。他对人说话,总是满口之乎者也,教人半懂不懂的。因为他姓孔,别人便

---

① 夏承焘,唐圭璋,缪钺,等. 宋词鉴赏辞典[M]. 上海:上海辞书出版社,2003:914.
② 鲁迅. 鲁迅全集 第一卷[M]. 广州:花城出版社,2021:165-168.

从描红纸上的"上大人孔乙己"这半懂不懂的话里,替他取下一个绰号,叫作孔乙己。孔乙己一到店,所有喝酒的人便都看着他笑,有的叫道:"孔乙己,你脸上又添上新伤疤了!"他不回答,对柜里说:"温两碗酒,要一碟茴香豆。"便排出九文大钱。他们又故意的高声嚷道:"你一定又偷了人家的东西了!"孔乙己睁大眼睛说:"你怎么这样凭空污人清白……""什么清白?我前天亲眼见你偷了何家的书,吊着打。"孔乙己便涨红了脸,额上的青筋条条绽出,争辩道:"窃书不能算偷……窃书!……读书人的事,能算偷么?"接连便是难懂的话,什么"君子固穷",什么"者乎"之类,引得众人都哄笑起来:店内外充满了快活的空气。

听人家背地里谈论,孔乙己原来也读过书,但终于没有进学,又不会营生;于是愈过愈穷,弄到将要讨饭了。幸而写得一笔好字,便替人家钞钞书,换一碗饭吃。可惜他又有一样坏脾气,便是好喝懒做。坐不到几天,便连人和书籍纸张笔砚,一齐失踪。如是几次,叫他钞书的人也没有了。孔乙己没有法,便免不了偶然做些偷窃的事。但他在我们店里,品行却比别人都好,就是从不拖欠;虽然间或没有现钱,暂时记在粉板上,但不出一月,定然还清,从粉板上拭去了孔乙己的名字。

孔乙己喝过半碗酒,涨红的脸色渐渐复了原,旁人便又问道,"孔乙己,你当真认识字么?"孔乙己看着问他的人,显出不屑置辩的神气。他们便接着说道:"你怎的连半个秀才也捞不到呢?"孔乙己立刻显出颓唐不安模样,脸上笼上了一层灰色,嘴里说些话;这回可是全是之乎者也之类,一些不懂了。在这时候,众人也都哄笑起来:店内外充满了快活的空气。

在这些时候,我可以附和着笑,掌柜是决不责备的。而且掌柜见了孔乙己,也每每这样问他,引人发笑。孔乙己自己知道不能和他们谈天,便只好向孩子说话。有一回对我说道,"你读过书么?"我略略点一点头。他说,"读过书,……我便考你一考。茴香豆的茴字,怎样写的?"我想,讨饭一样的人,也配考我么?便回过脸去,不再理会。孔乙己等了许久,很恳切的说道:"不能写罢?……我教给你,记着!这些字应该记着。将来做掌柜的时候,写账要用。"我暗想我和掌柜的等级还很远呢,而且我们掌柜也从不将茴香豆上账;又好笑,又不耐烦,懒懒的答他道:"谁要你教,不是草头底下一个来回的回字么?"孔乙己显出极高兴的样子,将两个指头的长指甲敲着柜台,点头说:"对呀对呀!……回字有四样写法,你知道么?"我愈不耐烦了,努着嘴走远。孔乙己刚用指甲蘸了酒,想在柜上写字,见我毫不热心,便又叹一口气,显出极惋惜的样子。

有几回,邻舍孩子听得笑声,也赶热闹,围住了孔乙己,他便给他们茴香豆吃,一人一颗。孩子吃完豆,仍然不散,眼睛都望着碟子。孔乙己着了慌,伸开五指将碟子罩住,弯腰下去说道:"不多了,我已经不多了。"直起身又看一看豆,自己摇头说:"不多不多!多乎哉?不多也。"于是这一群孩子都在笑声里走散了。

孔乙己是这样的使人快活,可是没有他,别人也便这么过。

有一天,大约是中秋前的两三天,掌柜正在慢慢的结账,取下粉板,忽然说:"孔乙己长久没有来了。还欠十九个钱呢!"我才也觉得他的确长久没有来了。一个喝酒的人说道,"他怎么会来?……他打折了腿了。"掌柜说:"哦!""他总仍旧是偷。这一回,是自己发昏,竟偷到丁举人家里去了。他家的东西,偷得的么?""后来怎么样?""怎么样?先写服辩,后来是打,打了大半夜,再打折了腿。""后来呢?""后来打折了腿了。""打折了怎样呢?""怎样?……谁晓得?许是死了。"掌柜也不再问,仍然慢慢的算他的账。

中秋过后,秋风是一天凉比一天,看看将近初冬;我整天的靠着火,也须穿上棉袄了。一天的下半天,没有一个顾客,我正合了眼坐着。忽然间听得一个声音,"温一碗酒。"这声音虽然极低,却很耳熟。看时又全没有人。站起来向外一望,那孔乙己便在柜台下对了门槛坐着。他脸上黑而且瘦,已经不成样子;穿一件破夹袄,盘着两腿,下面垫一个蒲包,用草绳在肩上挂住;见了我,又说道,"温一碗酒。"掌柜也伸出头去,一面说,"孔乙己么?你还欠十九个钱呢!"孔乙己很颓唐的仰面答道,"这……下回还清罢。这一回是现钱,酒要好。"掌柜仍然同平常一样,笑着对他说,"孔乙己,你又偷了东西了!"但他这回却不十分分辩,单说了一句"不要取笑!""取笑?要是不偷,怎么会打断腿?"孔乙己低声说道,"跌断,跌,跌……"他的眼色,很像恳求掌柜,不要再提。此时已经聚集了几个人,便和掌柜都笑了。我温了酒,端出去,放在门槛上。他从破衣袋里摸出四文大钱,放在我手里,见他满手是泥,原来他便用这手走来的。不一会,他喝完酒,便又在旁人的说笑声中,坐着用这手慢慢走去了。

自此以后,又长久没有看见孔乙己。到了年关,掌柜取下粉板说:"孔乙己还欠十九个钱呢!"到第二年的端午,又说"孔乙己还欠十九个钱呢!"到中秋可是没有说,再到年关也没有看见他。

我到现在终于没有见——大约孔乙己的确死了。

(一九一九年三月)

▶▶▶本章小结

所谓"自我感受",最重要的价值就是让受众感受到是"我"在说。这样的表达状态最容易让受众相信,也最容易让受众带入。在人工智能语音系统高速发展的今天,仅仅建立在信息需求基础上的有声传播将逐渐由人工智能代替,播音主持仍然作为一个行业,有些播音员、主持人会成为艺术家,其重要原因是,受众还是喜欢听有"人味"的表达。这个"人味"就来自真挚、丰富、生动的自我感受体现。

思考题

1. 如何自我感受播讲内容是否被受众接纳?
2. 对于多次表达的内容,播读者如何保持自我感受的积极状态?
3. 你能否对不感兴趣的内容获得强烈的自我感受?

第十二章　播音创作状态调整

播音员、主持人的表达状态会给受众带来第一印象。在媒体飞速发展的当下，受众的选择非常多，如果播音员、主持人状态不积极，则很难让受众留在你的节目中。因此，播音员和主持人要有正确的意识、充足的准备、坚定的信念以及对工作的热情，才能保证良好、积极的创作状态。

第一节　空间环境的调整适应

播音创作所处的空间环境，是我们展开播音主持工作的平台，环境会对播音员和主持人的心理、生理产生或多或少的影响。我们要在实践中学会适应不同的创作空间，并和其中的各种元素积极配合。

一、录播间

录播间一般承担录制节目的功能，在非直播的环境下，播音员、主持人调整内容和调整状态的空间较大。因此，创作者在录播间进行录制时，就应该考虑得更为完善，在录制过程中发现不妥之处要快速调整，甚至重新录制；但也正因如此，有些播音员、主持人在录播间录播时往往患得患失，总是觉得还可以更好，重录的次数不断增多，这样既影响了录制进度，又容易让播音作品产生割裂感。同时，反复录制往往会打击自信心、消磨积极性，产生"越录越差"的效果。因此，在录播间录制节目时，创作者要在积极准备的基础上，从宏观上对作品整体性有所追求，可以先力求完整表达，再通过回听，对必要之处做出调整。

另外，在录播间里没有真实观众存在，播音员、主持人也没有直播时有人正在收听、收看的信念感，因此要善于找寻对象感，有的放矢地进行播音创作。创作者可以将观众设想为你认为最想听这段内容的某一个人，这样才能建立对象感，调动起积极的播讲状态。

二、直播间

我们这里所提及的直播间与录播间并不是基于设备条件而言的,因为在某些情况下,同一个场地既可以完成录播,也可以完成直播,此处是以工作性质来界定的,谈及的是"录播""直播"的心理环境对播音员、主持人的影响。

直播时,播音员、主持人的作品创作过程与受众的接收过程是统一的,可以说"开弓没有回头箭"。同样,不同的播音员、主持人对直播产生的心理反应也是不同的。有的播音员、主持人能在直播节目中获得更强的兴奋感,这是积极的一方面;有的播音员、主持人则会因是直播而紧张,心里产生各种顾忌。我们需要在实践中强化积极的方面、消解消极的方面。

在直播中,我们既要沉着冷静,又要积极兴奋,排除内心和外在的干扰。

三、演播厅

演播厅一般具有更大的空间,并涵盖更多的技术手段,在给予播音员、主持人更多的辅助条件的基础上又需要播音员、主持人有更强的适应性。

(一)适应观众

播音员、主持人在演播厅录制或直播节目时,有时有观众在现场,有时没有观众在现场,没有现场观众的时候需要我们建立对象感,因为演播厅的空间环境决定了节目需要更大的"呼应性"。

然而,即便有观众在现场,观众也未必会带给播音员、主持人良好的心理支撑。我们看到的节目,尤其是录制节目大多是经过剪辑的成品,也许录制时长远长于实际播出的时长,现场观众可能会因疲劳或懈怠不会带给播音员、主持人想要的良性反应。这就需要播音员、主持人在时刻保持自身状态的情况下,积极调动现场情绪;即便是直播节目,观众看到的结果也是导播提供的"当场剪辑"作品,播音员、主持人在现场需要应对的情况有很多。

有的时候,会有嘉宾上台参与某个环节,主持人要时刻调整状态来适应台上和台下不同的对象距离。

(二)适应场地

演播间里的舞台,给播音员、主持人提供了更大的表达空间,也就经常需要更多的舞台行动。播音员、主持人在平时对自己的体态语运用有所要求和训练之外,也需要快速适应舞台上的走位,做到有声语言和副语言的和谐统一。

(三)适应效果

在演播厅录制时,现场导播经常会运用丰富的舞台效果,如灯光、舞美等。播音员、主持人应在服装、妆容上给予配合，有时灯光效果的渲染、舞台背景的衬托可以成为我们调整状态的依据。节目是团队集体创作的结果，播音员、主持人应该尽可能了解广播电视制作的相关知识，这样就可以从更多方面调整出良好的表达状态。

四、剧场

剧场具有更大的空间，这就需要播音员、主持人在剧场时展现更强的号召力和鼓动性，并适应舞台空间和舞台效果。除此之外，如果在剧场演出，播音员、主持人要快速地根据观众数量调整语言状态中的"距离感"。500人的小剧场和2,000人的大剧场不同，2,000人的大剧场里只坐了800人，给人的感觉也会不同。播音员、主持人要调整出一个最为合适的"距离感"，不要让观众感觉疏离或造作，也要注意空间的视野角度的大小，照顾到两边的观众，如果一味地盯着前方或锁定一点，容易让其他观众难以获得交流感。

五、户外

户外环境下的播音主持与剧场一样，一般需要播音员、主持人拥有更为饱满的状态。同时，要注意到，户外的播音主持活动有时会受到天色、天气、环境音等因素的影响。

白天或是夜晚、晴朗或是阴雨、凉爽或是炎热、安静或是嘈杂……不同的环境会对播音员、主持人的表达状态产生影响。播音员、主持人在户外时，要善于排除干扰，尝试利用自然因素，提升自身表达状态。

六、与话筒的关系

我们常用的话筒一般分为三种类型：手持式、立杆式、佩戴式。播音员、主持人在符合节目制作播出要求的基础上，可以从表达需求的角度进行选择。

（一）手持式

话筒为使用者操持，代表着使用者完全认可现场环境，表达者在表达时可与现场受众产生直接交流。表达者与受众处于同一现实时空。

（二）立杆式

话筒与使用者脱离，代表着使用者排斥现场真实环境，需要进入表达内容所营造的空间，因此一般表达者不做空间调度，保证受众注意力集中于语言内容。表达者与受众的时空关系一般为分割状态。

（三）佩戴式

话筒完全不干扰表达者的行动，表达者的肢体表现被彻底解放，有助于表达者完全进入舞台上所营造、搭建出的空间。表达者可以利用舞台环境表现内容。表达者与受众的时空关系一般为分割状态。

第二节 时间环境的调整适应

我们在这里所提及的时间不局限于"节目时段"的概念，而是根据大众目前的生活习惯来判断不同时间点上受众大致的心理状态，从而为播音员、主持人的状态调整提供依据。

一、兴奋时段

广播里所说的"早高峰""晚高峰"，电视里大家公认的"黄金八点档"，以及短视频平台的"晚十点黄金段"，证明了人们在不同平台的兴奋时段也是不同的。播音员、主持人只须意识到，所传达的内容是给那些心理状态较为兴奋的受众欣赏的，从而也以饱满、积极状态进行表达即可。

二、休闲时段

在以往的生活经验中人们认为，午后时光，人的心情一般比较放松，广播电视台在这一时段播出的节目一般也比较轻松。逐步加快的社会节奏仿佛已经让"午后时光"渐渐"消失"，其实，只是更为丰富多样的社会生活形态让不同人的休闲时段不再统一于某一自然时间点。受众可以选择在其生活节奏中比较轻松的时段，打开智能电视、手机或是平板电脑，通过"点播"欣赏节目。

因此，符合休闲时段特征的节目，已经不再受到自然时间点的限制，播音员、主持人在录制这类节目时，心里要清楚，这是受众会在其自身的"休闲时段"收听、收看的节目，从而保持好轻松、亲和的状态，受众自然会获得满足。

三、静谧时段

随着时代的发展，不同人对几点算"夜深"有不同的概念，而"夜深"之后人也未必能"静"了。但人每天总有需要静下心来的时间来缓解疲惫，这时，受众适合的是节奏平缓、起伏不大，具有"伴随感"的节目。播音员、主持人在这类节目中的语言表达状态也就应该相对轻柔、舒缓。

第三节　受众环境的调整适应

在有现场观众的条件下,播音员、主持人一方面要准确判断观众的基本情况,如大致的年龄层次、文化圈层;另一方面要准确、迅速地判断现场观众的情绪、状态,准备应对策略。

一、调动

现场观众一般对于录制现场比较陌生,有人不自在、有人比较好奇,这就使得观众的注意力往往比较涣散。因此,播音员和主持人要快速和观众形成交流、互动,取得观众的信赖和支持,从而快速带领观众进入节目氛围。

二、应和

有时,观众会很难融入现场,甚至对现场产生情感上的抵触。播音员和主持人要精准、快速地找出原因,以"将心比心"的状态与观众进行积极、良好的沟通,在此基础上逐步调动起观众的积极性,使观众进入节目状态。

第四节　与合作者的配合

在有搭档的情况下,播音员和主持人要清楚这个节目是合作者共同的作品,不存在"一枝独秀",即便有"主""辅"之分,也是分工协作的效果呈现。

一、角色分工

在多人配合的情况下,不需要两个角色相同的播音员、主持人的存在。参与协作的播音员、主持人应在准备节目时积极商讨,确定在节目中适合不同人的角色特征,并在此基础上进行有效分工。这样,节目呈现的效果就会具有鲜明的层次感。

二、统一和谐

在多人配合的播音主持中,不能为了凸显个人的特点、风格,忽视节目的整体效果。毕竟播音员、主持人的表达应归属于这一次的节目创作。一般来讲,不同个性的播音员、主持人是可以通过节目的主体格调来相互适应的,就如同西方乐器和东方乐器也可以通过编曲的精心设计,共同完成一次和谐的演奏。播音员、主持人要以正确的心态以及不断提高的业务能力,与他人加强磨合,从而在节目中共同呈现出良好状态。

三、语言交互

播音主持是以有声语言表达为主要手段的创作活动,因此合作者之间的配合也主要体现在语言表达的过程中。搭档之间真实、自然、生动的交流感能极大地提升节目效果。那些长时间合作,从而形成较高的语言表达默契度的搭档总是让人羡慕的。这些语言交互的配合主要体现在以下几个方面。

第一,递话:在较为确定搭档对现在的播出内容有更好的延伸性时,一方有意识地把话题送到另一方。

第二,留口:在基本确定搭档会开启新的话题方向时,有意识强化自己所说内容最后部分的"结束感",从而提示对方开始新的话题,也给予受众心理准备。

第三,截断:在判断对方话题无法继续或所说内容有所不妥时,终止其话题;有时也是为了烘托效果,有意而为之,成为"意料之外"的精彩之处。

第四,合声:建立在高度默契基础上,基本确定了对方重点强调语言内容的具体说法,一字一词都成竹在胸。此时,一方迎合上去,与搭档"同声共气",可以强化表达效果。

四、抬轿补台

在长时间的配合中,播音员、主持人往往对搭档有比较深入的了解,搭档之间形成较高的默契度。在此基础上,随着播音主持经验的丰富、能力的提高、心态的稳健,播音员、主持人就更应该积极为搭档着想,看到搭档表达的精彩之处,大可帮衬一把,锦上添花;遇到搭档失误之处,更应尽力补救,雪中送炭。这不仅仅是较高的业务素养的体现,也是高贵的道德品质的体现。

第五节 不正确播音创作状态的调整

良好的播音创作状态的保持建立在对职业身份的尊重、对事业的热情、对业务能力提高不懈的追求以及长时间的实践基础上。而不正确的状态,归根结底是因为播音员、主持人把心思用在了节目、作品以外。

一、紧张怯场

紧张怯场的心理多来源于播音员和主持人过多地考虑受众对自己的态度,而不是考虑节目的效果。有些创作者总是担心受众会否定、批评自己,不认可自己的表现,不接受自己。当视角渐渐地凝聚于自己身上,而游离于节目之外,创作者越想越怕,越怕就越不得不去想解决的方法。播音员、主持人必须以节目为核心，节目做好了，作品播好了，受众自然对创作者的认可度就提高了。如果跳过节目、作品，播音员、主持人总是不自觉地冲出去直接面对受众，自然就越想越慌。

二、消极懈怠

人们长时间从事某一项工作，往往会失去最初的新鲜感，从而失去了激情，播音主持工作者也须提防这种状态的出现。面对长时间播音主持的节目，面对日复一日大致相同的节目形态，某些播音员、主持人就会形成表达上的固定模式，用"规定动作"完成常态化内容。长此以往，受众便会失去兴趣。在媒体蓬勃发展的今天，播音员、主持人稍有懈怠就可能使节目流失大批受众，这是非常可怕的。播音员、主持人应该从节目内容和受众需求出发，对节目内容价值有信心，设想受众心理期待，保持工作热情，保持创作状态。

三、自我表现

具有鲜明个性的播音员、主持人总是受受众欢迎的，但一定要清醒认识到，鲜明个性是内在思想感情的外化结果，并不是某种形式的体现。某些播音员、主持人在因鲜明的个性特征而获得受众的认可后，就不断强化这种特征的外部形态，难免进入"自己模仿自己"的怪圈，显得矫揉造作。

四、顾此失彼

产生顾此失彼这种情况的原因是某些播音员、主持人把播音主持活动拆分成一个个元素来对待，关注了声音忽略了表达、关注了体态忽略了语言、关注了节目流程的推进忽略了节目内容的呈现。这样呈现出来的表达状态往往缺乏整体性和运动性。我们需要在以内容为核心的基础上把播音主持活动中的各元素统一起来，协调各元素之间的关系，才能达成自然、流畅的表达状态。

五、应激衰竭

准备过程中，有些播音员、主持人会过度给自己心理暗示，充满了对良好结果的期待，提早让自己进入一种亢奋状态。在实际录制或播出时，他们遇到和自己预想不一样的情况，当场便开始反思，甚至产生自我否定，在心理和生理上都出现了状态下行的趋势，这就会极大地打击播音员、主持人的创作自信，甚至在心理上产生不适。播音员、主持人要认可实际录制情况必然与准备状况不尽相同，从而做好心理准备，积极地从现场获取创作感受，让自己快速进入状态。

第六节　实训稿件

训练稿件一

春节联欢晚会主持词

男：站在春天的门槛，我们高歌在改革开放的大路上！
女：怀抱春天的花朵，我们奋进在和平发展的大路上！
女：沐浴春天的阳光，我们跨越在自主创新的大路上！
男：张开春天的翅膀，我们腾飞在中国特色社会主义的大路上！
合：走向复兴，走向中华民族伟大复兴！
男：亲爱的观众朋友们在《走向复兴》这雄壮的歌声当中，我们即将迎来2010年崭新的春天！
女：新的春天，新的征程，每逢这一刻我们心中总感慨万千！
男：新世纪的第一个十年就要过去了，十年奋进，十年巨变，神州大地，江山锦绣，巍然屹立！
女：新世纪的第二个十年即将启程，十年宏图十年挑战，中华儿女必将实现全面建设小康社会的伟大历史跨越！
男：春风召唤，春雨飘洒！
女：春雷激荡，春潮涌动！
男：复兴之路始于足下，新的征程从新的春天开始，亲爱的朋友们，让我们张开双臂，共同迎接庚寅虎年明媚的春天！

训练稿件二

大军师司马懿之军师联盟（片段）

张春华：琴下有圣旨？你真会编哪，你接着编哪！
司马懿：琴下是没有圣旨，我也是被那女子骗了。不过头天夜里，在沐浴睡觉的房间里，确有一道圣旨啊。
张春华：你跟她沐浴睡觉啦？你跟她沐浴睡觉啦！
司马懿：夫人，你如此急躁，我怎能跟你说得清呢？此事说起来话长，是因陛下确下了一道圣旨，让仲达与那女子……
张春华：你胡扯！陛下下圣旨让你跟她沐浴睡觉，你就跟她沐浴睡觉啦？
司马懿：夫人，我怎会做如此下作之事！我是说，那女子绝非寻常女子，那女子是陛下派到我身边的一枚棋子啊！
张春华：什么狗屁棋子啊！

师儿:爹、娘,爹你干吗呢?

司马懿:你娘这个……掉了一枚簪子,是那个玉簪子吧。

张春华:是啊,找着没有啊!

司马懿:快,快了,快了。

张春华:这丢哪儿去啦!

司马懿:在找,在找,师儿何事啊?

师儿:爹,你的事,这事我是这么认为的,你跟我娘二十年风风雨雨挺不容易的,咱们家绝不能再有第二个女子入府。

张春华:你听,这就是我亲儿子!

司马懿:师儿放心,爹一定不会对不起娘的,这件事传出去不雅,在府里不要风言风语。爹一定会小心、妥当地处理好此事,师儿出去把门关上。

师儿:好,孩儿告退。

张春华:我不信哪个皇帝能够下旨管大臣的床帏之事。他圣旨上写什么?他圣旨上写的是让你跟他沐浴睡觉啊!

司马懿:夫人,你,你说话干吗如此难听呢。陛下是读书之人,他怎会写如此粗鄙的语句。

张春华:那他写什么!

司马懿:圣旨上写"攻克乃还"。

张春华:攻什么克,乃什么还!让你跟她在床上打一架!你想干吗,让你们俩生个孩子啊。

司马懿:司马懿会如此吗?司马懿当时就回绝了。我跟那女子说的是臣有心无力啊。

张春华:你还有心,你还有心,你有什么心你。你说,你孩子都快成人了,你现在嫌弃我老了?

昭儿:爹,娘,爹你这是干什么呢?

司马懿:在替你娘找簪子,是玉簪子对吧?

张春华:是!去哪儿了!

司马懿:在找啊。何事,昭儿。

昭儿:爹,你的事。儿子以为,爹跟娘都风风雨雨二十年了,如今儿子都这么大了。家中要再来个女的,成何体统啊。她要真敢来,毒死她。

张春华:毒死她?毒死他们俩!

司马懿:你毒死我!

张春华:我早就想毒死你了!

司马懿:好了,好了,昭儿,这个,爹不会对不起娘的,这事传出去不雅,在府里不要风言风语。爹会小心妥当地处理好此事,你把门关上。

昭儿：好嘞。

司马懿：我说的有心无力，那心是指和夫人同甘共苦二十年之心，那陛下说，让我攻克乃还，我能回什么？我说我奋勇向前哪！

张春华：你可不就是奋勇向前嘛？你都把人给睡了，你多勇啊！

司马懿：我司马懿对天发誓！我守身如玉，我与那女子，干干净净，清清白白。

张春华：你要守身如玉，清清白白，明天你去找皇帝把她给退了！

司马懿：我明日早朝就把她退了！

张春华：你要不退，你就是忘八端！

司马懿：我司马仲达，行得正站得直，礼义廉耻我端端不忘。

张春华：你干吗呀！

司马懿：你来干吗！你没看我这找东西嘛！

管家：我知道公子这是在找簪子。夫人，小的一向对家事不敢多嘴，但这件事情我是这么认为的。公子曾经多少次情真意切地对小人讲，他这辈子最大的福分就是娶了你为妻，诸如此类的话，小人耳朵都快听出茧子来了，所以我认为公子绝不会做出出格的事情，还望夫人能够三思啊。

司马懿：侯吉知我，我知侯吉，我知你干吗，你不要再趴窗根了，告诉他们所有人，不许听，关门！

管家：得令，我让他们全都走。

司马懿：夫人，咱俩长话短说吧，这门外不知道站着多少个呀！

张春华：司马懿，我给你脸。明天你要是能把她给退了，我既往不咎，你要是退不了，你等着！

司马懿：张春华！

张春华：干吗！

司马懿：你把簪子给我，一会儿爹该来了！

张春华：你给我跪着！

训练稿件三

四月的纪念①

男：二十岁，我爬出青春的沼泽，像一把伤痕累累的六弦琴，喑哑在流浪的主题里。你来了

女：我走向你

男：用风铃草一样亮晶晶的眼神

女：你说你喜欢我的眼睛

---

① 王建华,胡茂胜,蒋文东.职业普通话教程[M].济南:山东人民出版社,2008:188-189.

男:擦拭着我裸露的孤独

女:孤独,为什么你总是孤独

男:真的

女:真的吗

男:第一次

女:第一次吗

男:太阳暖融融的手

女:暖融融的

男:轻轻的

女:轻轻的

男:碰着我了

女:碰着你了吗

男:于是,往事再也没有冻结怨了

女:冻结怨了

男:我捧起我的歌

女:捧起你的歌

男:捧起一串串曾被辜负的音符

女:捧起一串串曾被辜负的音符

男:走进一个春日的黄昏

女:一个黄昏,一个没有皱纹的黄昏

男:和黄昏里不再失约的车站

女:不再失约,永远不再失约

男:四月的那个夜晚,没有星星和月亮

女:没有星星,也没有月亮,那个晚上很平常

男:我用沼泽的经历交换了你过去的故事

女:谁都无法遗忘,沼泽那么泥泞,故事那么忧伤

男:这时候,你在我的视网膜里潮湿起来

女:我翻着膝盖上的一本诗集,一本惠特曼的诗集

男:我看见你是一只纯白的飞鸟

女:我在想,你在想什么

男:我知道美丽的笼子囚禁了你,也养育了你连绵的孤寂和优美的沉静

女:是的,囚禁了我,也养育了我

男:我知道,你没有料到会突然在一个早晨开始第一次放飞而且正好碰到下雨

女:是的,第一次放飞就碰到了下雨

男:我知道,雨水打湿了羽毛,沉重的翅膀也忧伤你的心

女:是的,雨水忧伤了我的心

男:没有发现吧

女:你在看着我吗

男:我湿热的脉搏正在升起一个无法诉说的冲动

女:真想抬起眼睛看看你

男:可你却没有抬头

女:没有抬头,我还在翻着那本惠特曼的诗集

男:是的,我知道,我并不是岩石也并不是堤坝

女:不是岩石,不是堤坝

男:并不是可以依靠的坚实的大树

女:也不是坚实的大树

男:可是如果你愿意

女:你说如果我愿意

男:我会的,我会勇敢地以我并不宽阔的肩膀和一颗高原培植出来忠实的心,为你支撑起一块永远没有委屈的天空

女:你说如果我愿意

男:是的,如果你愿意

合:如果你愿意(男)

　　如果我愿意(女)

训练稿件四

我的墓碑

李克萌

男:这儿,叫老槐村,是因为村头有棵老槐树。村里的三爷爷常对后生们说,不管走多远,看见老槐树,就算回家啦!

女:三爷爷还说,当年村里有后生走西口,是为了讨生活,能活着回来,日子就好过了。所以,临出发前,都要好好送送……今天,后生们也要走,不是为了好生活,就为了能让老槐村的乡亲们能活下去。

男:日本人来了,隔壁王家村整一个村子能抢的全抢了,能烧的全烧了,能杀的全杀了,留下了女的……用来糟蹋,第二天早上,一棵歪脖子老树上,吊得满满的,树杈子都快被压断了。这哪里还能叫人,这就是一群畜生。咱们不能坐在这等死,都把家里的硬家伙拿上,给王家村的乡亲们报仇!

女:后生们是去拼命的!姐妹们更得好好送送。天不亮,我们就开始烧水、和面、擀面、打卤子。天亮的时候,姐妹们手里捧着热乎乎的面条,在村头的老槐树下候着。

男:你们这是……

女：吃饱了再走，打鬼子有劲。

男：可你们的头发……

女：村里的大姑娘们，今天都穿上了最漂亮的衣服，好几个穿上的就是准备出嫁的那天穿的衣服。我们头天晚上，把乌黑的大辫子拆开，让自己的娘、姨姨、婶婶们给我们梳了头发。一梳梳到底，二梳白发齐眉，三梳子孙满堂……然后她们给我们盘起了发髻……哥哥们，咱老槐村的人，没啥忌讳的。这一去，也不知道你们能不能回来，不能让你们这里的光棍汉子们当孤魂野鬼，今天吃了这碗面，我们就算嫁了你们了，活着回来，咱们一对对的，拜堂成亲；回不来，有我们在家里给你们上香、烧纸、守寡！别在外面当孤魂野鬼，记住啦！看见老槐树，就到家啦！

男：兄弟们把面吃了个精光！什么话也没说就上路了……

后来，我是被八路军战士从死尸堆里扒出来的，我就跟着八路军打鬼子去了，一去就是八年。鬼子打跑了，我跟连长说，我得回家看看，连长不同意。我央求了好几天，连长说了实话，我被救后一个月，鬼子的一支队伍就去了我们村，老槐村，早就没啦！我哭了整整一天，我说我还是要回去看看，看一眼老槐树，也算见了亲人。远远地，我看见老槐树了，我拼命地跑，嘴里喊着，我回家啦！我回家啦！到了老槐树下面，我看见老槐树东头的山坡上，一排排的墓碑。我跑过去一看……

先夫王开山之墓、先夫张友顺之墓、先夫吴长德之墓、先夫赵大亮之墓、先夫郭福来之墓……

女：一梳梳到底，二梳白发齐眉，三梳子孙满堂……

男：先夫……这块是我的，先夫刘永刚之墓！三爷爷，你说得没错，看见老槐树，就算回家啦……

训练稿件五

电波里的遗言

李克萌

甲：从我第一次用手指触摸发报机的时候，我就爱上了这种旋律。军统的长官说我是一个德械师都不能换的天才，我也是这样认为，直到我遇到了真正的对手，共产党的一名发报员，我不知道她的名字。我们这样的人，名字早已经成为不必要的东西，取而代之的是我们的编号，她的编号是017。

乙：536是我最重要的敌人，没有之一。但我不能恨她，在电波的世界里，你必须进她内心的世界，听到她的心声，就像最好的姐妹分享她的心事和秘密，这样我才能窥探她的想法，我们两个人的对抗在"七七事变"后终结了。

甲：那是一个凌晨，我在值班，正在枯燥的电流声中寻找着日军的踪迹，突然，我听到了一个熟悉的发报声，017！

乙：我部585团，于17号高地遇敌一部，对方兵力不详，请友军增援。

甲：我不记得这是我们多少次听到彼此的声音，但这是我们的第一次真正意义上的"对话"，也是我们第一次没有以敌人的身份在电波里相见。我赶紧将情报上报指挥部。

乙：当我听到536回电的一刹那，我是真心地高兴啊！536所在的部队，一定是精锐部队，但电文的内容是……

甲：待我军长官请示上峰。

乙：战略部署不是我要掌握的知识，我只知道我们八路军的战士们正在前线流血，但我能做的仅仅是把电文内容呈送上去。

甲：我知道即便是我所在的这支王牌部队，也不敢轻易和日军正面对抗，而八路军的一个团的装备，别说是遇到空军，只要来一个炮团，他们都吃不消……是的，他们无法坚守17号高地……

乙：日军已对17号高地进行三轮炮击，我军伤亡惨重，远程火力几乎全部丧失，急请增援！

甲：我是跑着去送电文的，冷静的情绪是我们发报员必备的素养，但是，此刻，我第一次感觉到我的手有轻微的颤抖……

乙：我四周的墙壁都在颤抖，房顶的墙皮掉到了我的头发上、手上，前沿阵地上的步话机已经被炸成了灰，通讯员是跑步来指挥部报告情况的，后来，来报告情况的已经不是通讯员，而是还活着的、跑得最快的战士，再后来，跑进来的战士有的满脸都是血，有的身上还带着枪伤、有的已经一瘸一拐……536！我在等着你的声音！536！

甲：我军正在部署，请坚守。

乙：日军空军已至，无法坚守！所余兵力，不足一营。

甲：作战计划已在制定，请坚守。

乙：速来！所余兵力，不足一连。

甲：部队已集结，请坚守。

乙：日军为一整编旅团，炮火充沛，战机十架，请夺回17号高地。

甲：他们……打光了……

甲：017还在！这是什么……这仅仅是一组数字……这是一个坐标。

我按着这个坐标，找到了一个小村子，乡亲们说，日本鬼子前一阵子来扫荡，被八路军一支路过的部队打跑了，一个女战士把自己刚刚出生不久的女儿留给老乡照看，说打跑了鬼子过来接孩子。

丙：姨娘，你为什么不让我叫你妈妈啊？

甲：因为，你有妈妈啊！她比我还要爱你！

丙：那，我妈妈叫什么名字啊？

甲：你妈妈……她叫……你的妈妈有一个很美的名字，她叫，凌耀琪。

训练稿件六

韩家山

李克萌

男：你看见这满山的树了吗？茂盛地绿了大地山川！你看见这满树的枣了吗？熟透了，能映红了天边！可这么美的村子，打不出一口井，没有一眼泉，下了雨存不住，到处都是山沟沟，找不出一亩平整整的田。出山的路，拐上了三十三道弯，满山的红枣，运不出去、烂在泥里，一年又一年！这就是我们的村子韩家山，乡亲们自问，谁个是孬种？哪个是懒汉？可这贫困村的帽子扣在头上，可是羞煞了西北汉子的颜面……对面的村子，叫张家塌，就隔着这么一条二里路的沟沟，两个村的人们却从没见过面。那棵大槐树下，是谁家的妹子，一嗓子信天游，能唱进你的心田。

女：山沟沟的那边，是韩家山！唱一曲信天游，韩家山的鸟儿都听得见，那里美得啊，就像世外桃源！可它近在咫尺，又远在天边。看那个沟边边耕地的后生，那就是用血和汗在把庄稼浇灌，可这沟沟坎坎的土地上，你真觉得自己胜得了天？娘跟我说，学知识，考出去，离开这大山，不怕你走得远，就怕你这一辈子跟娘一样，守着同一棵树，看着同一片天。

男：走出去？那有啥难？可这村子怎么办？这里养育了我们祖祖辈辈，乡亲们心都在泥土里扎了根，让我们这一辈人扔下村子……咋能对得起祖先？

女：走出去！其实挺难，但更难的是，漂泊在外的心，常把家乡挂念！走出去才知道，那泥土的香气是那么让人着迷！走出去才知道，再嘹亮的信天游，也唤不来家乡的伙伴！我无数次地问，我是不是真的想走出大山？当脱贫攻坚的号角吹响，我的心里有了答案！

男：脱贫攻坚！脱贫攻坚！要脱先脱环境的贫！要攻先攻科学的坚！水泥路修到了村口，自来水也引上了山。镇里给红枣联系了经销商，县里派来了农业技术员！谁说咱这沟边边的地它种不出好东西！路子对了、技术有了，哪里都是良田！以前，这山村美啊！可只有咱自己能看得见。可现在，来过的人都会爱上这里的绿水青山！韩家山啊！我的韩家山！你再也不是贫瘠的土地，你是金山银山！

女：绿水青山，就是金山银山！

男：你是？

女：我是新来的第一书记，我叫张晓燕。

男：啊！欢迎欢迎！我是韩家山的村主任，我叫……

女：你叫韩大川！

男：你怎么……你是？

训练稿件七

血·寨

李克萌

女：从那天起，在我的眼里，村子后面的那面山崖，就一直是红色的，红得像火，熊熊燃烧的、愤怒的火。山崖上,有几道深深的沟洞洞,能容得下三十多人和一些粮食。我们当地啊!管这沟洞洞,叫"寨子"。这寨子隐藏在山崖上,十分隐秘,不仔细看,就以为是道山崖上的裂缝。我们的先人们靠这寨子躲过了一次次土匪的劫掠。但这次来的土匪,不一样……

男:鬼子来了,按照以往的经验,照旧是后生们先把全村的粮食搬进寨子,再把那些走不快的老人、妇女、孩子们,背着、抱着、扶着也送进寨子,最后带上值钱的细软去别处安顿,等到抢掠者离开,便能继续过自己的安生日子。可这次……他们不知道,寨子已经暴露在日军的望远镜里;他们不知道,在村口放哨的两个后生,已经遭了鬼子的毒手;他们更不知道,他们等来的,不是仅仅贪图财物的匪徒,而是一群丧失了人性的禽兽!

女:那会儿啊,我还以为是大人在带着我们躲猫猫,这寨子平时我们小孩自己可来不了,我和姐姐还在里面追着、跑着、笑着。这时,就听七爷爷低吼了一声"别出声",妈妈抱起我就往沟洞洞的深处跑!把我抱起来的那一下,远远地,我看到了那面膏药旗!

男:鬼子兵以为,这将是一场近乎没有抵抗的扫荡。但是,就在他们快要接近洞口时,七爷爷一声令下,大家拿着洞里的铁锅马勺、水桶木盆就往下砸!

女:听见鬼子的刺耳的尖叫声,我和姐姐吓得哇哇哭,我听不懂那群人说的话,就听见他们一阵叽里呱啦地怪叫!然后,轰的一声,我的耳朵都听不见了。

男:那是手榴弹的声音!

女:我死死地捂住耳朵,在角落里缩成一团……

男:手里能扔的东西都扔了,成群的鬼子离洞口越来越近!

女:这时,我听见七爷爷大喊一声:"拿火把粮食都点了,扔下去,一包也不给鬼子留!"

男:那是农民最珍爱的粮食……一包包熊熊燃烧的粮食滚下山去,但也只能暂缓鬼子的进攻!粮食也扔完了。

女:我看见鬼子了,他爬上来了!

男:七爷爷一把抓住第一个爬上来的鬼子,跳下了山崖……

女:成群的鬼子冲进了我们的寨子,我看见他们用刺刀在福来伯伯的身上不停地扎,我看见他们划开了二娘的肚子,我看见他们割开了三爷爷的喉咙,我看见他们用刺刀把姐姐高高挑起……

男:不要看,藏好!别看!

女:娘紧紧地把我压在身下,我不知道他们捅了我娘多少刀,她一动也没动……

后来,我是被闻讯赶来的八路军救出来的,听找到我的那个八路军叔叔说,他费了好大劲才把娘的胳膊掰开。那个八路军叔叔背我走了好久,我才醒了过来,我慢慢睁开了眼睛,看了一眼那面山崖。从那天起,在我的眼里,村子后面的那面山崖,就一直是红色的,红得像火……

训练稿件八

拜 堂

李克萌

女1：那个姑娘叫月娥，到现在我都记得她有多漂亮，尤其是那对儿柳叶弯眉，就像天上的新月。能娶了她的，也只有她那个从省城读书回来的国强哥！

女2：1937年的八月十五，本应该是我跟国强哥拜堂的日子，头天晚上，就是睡不着啊！我偷偷地……练拜堂，就怕明天拜堂的时候，姿势不好看。老话都说，拜了堂，两个人就抓住了月老的红线，这缘分就拴住了。第二天，天不亮，二婶就过来给我盘头、上妆，二婶给新娘子上妆的手艺远近闻名，可这眉毛，我可得自己描，娘活着的时候说过："描眉不能断，眉断夫要散。"

女1：可是第二天，月娥家门口，没有等来接亲的队伍，等来的只有亲家公亲手送来的一封信："国破竟如此，无奈把家离，日寇驱尽时，回乡娶娇妻。"

女2：从那天起，我就一直在家里等着他，等着他打跑了鬼子回来娶我。我的这身嫁衣，就叠在床边，每天都要打开来用手抚平上面的折痕。拜堂的时候，没褶子的嫁衣才体面，才预示着顺顺利利、平平安安。胭脂水粉，也放在床头，我自己也要给自己化得漂漂亮亮的，要是国强哥回来了，二婶不在，我也得让国强哥跟最美的我拜堂，可，就是这眉毛，我不敢描，"描眉不能断，眉断夫要散"，我总怕万一哪一天，我手一抖……

女1：等着、盼着、守着、念着……没有等回月娥的国强哥，却等来了别的消息。有人说在南京也看见了国强哥，身后跟着兵，腰里别着枪。知书达理的国强哥怎么就成了国民党的大官？

女2：亲戚们都来劝我，别等了，我不理会；再后来，家里来了提亲的，我把彩礼摔在了媒人脸上；我参要把我绑了嫁到两百里外的赵家庄，我一头撞在了墙上……村里人就都觉得我是惦记着当国民党的官太太，路过我家门口都要指指点点。我参，也气死了……难道，没拜过堂，就真的抓不住这根红线？

女2：锣鼓声，又是这锣鼓声……

女1：月娥，咱们解放啦！

女2：那国强哥？

女1：月娥还是没有等来国强哥，和那天一样，只等来了一封信："戴国强，中国共产党地下党员，于国民党政府机要部门从事地下工作，1949年3月，为向党中央传递重要情报，暴露后被捕，顽强不屈，英勇牺牲。"月娥拿着信，回到了屋里，穿上了嫁衣，那嫁衣就跟新的一样，一点褶子都没有，然后开始给自己梳头、盘发髻，脸上的粉抹得匀匀的，胭脂要涂得红一些，喜庆！最后，她拿起了眉笔……

女2：描眉不能断，眉断夫要散。

女1：月娥这眉毛描得是一点都没断啊。

女2：好看吗？

女1：好看，真好看。
女2：国强哥，这根红线，你可抓住了！

▶▶▶ 本章小结

播音员、主持人给受众的最初印象来自他的表达状态，我们总能被那些积极的状态所吸引。获得良好的状态，并非一直告诉自己要"兴奋"，而是真诚地融入所处的创作环境。因此，播音员、主持人不仅仅是表达者，也要做细致的观察者和真诚的倾听者，因为播音主持工作的核心功能就体现在沟通者的身份上。

思考题
1. 什么是最容易让你紧张的元素？
2. 生活中的好朋友一定会成为播音主持工作中的好搭档吗？
3. 你觉得自己理想的搭档是什么样的？
4. 你最喜欢和最不喜欢的创作环境是什么？为什么？

参考文献

艾青. 艾青诗集[M]. 北京:北京联合出版公司,2021.
巴金. 巴金选集下[M]. 北京:人民文学出版社,2005.
北岛. 履历:诗选 1972—1988[M]. 北京:生活·读书·新知三联书店,2015.
毕飞宇. 青衣[M]. 北京:人民文学出版社,2022.
碧野. 东湖文丛　晴光集[M]. 武汉:长江文艺出版社,2004.
曹雪芹. 红楼梦[M]. 北京:人民文学出版社,2013.
陈锋. 元明散曲选读[M]. 哈尔滨:黑龙江人民出版社,1983.
陈望道. 修辞学发凡:纪念珍藏版[M]. 上海:复旦大学出版社,2022.
陈望道. 修辞学发凡[M]. 上海:复旦大学出版社,2006.
陈振鹏,章培恒. 古文鉴赏辞典[M]. 上海:上海辞书出版社,2012.
戴望舒. 戴望舒诗歌精选[M]. 北京:群言出版社,2022.
杜云,陈运祐. 爱[M]. 南宁:广西民族出版社,1990.
范文瑚. 外国文学作品选读[M]. 成都:四川人民出版社,1978.
冯广义. 语境适应论[M]. 武汉:湖北教育出版社,1999.
冯骥才. 冯骥才散文[M]. 太原:山西人民出版社,2022.
傅国涌. 寻找语文之美[M]. 厦门:鹭江出版社,2017.
宫美玲,杨琨. 语言考级教程[M]. 长春:吉林人民出版社,2007.
古耜. 千秋伟业,百年风华[M]. 北京:中国言实出版社,2021.
海明威. 老人与海[M]. 陈良廷,等译. 北京:人民文学出版社,2021.
海子. 海子的诗[M]. 北京:人民文学出版社,1995.
韩静霆. 丑人自白[M]. 北京:群众出版社,1996.
黑格尔. 美学. 第二卷[M]. 朱光潜,译. 北京:商务印书馆,1979.
黑格尔. 美学. 第三卷[M]. 朱光潜,译. 北京:商务印书馆,1979.
黑格尔. 美学. 第四卷[M]. 朱光潜,译. 北京:商务印书馆,1979.
黑格尔. 美学. 第一卷[M]. 朱光潜,译. 北京:商务印书馆,1979.
蘅塘退士. 唐诗三百首新注[M]. 上海:上海古籍出版社,2016.
胡适. 容忍与自由[M]. 杭州:浙江人民出版社,2021.
贾芝. 中国新文艺大系(1949—1966)民间文学集(上集)[M]. 北京:中国文联出版公司,1991.

兰晓龙.士兵突击[M].北京:人民文学出版社,2018.
蓝任泉,章旺根.大学语文[M].广州:广东高等教育出版社,2009.
朗诵水平等级考试纲要[M].上海:上海教育出版社,2007.
老舍.茶馆[M].南昌:江西教育出版社,2021.
老舍.老舍散文[M].杭州:浙江文艺出版社,2019.
老舍.骆驼祥子[M].合肥:安徽文艺出版社,2022.
老舍.特别可爱特别痛快[M].杭州:浙江人民出版社,2021.
老舍.我这一辈子[M].杭州:浙江人民出版社,2021.
老舍.正红旗下 离婚[M].天津:天津人民出版社,2018.
礼记 上[M].长沙:岳麓书社,2001.
李凯,陈昂,乔楠,等.资治通鉴文史经典选编[M].北京:人民文学出版社,2022.
李汝珍.镜花缘[M].北京:生活·读书·新知三联书店,2022.
李胜利.艺术概论[M].北京:北京广播学院出版社,2002.
李衍华.逻辑·语法·修辞[M].2版.北京:北京大学出版社,2011.
李宇明,萧国政,赵世举,等.言语与语言学研究[M].武汉:崇文书局,2005.
梁实秋.人生难得开口笑[M].沈阳:万卷出版有限责任公司,2022.
梁实秋.雅舍小品[M].北京:北京联合出版公司,2014.
梁晓声.人世间[M].北京:中国青年出版社,2017.
林徽因.如果我的心是一朵莲花[M].北京:人民文学出版社,2022.
刘兰英,吴家珍.汉语表达[M].南宁:广西教育出版社,2011.
刘义庆.世说新语[M].长沙:岳麓书社,2022.
鲁迅.故乡:鲁迅精读[M].杭州:浙江文艺出版社,2021.
鲁迅.故乡[M].北京:民主与建设出版社,2020.
鲁迅.孔乙己[M].北京:北京联合出版公司,2021.
鲁迅.鲁迅全集 第二卷[M].广州:花城出版社,2021.
鲁迅.鲁迅全集 第六卷[M].广州:花城出版社,2021.
鲁迅.鲁迅全集 第四卷[M].广州:花城出版社,2021.
鲁迅.鲁迅全集 第一卷[M].广州:花城出版社,2021.
鲁迅.鲁迅全集[M].南京:江苏凤凰文艺出版社,2020.
鲁迅.鲁迅杂文集[M].天津:天津人民出版社,2019.
鲁迅.拿来主义[M].成都:四川人民出版社,2017.
茅盾.茅盾散文选集[M].天津:百花文艺出版社,1992.
茅以升.桥梁史话[M].北京:北京出版社,2012.
美丽如初:10年精短散文100篇[M].天津:百花文艺出版社,2001.
莫言.檀香刑[M].杭州:浙江文艺出版社,2019.
彭吉象.艺术学概论[M].4版.北京:北京大学出版社,2015.
普希金,高尔基.假如生活欺骗了你 海燕[M].戈宝权,译.北京:人民文学出版社,2023.
契诃夫.变色龙:契诃夫短篇小说选[M].汝龙,译.北京:人民文学出版社,2017.

契诃夫.契诃夫短篇小说选[M].汝龙,译.北京:人民文学出版社,2015.

契诃夫.契诃夫中短篇小说选集[M].沈念驹,译.桂林:漓江出版社,2012.

秦似.文笔精华:名家笔下的景[M].南宁:广西人民出版社,1981.

上海大学文学院中文系新文学研究室.《现代》诗综[M].南昌:百花洲文学出版社,1990.

诗词文曲鉴赏:唐诗[M].上海:上海辞书出版社,2020.

诗刊社.云南兄弟民族民歌百首[M].天津:百花文艺出版社,1959.

施耐庵,罗贯中.水浒传(上)[M].北京:人民文学出版社,2021.

史铁生.史铁生作品全编[M].北京:人民文学出版社,2017.

斯坦尼斯拉夫斯基.斯坦尼斯拉夫斯基体系精华[M].郑雪来,等译.北京:中国电影出版社,2008.

斯坦尼斯拉夫斯基.演员自我修养[M].刘杰,译.武汉:华中科技大学出版社,2015.

孙绍先,周宁.外国名诗鉴赏辞典[M].北京:中国工人出版社,1989.

汤克勤.古文鉴赏辞典[M].武汉:崇文书局,2022.

铁凝.玫瑰门[M].太原:北岳文艺出版社,2002.

王家康.古诗五百首[M].兰州:甘肃文化出版社,2015.

王家元.表演基础课程[M].重庆:重庆大学出版社,2014.

王建华,胡茂胜,蒋文东.职业普通话教程[M].济南:山东人民出版社,2008.

王朔.玩的就是心跳[M].天津:天津人民出版社,2007.

王希杰.汉语修辞学[M].3版.北京:商务印书馆,2014.

王岩平.播音与主持艺术入门教程[M].2版.武汉:武汉大学出版社,2022.

王艳平.唐宋诗词选讲 上[M].宁波:宁波出版社,2021.

我的美文课[M].成都:四川人民出版社,2010.

吴敬梓.儒林外史[M].苏州:古吴轩出版社,2020.

夏承焘,唐圭璋,缪钺,等.宋词鉴赏辞典[M].上海:上海辞书出版社,2003.

谢冕.中国百年诗歌选[M].济南:山东文艺出版社,2022.

新华大字典[M].北京:商务印书馆,2013.

徐正华.中国新诗百年精选[M].南昌:百花洲文艺出版社,2019.

徐志摩.恋爱到底是什么一回事[M].成都:四川人民出版社,2022.

叶蜚声,徐通锵.语言学纲要(修订版)[M].北京:北京大学出版社,2013.

叶蜚声,徐通锵.语言学纲要[M].北京:北京大学出版社,2010.

叶朗.中国美学史大纲[M].上海:上海人民出版社,1985.

余光中.诗歌精读·余光中[M].杭州:浙江人民出版社,2018.

余光中.余光中诗精编[M].武汉:长江文艺出版社,2014.

余光中.余光中一百首[M].成都:四川文艺出版社,1988.

俞平伯,萧涤非,周汝昌,等.唐诗鉴赏辞典[M].上海:上海辞书出版社,2013.

语文 七年级上[M].北京:语文出版社,2017.

语文 四年级上册[M].北京:人民教育出版社,2004.

臧克家.说和做:臧克家散文作品集[M].长春:北方妇女儿童出版社,2021.

张弓.现代汉语修辞学[M].石家庄:河北教育出版社,2014.

张颂. 播音创作基础[M]. 4版. 北京:中国传媒大学出版社,2022.
张颂. 播音语言通论:危机与对策[M]. 3版. 北京:中国传媒大学出版社,2012.
张颂. 播音主持艺术论[M]. 2版. 北京:中国传媒大学出版社,2022.
张颂. 朗读美学(修订版)[M]. 北京:中国传媒大学出版社,2010.
张颂. 朗读学[M]. 北京:中国传媒大学出版社,2009.
张颂. 语言和谐艺术论:广播电视语言传播的品位与导向[M]. 北京:中国传媒大学出版社,2009.
张颂. 中国播音学[M]. 北京:中国传媒大学出版社,2003.
张贤明. 百年新诗代表作 1917—1949[M]. 北京:现代出版社,2017.
中国传媒大学播音主持学院. 播音主持创作基础[M]. 北京:中国传媒大学出版社,2015.
中国社会科学院语言研究所词典编辑室. 现代汉语词典[M]. 7版. 北京:商务印书馆,2016.
中国作家协会诗刊社. 中国新诗百年志 作品卷 下[M]. 北京:中国工人出版社,2017.
中央戏剧学院台词研究室. 舞台影视语言基本技巧[M]. 北京:文化艺术出版社,2000.
周振甫. 唐诗宋词元曲全集:全元散曲第1册[M]. 合肥:黄山书社,1999.
周作人. 关于命运:周作人散文[M]. 广州:花城出版社,2013.
朱光潜. 谈美[M]. 桂林:漓江出版社,2011.
朱自清. 背影[M]. 北京:台海出版社,2020.
朱自清. 荷塘月色[M]. 武汉:长江文艺出版社,2018.
朱自清. 经典常谈 诗文常谈[M]. 成都:四川人民出版社,2017.
朱自清. 论雅俗共赏[M]. 成都:四川人民出版社,2017.
朱自清. 朱自清散文选集[M]. 杭州:浙江少年儿童出版社,2002.
宗白华. 美学散步[M]. 上海:上海人民出版社,1981.